本书由江西财经大学资助出版

汪志刚◎著

ZHUN BUDONGCHAN
WUQUAN BIANDONG GUIZE TIXI YANJIU

准不动产物权变动规则体系研究

中国政法大学出版社

2018 · 北京

图书在版编目（CIP）数据

准不动产物权变动规则体系研究/汪志刚著.—北京:中国政法大学出版社,2018.12
ISBN 978-7-5620-8756-4

Ⅰ.①准…　Ⅱ.①汪…　Ⅲ.①不动产－物权法－研究－中国　Ⅳ.①D923.24

中国版本图书馆CIP数据核字(2018)第280449号

出 版 者　中国政法大学出版社

地　　址　北京市海淀区西土城路25号

邮寄地址　北京100088信箱8034分箱　邮编100088

网　　址　http://www.cuplpress.com（网络实名：中国政法大学出版社）

电　　话　010-58908586(编辑部)　58908334(邮购部)

编辑邮箱　zhengfadch@126.com

承　　印　固安华明印业有限公司

开　　本　880mm×1230mm　1/32

印　　张　11

字　　数　270千字

版　　次　2018年12月第1版

印　　次　2018年12月第1次印刷

定　　价　56.00元

目录

CONTENTS

导 论

在民法学理上，准不动产一词一般用来指称船舶、航空器和机动车等具有较高经济价值和社会意义，因而需仿照不动产以登记作为法律关系调整和行政管理基本手段的特殊动产。[1]在《物权法》出台之前，关于准不动产物权及其变动，我国并无统一立法，相关的民事基本法一般也不对其作出专门规定，而是主要采用一种分散立法的特别法调整模式来调整船舶、航空器和机动车的物权变动，即主要采用了一种分别用不同的立法或特别法来调整三者物权变动的立法模式。在此模式之下，海商船舶的物权变动主要受《海商法》调整，民用航空器的物权变动主要受《民用航空法》调整，且二者原则上都适用的是“未经登记，不得对抗第三人”的“登记对抗主义”（《海商法》第9条、第10条和《民用航空法》第14条、第16条）；机动车的物权变动则由于并无相应的特别立法，故其物权变动原则上应适用《民法通则》第72条所规定的“交付要件主义”，但其抵押权的设立应与船舶和航空器抵押一样，适用《担保法》

〔1〕 参见孙宪忠：《中国物权法总论》（第2版），法律出版社2009年版，第107页。

第 41 条所规定的“登记要件主义”。〔1〕这种分散的特别法立法模式在比较法上也为许多国家所采。〔2〕2007 出台的《物权法》则一改以上立法模式，不仅专门为准不动产物权变动设立了相应的规则，而且还对其进行了一体化处理，即所有的准不动产物权变动原则上都应适用该法第 24 条所规定的“未经登记，不得对抗善意第三人”的“登记对抗主义”。如此一来，我国法上就形成了一个以《物权法》等民事基本法为一般法，《海商法》和《民用航空法》等法律为特别法的新的准不动产物权变动规则体系。本书即以此体系为主要研究对象，以下将首先就其法源构成、体系特点及其内含的基本问题作一概述。

一、准不动产物权变动规则体系的法源构成

（一）《物权法》等民事基本法

1. 《物权法》《民法通则》和《担保法》

《物权法》作为调整物权法律关系的民事基本法，理当在整个准不动产物权变动规范体系中居于一般法的地位。依据该法第 8 条的规定，只要其他相关法律上无特别规定，准不动产物权的变动原则上就应适用该法以及 2016 年生效的《最高人民法院关于适用〈中华人民共和国物权法〉若干问题的解释（一）》（以下简称《物权法解释（一）》）上的相关规定。至于《物权法》出台之前的一些民事基本法上的相关规定，如《民法通则》《最高人民法院关于贯彻执行〈中华人民共和国民法通则〉若干

---

〔1〕 从体系上看，《担保法》第 41 条所规定的适用于航空器、船舶和车辆抵押的“登记要件主义”与《海商法》第 10 条、《民用航空法》第 16 条所规定的适用于海商船舶和航空器抵押的“登记对抗主义”是相互矛盾的。这种矛盾在《物权法》出台之前也曾在理论上和实践上引发过一定的争议。

〔2〕 参见本书第一章第三节有关准不动产物权变动立法模式的讨论。

问题的意见（试行）》（以下简称《民通意见》）、《担保法》和《最高人民法院关于适用〈中华人民共和国担保法〉若干问题的解释》（以下简称《担保法解释》）上的相关规定，则原则上应依《立法法》第92条所确立的新法优于旧法的规则来确定其效力。依此规则，前述先于《物权法》出台的民事基本法上的绝大多数有关物权的规范都因其已被作为新法的《物权法》所取代，或因其与后者的规定不一致而归于失效，因而这些旧法中实际可供适用的物权法律规范并不多，一般仅在《物权法》未作规定且这些旧法所作规定又不违背物权法基本原则及相关法理的情况下，才有其适用余地。

2.《合同法》

《合同法》作为调整合同法律关系的民事基本法，虽然一般并不直接调整物权法律关系，但出于物法和债法之间的相关性，该法中也存在一些与物权法律关系调整或物权变动密切相关的法律规定，在其他法律无特别规定时，这些规定同样也可适用于准不动产物权变动。概其要者，这些规定主要包括第51条有关无权处分的规定，第133条有关标的物所有权转移时点的规定，第134条有关所有权保留的规定，第242条和第250条有关融资租赁物所有权归属的规定，第240条、第315条、第380条和第422条有关承揽人、承运人、保管人和行纪人的留置权的规定，以及2012年施行的《最高人民法院关于审理买卖合同纠纷案件适用法律问题的解释》（以下简称《买卖合同解释》）第10条有关船舶、航空器、机动车多重买卖的规定，2014年施行的《最高人民法院关于审理融资租赁合同纠纷案件适用法律问题的解释》（以下简称《融资租赁合同解释》）第9条有关融资租赁物善意取得的规定等。

3.《涉外民事关系法律适用法》

《涉外民事关系法律适用法》和《最高人民法院关于适用

〈中华人民共和国涉外民事关系法律适用法〉若干问题的解释（一）》（以下简称《涉外民事关系法解释（一）》）作为调整涉外民事关系的法律适用法，同样也适用于涉外的准不动产物权法律关系，如该法第37有关涉外动产物权应如何适用法律的规定等。但是，依据该法第2条的规定，若《海商法》《民用航空法》等法律对涉外民事关系的法律适用另有规定，则应优先适用这些特别规定。

（二）《海商法》《民用航空法》等民事特别法

早在《物权法》和《担保法》出台之前，我国就已经专门针对船舶、航空器和机动车所涉法律关系制定了一些单行法，其中有不少规范都属于物权法律规范。这些规范不仅至今依然有效，而且构成了准不动产物权变动规范的重要来源。

1.《海商法》

《海商法》（全国人大常委会制定，1993年生效）作为主要调整“海上运输关系和船舶关系”的单行法，性质上应属于民事特别法。[1]其中，与船舶物权法律关系密切相关的主要是该法第二章“船舶”一章中有关海商船舶所有权、抵押权、优先权和留置权等权利的规定。依据该法第3条的规定，该法所适用的船舶仅限于“海船和其他海上移动装置”，但并不包括“20总吨以下的”和“用于军事和政府公务的”海船和其他海上移动装置。

2.《民用航空法》

《民用航空法》（全国人大常委会制定，1996年生效[2]）第

〔1〕 参见司玉琢：《海商法专论》（第2版），中国人民大学出版社2009年版，第5页。

〔2〕《民用航空法》虽然在2009年和2015年先后进行了两次修正，但这两次修正的内容都未涉及民用航空器权利，而是仅涉及相关的管理规范。

三章专章规定了“民用航空器权利”，确立了调整民用航空器所有权、通过购买行为取得并占有民用航空器的权利、民用航空器抵押权、优先权和租赁权等民用航空器权利的基本规范。依据该法第 5 条和第 10 条的规定，该法所确立的民用航空器权利主要包括所有对“非用于执行军事、海关、警察飞行任务”的“民用航空器构架、发动机、螺旋桨、无线电设备和其他一切为了在民用航空器上使用的，无论安装于其上或者暂时拆离的物品的权利”。

3.《道路交通安全法》

《道路交通安全法》（全国人大常委会制定，2004 年生效，2007 年第一次修正，2011 年第二次修正）虽然并不属于民事特别法，本身也未就机动车物权的实体内容作出明确规定，但基于维护道路交通安全的目的，该法还是明确作出了国家对机动车实行登记制度的规定，并对机动车登记的一般程序、登记机关和登记的事项范围作出了原则性的规定。依据该法第 12 条的规定，机动车所有权的转移、登记内容变更、抵押和报废，都应办理相应的登记。

（三）相关登记程序法

登记对抗主义的贯彻与实施须有赖于相关登记程序法的辅助乃一般法理。目前，关于准不动产登记，我国法上并无统一立法，而是依然沿袭了以往的特别法调整模式之下分别用不同的立法来规范船舶、航空器和机动车登记程序的立法模式。这些各自相互独立的立法不仅大多颁布于物权法出台之前，而且在物权法出台之后也大多未做重大修正。

1. 船舶登记法

（1）《船舶登记条例》。《船舶登记条例》（国务院制定，1995 年生效）作为规范船舶登记的主要法律依据，所规定的内容主要包括船舶所有权登记、国籍登记、抵押权登记、光船租赁登记、变更登记、注销登记和法律责任等。依据该条例第2条的规定，我国公民的船舶、境内企业法人的船舶、政府公务船舶和事业单位法人的船舶，以及港务监督机构认为应当登记的其他船舶，都应当依照本条例在港务监督机构进行登记，但“军事船舶、渔业船舶和体育运动船艇”除外。为配合该条例的施行，1994年国家港务监督局发布了《〈船舶登记条例〉若干问题说明》（港监发［1994］296号），该说明现已被国家海事局（国家海事局由原国家港务监督局和船检局合并而成）2004年发布的《〈船舶登记条例〉实施若干问题说明》所取代。此外，为规范船舶登记机关的工作流程，国家海事局还先后于2003年和2004年发布了《船舶登记工作规程》和《关于修改〈船舶登记工作规程〉的通知》，这两个文件现已被2015年国家海事局发布的新的《船舶登记工作规程》所取代。

（2）《渔业船舶登记办法》。《渔业船舶登记办法》最早是由农业部于1996年发布（1997年、2004年和2010年进行了三次修订），现已被2012年农业部发布的《渔业船舶登记办法》（2013年生效）所废止。依据新办法第2条的规定，我国公民和法人所有的渔业船舶和以光船条件从境外租进的渔业船舶，应当依照本办法在渔港监督机关进行登记，其登记内容主要包括所有权登记、国籍登记、抵押权登记和光船租赁登记。

（3）《建造中船舶抵押权登记暂行办法》。2009年，为落实《物权法》第180条和第188条有关建造中的船舶也可依登记对抗主义的规则进行抵押的规定，国家海事局发布了《建造中船舶抵押权登记暂行办法》，对建造中船舶抵押权的登记机关、登记条件、登记程序和效力等事项作出了规定。该办法后为2015年国家海事局所发布的《关于印发〈船舶登记工作规程〉的通知》废止。依据后一通知的要求，建造中船舶抵押权的登记应依据新的《船舶登记工作规程》进行。

2. 航空器登记法

国务院于1997年颁布实施的《民用航空器权利登记条例》是规范民用航空器登记的主要法律依据。依据条例的规定，在中华人民共和国办理民用航空器所有权、占有权、抵押权和优先权登记的，应遵照本条例在国务院民用航空主管部门进行登记。为了便于条例的贯彻实施，国家民用航空总局于1999年发布了《民用航空器权利登记条例实施办法》。

3. 机动车登记法

（1）《机动车登记规定》。公安部制定的《机动车登记规定》是规范机动车登记的主要法律依据（2008年制定、2012年修正，原公安部于2000年制定，2004年修正的《机动车登记规定》被废止），主要规定了除军用机动车之外的机动车的注册登记、变更登记、转移登记、抵押登记、注销登记和营业质权的备案（2008年新增的制度）。

（2）《拖拉机登记规定》。依据《道路交通安全法》第121条有关“上道路行驶的拖拉机的登记由农业（农业机械）主管部门负责”的规定，农业部于2004年制定了《拖拉机登记规定》，对拖拉机注册登记、变更登记、转移登记、抵押登记和注销登记作出了与原公安部于2000年制定、2004年修正的《机动车登记规定》相类似的规定。

（四）相关民事程序法

民事程序法虽然通常并不直接规定民事实体权利的内容，但在某些情况下，其规则设置也会对民事实体权利的行使及其效力产生一定的影响，从而使之在民事实体法上产生一定的法律效果。具体说来，这些能够对物权法律关系产生一定实体影响的民事程序法规则主要包括以下几个方面的规定：

其一，相关民事诉讼程序法中有关无主财产的认定和执行程序的规定，如《民事诉讼法》《最高人民法院关于适用〈中华人民共和国民事诉讼法〉的解释》《最高人民法院关于人民法院执行工作若干问题的规定（试行）》《最高人民法院关于人民法院民事执行中查封、扣押、冻结财产的规定》《最高人民法院关于人民法院民事执行中拍卖、变卖财产的规定》《最高人民法院关于适用〈中华人民共和国民事诉讼法〉执行程序若干问题的解释》和《最高人民法院关于人民法院办理执行异议和复议案件若干问题的规定》等法律中的相关规定。

其二，《海事诉讼特别程序法》和《最高人民法院关于适用〈中华人民共和国海事诉讼特别程序法〉若干问题的解释》中有关海事请求保全（尤其是船舶扣押和拍卖）的规定。

其三，《企业破产法》和《最高人民法院关于适用〈中华人民共和国企业破产法〉若干问题的规定（二）》中有关债务人财产、债权申报和破产清算的规定。

（五）其他相关的规范性法律文件

除以上规范外，与准不动产物权变动相关的法律规范还广泛存在于其他各类相关的规范性法律文件当中，其中较为重要者主要有以下几类：

其一，相关的交通安全和市场交易管理规章，前者如《海上交通安全法》（全国人大常委会 1983 年制定）和《内河交通安全管理条例》（国务院 2002 年制定）；后者如交通部颁布的《船舶交易管理规定》（2010 年生效）、《老旧运输船舶管理规定》（2006 年颁布、2009 年修正）和商务部、公安部、国家工商行政管理总局、国家税务总局联合颁布的《二手车流通管理办法》（2005 年生效）。依据前二者的规定，船舶应经依法登记并持有船舶登记证书后方可航行。〔1〕依据《船舶交易管理规定》的规定，交易方在交易该法第7条〔2〕规定的船舶时，应在指定的船舶交易服务机构进行，并应依据该法第8条向后者提供确认船舶交易合法性的材料和证书。交易完成后，船舶所有人可凭船舶交易服务机构开局的购船发票向登记机关申请所有权过户登记。《二手车流通管理办法》第6条也规定，二手车直接交易（是指二手车所有人不通过经销企业、拍卖企业和经纪机构将车辆直接出售给买方的交易行为）应当在二手车交易市场（依法设立、为买卖双方提供二手车集中交易和相关服务的场所）进行。交易完成后，现车辆所有人应凭后者开具的税务机关监制的统一发票，按法律、法规有关规定办理转移登记手续。〔3〕

其二，相关的国际公约，如与船舶权利相关的《1926年关于统一船舶优先权及船舶抵押权若干法律规定的国际公约》《1967年关于统一船舶优先权和抵押权若干规定的国际公约》《1967年建造中船舶权利登记公约》《1993年船舶优先权和抵押权国际公约》；与民用航空器权利相关的《1919年巴黎空中航行管理公约》《1944年国际民用航空公约》（又称《芝加哥公约》，1974年新中国承认了该公约）《1948年国际承认航空器权

〔1〕 参见《海上交通安全法》第5条和《内河交通安全管理条例》第6条。

〔2〕 该法第7条规定："下列船舶的交易应通过船舶交易服务机构进行：（一）国际航行各类船舶；（二）港澳航线各类船舶；（三）国内航行油船（包括沥青船）、化学品船、液化气船；（四）100总吨以上内河普通货船、200总吨以上沿海普通货船；（五）50客位以上的国内航行客船。除上述船舶外，各省级交通运输主管部门可根据本地区的实际情况，确定需要通过船舶交易服务机构进行交易的其他船舶。"

〔3〕 在这一点上，该规定基本上沿袭的是1998年国内贸易部发布的《机动车交易管理办法》和公安部、国家工商行政管理局于同年发布的《关于加强机动车交易管理的公告》的规定。

利的公约》（又称《日内瓦公约》，该公约于2000年对新中国生效）《2001年移动设备国际利益公约》（又称《开普敦公约》）和《移动设备国际利益公约关于航空器设备特定问题的议定书》（《移动设备国际利益公约》及其议定书于2009年对我国生效）。

其三，相关的地方性法规和政府规章，它们数量众多，对我国准不动产物权变动规则体系的构成和实施也有一定程度的影响。

二、准不动产物权变动规则体系的特殊性

在物权法上，有关物权客体最基本的分类是动产与不动产的划分。与不动产的种类相对有限不同，动产的种类则几乎是无限的。正因如此，所以在物权立法上，有关动产物权的立法一般都不会对动产的具体类型进行列举，也很少针对特定动产类型制定出不同于一般动产的物权法律规范，而是会更多地以抽象的动产概念为基础，制定出可普遍适用于所有动产的一般法律规范。以此观之，船舶、航空器和机动车无疑属于例外。因为，我国物权立法不仅已经特地将它们从众多的动产物品之中挑选了出来，而且还专门针对它们制定了一些特殊的规则。正是这种法律的特殊对待造就了我国准不动产物权变动规则体系的以下特殊性。

（一）庞杂性

从上文关于准不动产物权变动规则体系法源构成的概览即可看出，这一体系首要的一个特点就在于其外部形式，即构成该体系的规则系出自性质各异的众多法律、法规、规章等。其中，既有实体法意义上的一般法和特别法，又有作为实体法辅助的程序法；既有可一体适用于所有准不动产的一般法规则（如《物权法》第24条），又有因客体属性特别而被排除其适用

的一般法规则（如《物权法》第208条以下有关动产质权的规则就因《海商法》和《民用航空法》没有规定海商船舶质权和民用航空器质权而被排除了其适用）；既有效力层级较高的上位法，又有效力层级较低的下位法；既有国内立法，又有国际公约；既有应时代所需的最新立法，又有未应时代所需进行修订的旧法。在这一由众多未经有效整合的法源共同构成的体系中，一般与特别、统一与分化、实体与程序、上位与下位、国内与国际、革新与守旧等各种端绪交错杂糅，其体系庞杂性显而易见。

（二）跨界性

所谓跨界性，是相对于动产与不动产物权变动制度而言的。在物权法上，区分动产物权与不动产物权乃是建构整个物权法律制度体系的一个基本的结构性原则。在此区分之下，动产物权和不动产物权作为两个相互平行的制度领域，除偶有交集外，大体上界限分明、相互独立，并在物权种类和变动规则上各有其特殊性。与之相对，以船舶、航空器和机动车为客体的准不动产物权则似乎并不具有与二者平行的制度品性，而是兼收并蓄了二者各自特有的一些制度元素，从而在一定程度上显现出跨越不同制度领域的跨界性和交叉融合性。

这种跨界性的首要表现就在于，准不动产物权制度当中不仅内含了传统上主要基于动产的可移动性和易于流动性而建构起来的制度和法理，而且内含了传统上主要基于不动产的经济价值和社会意义较大而建构起来的制度和法理。其中，前者主要是指以占有及其移转为基本元素建构起来的制度与法理，如质权和留置权制度、现实交付和观念交付制度、交付公示法理等；后者主要是指以登记为基本元素建构起来的制度和法理，如所有权和抵押权登记制度、登记公示法理等。这种动产物权制度元素和不动产物权制度元素在准不动产物权领域的交叉、融合乃至相互抵牾，既鲜明地展现了准不动产物权变动规则体系的跨界性，同时也很好地向我们诠释了作为物权客体的“准不动产”所特有的跨界性特征，即船舶、航空器和机动车既具有动产便于移动的特性，又在某些方面具有与不动产更为接近的特性（详见后文），因而法律上才需要将它们既作为动产对待，又在某些时候将它们视为不动产，并针对它们制定出一些具有跨界性的交易规则和管理制度。

（三）疑义性

王泽鉴先生曾有言：“……非经登记不得对抗善意第三人。此项规定，初视之下，似甚简明易解，惟深思之余，则可发现实蕴藏甚多疑义：何谓非经登记不得对抗？第三人之范围如何决定？……诸此问题，均有待于进一步阐明。”〔1〕我国《物权法》第24条所规定的“未经登记，不得对抗善意第三人”的规则也同样蕴藏了先生所说的甚多疑义，再加上该条所规定的登记对抗主义本身乃是针对船舶、航空器和机动车等特殊动产而设的，比传统上主要针对不动产而设的登记对抗主义和主要针对动产而设的交付对抗主义〔2〕更多了一重因前文所述的跨界性而生的复杂性，因而易生疑义之处更多。例如，如何认识和处理准不动产交付与登记的性质及其效力关系，就是此一立法例

---

〔1〕 王泽鉴：《民法学说与判例研究》（第1册），中国政法大学出版社2005年版，第226~227页。

〔2〕 不动产登记对抗主义和动产交付对抗主义的典型代表是日本民法，围绕此类对抗主义，日本法上的研究颇丰，且争论旷日持久，足见其疑义之处甚多。参考［日］铃木禄弥：《物权的变动与对抗》，渠涛译，社会科学文献出版社1999年版，第1页以下；［日］近江幸治：《民法讲义Ⅱ：物权法》，王茵译，渠涛审校，北京大学出版社2006年版，第51页以下；［日］我妻荣：《民法讲义Ⅱ：新订物权法》，有泉亨补订，罗丽译，中国法制出版社2008年版，第156页以下。

之下易生疑义之难题。当然，如果我们能够将前文所述的我国准不动产物权变动规则体系在构成上的庞杂性也考虑进来，则此处的复杂性和易生疑义性还将呈现几何级数的增长。

（四）地方性

所谓地方性是相对于其他国家的相关立法而言的。在这方面，我国准不动产物权变动立法最显著的一个特色就是其一体化的立法模式，即我国物权法并没有采用比较法上广为采用的分散式的特别立法模式，而是以民事基本法中的形式对船舶、航空器和机动车的物权变动规则进行了一体化处理——一体适用《物权法》第24条所规定的登记对抗主义。这种一体化的处理不仅在形式上创造了一种比较法上较为鲜见的立法体例，而且在实质内容上也是非常有特色的。因为，从实质内容上看，《物权法》第24条所确立的“交付生效+登记对抗”的物权变动规则〔1〕本身就是一种非典型形态的登记对抗主义——比较法上典型的登记对抗主义是“合意生效+登记对抗”，〔2〕而且，其将这种登记对抗主义规则一体适用于船舶、航空器和机动车物权变动的做法在比较法上也是非常少见的（详见下文第一章第三节有关准不动产物权变动立法模式的讨论）。这种立法形式和

---

〔1〕 关于《物权法》第24的规定，国内目前通行的解释是，在该条之下，准不动产所有权的转让应以交付为生效要件，以登记为对抗要件。最高人民法院发布的《买卖合同解释》第10条和《物权法司法解释一》第20条也采用的是此一解释。

〔2〕 相关立法例可参见《日本民法典》第177条（该条规定：不动产物权的取得、丧失和变更，非依登记法规定进行登记，不得以之对抗第三人）、第178条（该条规定：动产物权的让与，除非将该动产交付，不得以之对抗第三人），《日本商法典》第687条（该条规定：船舶所有权的移转，若非进行其登记，且于船舶国籍证书上记载时，不得以之对抗第三人），《韩国商法典》第743条（该条规定：有关船舶所有权的移转，只要当事人之间达成协议，即可生效。但如果不进行登记并在船舶国籍证书上载明的，不得对抗第三人），我国《物权法》第129、188、189条。

内容上的特殊性或地方特色虽然本身并不一定是坏事，但不可否认的是，正是这种特殊性给我们理解和适用相关法律规则带来了许多特殊问题，并在一定程度上决定了我国法上的准不动产登记对抗主义在法理构成上的特殊性。

三、准不动产物权变动规则体系中的几个基本问题

准不动产物权变动规则体系作为物权变动规则体系的重要一环，同样也担负着为市场经济的有效运行提供制度保障的基本功能，而从功能上讲，要保障特定领域的市场交易自由、安全、便捷地进行，相关的市场交易规则就至少要保证必要的清晰性和体系协调性，以免因规则的不协调和混乱而人为地给市场交易造成障碍或增加不必要的交易成本。〔1〕以此观之，我国法所确立的体系庞杂、内容跨界、充满疑义且颇具地方特色的准不动产物权变动规则体系离规则清晰、体系协调尚有一段不小的距离，而要弥合这段距离，除修法外，只能借助于法教义学上的努力。而从法教义学上讲，要想通过体系性的规范解释论的工作将现有的准不动产物权变动规则体系整理成一个规则较为清晰、体系较为协调的法教义学体系，首先就必须要妥善处理好该体系内含的几个方面的基本问题。

（一）基本问题一：统一与分化的矛盾关系问题

这里所说的统一与分化的矛盾，主要涉及的是准不动产物权变动规则体系中的一般规定与特别规定的体系关系问题，即作为一般规定的《物权法》第 24 条与《物权法》和其他相关法律中的特别规定的体系关系问题。

在这种体系关系中，《物权法》第 24 条所展现出的是一种

〔1〕 See Dieter Krimphove, “Das Suropäische Saxhenrecht”, EUL VERLAG, 1. Aufl, 2006, S. 53 ff.

要努力实现依法律行为而生的准不动产物权变动规则的统一的立法倾向。因为，该条所采用的“船舶、航空器和机动车等物权的设立、变更、转让和消灭，未经登记，不得对抗善意第三人”的表述已经表明，该条至少已在表面文义上包含了以下三个层面的统一：其一是在客体层面上，实现了对“所有船舶、航空器和机动车”物权变动规则的统一。其二是在物权类型层面上，实现了对“所有类型的准不动产物权”变动规则的统一，即准不动产所有权、抵押权和质权的物权变动规则是统一的。其三是在物权变动类型层面，实现了对“所有类型的准不动产物权的设立、变更、转让和消灭”规则的统一。正是通过这种统一，一种不同于以往的分散式立法的新的立法体例得以形成，并为我国法上的准不动产物权变动规则体系提供了形式上的体系化基础。

然而，与《物权法》第24条所展现出的统一的立法倾向相反，《物权法》和相关特别法上的特别规定则更多地展现出了一种规则分化的倾向，从而使得如何处理这一体系中内含的统一和分化的矛盾关系问题成了正确理解和适用我国法上的准不动产物权变动规则体系的首要问题。具体说来，这种统一和分化的矛盾及其所带来的基本问题主要包括以下几个方面。

首先，在客体层面，与《物权法》第24条在形式上已经将“所有船舶、航空器和机动车”的物权变动都一体纳入了其调整范围不同，我国相关登记程序法并没有将所有船舶、航空器和机动车都纳入物权登记的范围，如体育运动船艇（皮划艇、运动帆船和摩托艇等）和“最高设计车速大于20 km/h或者整车整备质量大于40 kg的电动车辆”〔1〕依法就无需进行物权登记，

---

〔1〕 依据《道路交通安全法》第119条第3项的规定，这些电动车辆属于机动车中的摩托车。

由此也就产生了这些无需登记的船舶和机动车的物权变动是否也应一体适用《物权法》第 24 条所规定的登记对抗主义的问题——依法理，这些非登记船舶或机动车应适用普通动产的物权变动规则。此外，须注意的是，即便是对于那些已被依法纳入物权登记范畴的船舶、航空器和机动车来说，这里也存在一个能否用登记对抗主义来调整其在记载于登记簿之前所发生的各种物权变动的问题。

其次，在物权类型层面，依据《物权法》的规定，准不动产之上得成立的物权类型原则上应与一般动产相同，即准不动产之上得成立的物权类型应包括所有权、抵押权、质权和留置权。但是，依据相关特别法的规定，海商船舶和民用航空器上得成立的物权类型与《物权法》的规定并不一致。具体说来，这种不一致主要表现在以下几个方面：第一，《海商法》在规定海商船舶权利时并没有规定质权，且其所规定的归属于不同主体的留置权的效力也是不统一的；[1]第二，《民用航空法》在规定民用航空器权利时没有规定质权和留置权；第三，《海商法》和《民用航空法》都规定了一种特别的优先权类型，即船舶优先权和民用航空器优先权。面对这种不一致，解释上自然需要处理一个基本问题，即在《物权法》出台之后，海商船舶和民用航空器之上得成立的物权类型及其效力到底应如何确定的问题。

最后，在物权变动规则层面，虽然《物权法》第 24 条在形式上实现了所有类型的准不动产物权的变动规则的统一，但依据《物权法》第 188 条和第 212 条，动产抵押权和质权的设立

---

〔1〕 依据该法第 25 条第 2 款的规定，同条第 1 款所规定的“后于船舶优先权受偿、先于船舶抵押权受偿”的船舶留置权仅指造船人和修船人所享有的留置权，并不包含同法第 161 条所规定的船舶承拖人的留置权。

也可适用第188条规定的“合意生效+登记对抗主义”和第212条规定的“交付要件主义”。由此也就是产生了一个解释上易生争议的问题，即准不动产质权[1]的设立到底是应适用第24条规定的登记对抗主义，还是应适用第212条规定的交付要件主义的问题[2]——关于准不动产抵押权的设立应适用第188条，解释上并无争议。

（二）基本问题二：跨界与平行的矛盾关系问题

如前所述，相对于传统的动产和不动产物权制度而言，准不动产物权制度的一个显著特征即在于其跨界性，即该制度兼收并蓄了前二者各自特有的一些制度元素，从而使自己在一定程度上既显现出某种制度融合的特性，同时又在某些方面与前二者保持着区别。这种既融合又区别的特点就是此处所说的“跨界（融合）与平行（区别）”的矛盾，其最直接的体现就是，传统的主要以动产交付要件主义和不动产登记要件主义为基础发展起来的交付和登记制度及相关法理，大多也都可以适用于准不动产物权变动领域，但在准不动产登记对抗主义之下，这种适用又是一种非常特殊的适用，即这种适用既要遵循一般的交付和登记制度法理，同时又要兼顾准不动产物权变动制度的特殊性。

毫无疑问，要实现这种兼顾，使得一般的交付和登记制度及其法理都能在准不动产物权变动领域得到妥当运用，理论上是有一定困难的。正因如此，所以这里往往会产生一些易生争议的问题，其中较为重要者至少有：①如何妥善处理交付和登

---

〔1〕 关于海商船舶和民用航空器之上能否成立质权的问题，留待下文讨论，但依据《物权法》和《机动车登记办法》的规定，机动车之上应可成立质权。

〔2〕 相关争议，参见杨代雄：“准不动产的物权变动要件——《物权法》第24条及相关条款的解释和完善”，载《法律科学》2010年第1期；汪志刚：“准不动产物权变动与对抗”，载《中外法学》2011年第5期。

记在准不动产物权变动中的地位及其效力关系的问题。就此，理论上争论颇多，而构成其争议焦点的主要是准不动产物权变动的公示方式到底是交付还是登记，交付在准不动产物权变动中可以产生何种效力，已交付未登记的准不动产物权变动与已登记未现实交付的准不动产物权变动并存时的对抗关系如何等问题。〔1〕②在准不动产物权变动领域应如何适用观念交付制度的问题，如在一船二卖中应如何处理两笔以不同交付形态完成的尚未登记的所有权转让的效力关系问题等。③在相关准不动产登记程序法尚未作出明确规定的情况下，物权法上有关不动产登记的一些规定（如更正登记、异议登记等）能否准用于准不动产的问题。④准不动产物权能否以及如何适用善意取得制度的问题，该问题也经常以准不动产登记是否具有公信力的形式表现出来。〔2〕

（三）基本问题三：物权效力的相对化及其法理基础的构建问题

在《物权法》第24条所确立的准不动产登记对抗主义之下，一项具有完全对世效力的物权变动通常都是分两个阶段进行的：其一是在登记之前，该项物权变动并不具有完全的对世效力，即不能对善意第三人产生对抗效力；其二是登记之后，该项物权变动可以产生完全的对世效力，即可对包括善意第三

〔1〕相关争议，参见崔建远："再论动产物权变动的生效要件"，载《法学家》2010年第5期；汪志刚："准不动产物权变动与对抗"，载《中外法学》2011年第5期；王利明："特殊动产物权变动的公示方法"，载《法学研究》2013年第4期；崔建远："机动车物权的变动辨析"，载《环球法律评论》2014年第2期。

〔2〕相关争议，参见王轶：《物权变动论》，中国人民大学出版社2001年版，第121~122页；司玉琢：《海商法专论》（第2版），中国人民大学出版社2010年版，第47页；杨代雄："准不动产的物权变动要件——《物权法》第24条及相关条款的解释和完善"，载《法律科学》2010年第1期；汪志刚："准不动产物权变动与对抗"，载《中外法学》2011年第5期。

人在内的所有人都产生对抗效力。这种物权变动可以分阶段进行的法律结构虽然可以在一定程度上软化公示原则的强制性，赋予当事人以更大的选择自由，但客观上也将一种“不具有完全对世效力的物权”引入了整个物权法体系，从而给物权的绝对性和物债两分体系带来了一定的冲击。

面对这种冲击，理论上需要重点解决的难题主要有二：其一是如何合理界定一项已生效未登记的准不动产物权变动的效力问题，即“不具有完全对世效力的物权”到底具有何种效力的问题。于此，显然不能简单地依据物权绝对性的法理来赋予该项不具备对抗要件的物权变动以完全的对世效力——这本身就是违背登记对抗主义的，而是只能根据物权取得人与他人之间的法律关系或法律地位的不同来予以相对的决定。正是由于此时的物权变动效力不能完全依据物权的绝对性标准来予以确定，而是只能依据“其他标准”在不同主体之间予以相对的确定——物权效力的相对化，所以如何合理地确定和解释这里所涉的“其他标准”往往构成了登记对抗主义之下非常难以处理的问题。国内学者有关登记对抗主义之下的“善意第三人”的含义和范围的不同解释就是这种困难的直接体现。〔1〕其二是在所有权人对同一准不动产先后为多重转让或在转让后又对该物为法律上的处分的情况下，如何合理地解释第一笔转让后所发生的转让或处分的有效性问题。因为，依物权法理，所有权人在将一项准不动产的所有权转让给第一受让人之后，即使该笔转让未登记，作为出让人的原所有权人也应已丧失对该物的所有权和处分权，而依据“任何人不得向他人转让大于自己所拥

〔1〕 相关争议，参见汪志刚：“准不动产物权变动与对抗”，载《中外法学》2011 年第 5 期；龙俊：“中国物权法上的登记对抗主义”，载《法学研究》2012 年第 5 期。

有的权利”的法理，在后的受让人或物权取得人应无法从已丧失所有权的原所有权人处取得相应的物权，更别说取得可对抗第一受让人所取得的所有权的物权了，除非在后的物权取得符合善意取得的要件。但问题是，按照登记对抗主义的规则，即使无善意取得制度的适用，前述情况下的在后的物权取得人仍有从已丧失所有权的物的原所有权人处取得相应物权的可能，甚至可取得可对抗第一受让人所取得的所有权的物权——如果其登记在先的话。如此一来，如何合理地解释这种在后的转让或处分的有效性及其对抗效力（对抗第一受让人所取得的所有权）的来源，不可避免地构成了登记对抗主义法理构建中必须认真加以处理的核心议题。[1]

（四）基本问题四：效率与安全的价值平衡问题

与公示强制原则更加重视交易安全保护不同，登记对抗主义虽然也重视公示的交易安全保护功能，但其非强制性的公示要求——除所有权初始登记外的所有物权变动登记基本上都是非强制性的——显然更侧重于对交易效率的追求，即登记对抗主义乃是一种相对比较注重交易效率的法律构造。安全与效率作为物权法律规范所追求的两项基本价值，既有相互矛盾的一面，也有相互协助和促进的一面。如果交易缺乏基本的安全保障，则市场交易主体往往会因担心交易风险过高而放弃交易或者为了降低风险而付出更高的交易成本，从而使交易效率受到损害；反之，如果交易不能按照与其性质相匹配的方式快捷地、

---

〔1〕相关争议，参见龙俊：“中国物权法上的登记对抗主义”，载《法学研究》2012年第5期；郭志京：“也论中国物权法上的登记对抗主义”，载《比较法研究》2014年第3期；［日］铃木禄弥：《物权的变动与对抗》，渠涛译，社会科学文献出版社1999年版，第4页以下；［日］近江幸治：《民法讲义Ⅱ：物权法》，王茵译，渠涛审校，北京大学出版社2006年版，第51页以下；［日］我妻荣：《民法讲义Ⅱ：新订物权法》，有泉亨补订，罗丽译，中国法制出版社2008年版，第156页以下。

低成本地进行，则市场主体同样会因此选择放弃交易或者宁愿选择其他更有效率的方式进行交易，从而使得原有的交易安全保障制度的设计目的落空。因此，在以登记对抗主义为基础来整合和理清现行的准不动产物权变动规则体系的内在体系关系及其与整个物权法的体系关系时，如何准确地把握登记对抗主义立法所体现出来的基本价值观念和实践需求，从而形成一个合理的“效率与安全价值平衡观”，以保证整个准不动产物权变动规则体系在内在价值取向上的一致性及其对实践的适应性，无疑是这里需要认真加以处理的一个基础理念问题。例如，在是否应赋予准不动产登记以公信力或是否应承认准不动产物权的善意取得问题，学界就存在不同的看法，而这种看法的不同很大程度上就与论者所持的价值理念的不同密切相关。

除此之外，在准不动产物权变动上，还有一个需要特别加以考虑的价值问题，即公共安全和投资安全的保障问题。因为，船舶、航空器和机动车作为动产，除可以作为生活资料或消费品之外，同时还是重要的交通工具和投资标的。正是这种标的性质的特殊性决定了，准不动产物权交易规则的确定，不仅事涉物权交易秩序本身，而且在一定程度上与公共交通安全保障和产业投资安全保障密切相关。例如，船舶、航空器和机动车所有权初始登记的强制性——未完成初始登记不能作为交通工具投入运营——就在一定程度上反映了公共交通安全保障对物权交易规则的影响。这种影响在相关的准不动产登记程序制度设计中和众多的与二手船舶、航空器和机动车交易有关的管理规定中，同样有所体现。

与之相对，与船舶、航空器和机动车相关的产业投资安全的保障虽然需更多地依赖于不同部门法的合作，但从物权法律规则的自身发展及其实践效能的角度看，如何更好地实现投资安全保障，进而达到鼓励投资的目的也是当前的准不动产物权变动立法和司法中需要认真面对的一个问题。尤其是考虑到交通运输产业本身就是一个资金密集型产业，其生产、购入和运营都需要大量的资金投入，更是如此。例如，在准不动产担保物权的效力确定上，如何确定并存的抵押权（投资者所取得的担保物权大多为抵押权）、质权、留置权、特别法优先权人（船舶优先权和航空器优先权）和查封债权人的权利的效力关系就是一个事涉如何实现投资安全保护的重要问题。此外，如何处理我国经济实践中广泛存在的船舶和机动车挂靠运营所涉及的物权法律关系也是一个与此密切相关的问题。

（五）基本问题五：实体法与程序法的体系协调问题

登记对抗主义规则的有效实施离不开相关登记程序法的辅助是显而易见的。在物权法将船舶、航空器和机动车的物权变动规则进行了一体化处理并直接改变了以往的机动车物权变动规则之后，[1]有关准不动产物权变动实体法和程序法的关系，至少存在以下需要研究和理清的一些基本问题。

首先，船舶、航空器和机动车物权登记的性质和效力问题。在这方面，理论上的一个认识障碍或学理争议主要在于，由于我国法上的船舶、航空器和机动车物权登记并非都是完全出于私法目的而设置的，而是还同时包含了出于公法目的而设置的

---

〔1〕 在《物权法》出台之前，有关机动车所有权的变动，应适用《民法通则》第72条所规定的“财产所有权的转让自交付时生效”的规定（参见《最高人民法院研究室关于如何认定买卖合同中机动车财产所有权转移时间问题的复函》），而不适用自登记时生效的登记要件主义。在1995年的《担保法》出台以后，依据该法第41条的规定，机动车抵押权的设立应与船舶、航空器抵押权的设立一样，一体适用自登记之日起时生效的规定。（该条所采用的是“抵押合同自登记之日起生效”的不当表述——该表述后为《物权法》第15条纠正，且与《海商法》第13条和《民用航空法》第16条所规定的登记对抗主义明显不一致。）

登记，所以对于我国法上的船舶、航空器和机动车物权登记的法律性质问题，理论上难免会产生一定的争议。例如，依据现行的《道路交通安全法》第 8 条和《机动车登记规定》第 5 条的规定，所有权注册登记就是机动车取得行驶证（正式的上路行驶资格）的必要条件，且具有一定的强制性。正是基于这一特性，所以早在 2000 年，公安部在其给最高人民法院的两个复函中才会反复指出，根据当时的机动车登记法规和有关规定，“公安机关办理的机动车登记，是准予或者不准予机动车上道路行驶的登记，不是机动车所有权登记”，[1]即当时的机动车所有权登记只是一种行政管理意义上的公法登记，而非私法意义上的具有物权公示作用的登记。这种对机动车登记性质的认识虽然在一定程度上较为准确地反映了机动车所有权注册登记的行政管理性和强制性，也与我国当时的立法并没有将登记规定为机动车物权变动的一般生效要件或对抗要件（《担保法》所规定的抵押权登记除外）有关，但在 2007 年出台的《物权法》已经明确将登记规定为机动车物权变动的公示要件之后，如果再坚持此类对机动车所有权登记性质的理解，则显然不利于准确界定机动车所有权登记的性质及其法律效果。因此，明确船舶、航空器和机动车物权登记的性质及其法律地位，并据此准确确定其效力，应是准不动产物权变动规则一体化之后必须首先解决的理论和实践问题。

其次，法律的变迁过程中所产生的新旧矛盾问题——以上对准不动产登记性质的不同认识本身已经在一定程度上反映了这种矛盾，这种矛盾主要是由 2007 年制定的《物权法》与此前所制定的与准不动产相关的特别法和登记程序法在立法理念和

---

〔1〕 参见《公安部关于确定机动车所有权人问题的复函》《公安部关于机动车财产所有权转移时间问题的复函》。

规则设计上所存在的差异所造成的。正是这种差异决定了，在《物权法》出台之后，基于实体法和程序法之间的目的和手段关系，相关程序法的立法和法律解释也应与时俱进，以便使之能与相关实体法的规定和主旨保持协调。就此而言，国家相关部门虽然在《物权法》出台之后已经进行了一些相关程序法的立法完善工作，[1]但整体看来，这种立法的完善离有效满足实践需求尚有一段不小的距离。这种距离尤其体现在以下几个方面：其一是欠缺有效的登记错误纠错机制（如更正登记和异议登记等），非常不利于当事人实体权利保障和登记目的的实现。其二是有关建造中航空器抵押权登记制度尚付阙如，非常不利于《物权法》第188条规定的建造中航空器抵押权的实施。《建造中船舶抵押权登记暂行办法》虽然已出台和实施了一段时间，但在有些方面依然需要完善，如需要进一步明确建造中船舶抵押权所及的抵押物范围等。其三是立法理念上存在重行政管理、轻公示服务的问题，如规定的强制登记过多，未设置健全的、便民的登记簿查询制度以及部分权利登记存在不合理收费和要求进行标的物价值评估等。[2]

最后，准不动产登记程序法的相对统一问题。这一方面是船舶、航空器和机动车物权变动规则已经在实体法上实现了相对统一的要求，另一方面也与我国的船舶、航空器和机动车登记程序法大多为部门立法，普遍存在立法效力层级偏低且不统一（甚至是同一客体的登记依据、登记机关、登记程序和登记用语都不是很统一）的现实有关。有鉴于此，法律上完全有必

---

〔1〕 如公安部在2008年修正《机动车登记办法》时增设了机动车质权备案制度，国家海事局在2009年发布了《建造中船舶抵押权登记暂行办法》，农业部在2010年修订了《渔业船舶登记办法》。

〔2〕 关于我国准不动产登记程序法所存在的问题，更为详尽的分析参见本书第四章第三节。

要对相关的登记程序法应如何进行完善展开研究，以便使之能够实现相对的统一和与相关实体法规则的体系协调，从而保障物权法上所确立的准不动产登记对抗主义的有效实施。

四、小结

综上可见，准不动产物权变动规则的一体化作为我国物权立法的一个创造，它在给我们带来了一个新的准不动产物权变动规则体系的同时，也给我们带来了许多需要认真加以研究和解决的课题。面对这些课题，国内学者虽然做了一些研究，但其研究的体系化和精细化程度还稍显不够，甚至在一些有关准不动产物权变动的基本问题上依然存在明显的分歧乃至对立。这种分歧和对立在给司法实践带来了一定困扰的同时，也在提醒我们，要妥善处理准不动产登记对抗主义这一本身就“蕴藏甚多疑义”的物权变动模式所涉的基本问题，就必须对其体系整体有一个更为全面的认识和理解。唯有如此，我们才能在发生分歧和对立时，对这种分歧和对立得以产生的根源有一个更为清晰的把握，从而为尽早消除这种分歧和对立创造条件，本课题的一个主要研究目的即在于此。

第一章

CHAPTER 01

准不动产物权及其变动概述

第一节　准不动产物权的客体

准不动产作为对“船舶、航空器和机动车等”物权客体的统称，所要表明的是，这些客体虽然性质上属于动产，但由于它们在某些重要的法律属性上明显不同于一般动产，而是更接近于不动产，所以法律上才会在某些方面将它们作为“准”不动产即与不动产类似的事物来对待。依据《物权法》第 24 条的规定，这些可以被作为准不动产对待的物权客体除包括该条所列举的“船舶、航空器和机动车”外，还应包括其后所述的“等”字可能包含的其他物权客体，即这里所述的“等”字是一个可容纳其他物的开放概念。这种规定上的开放性虽然可以为我国未来立法进一步拓展准不动产的范围预留一些空间，但基于“同类解释规则”和我国现行法的规定，解释上应可看出，目前，在我国法上，除已被纳入物权登记范围的船舶、航空器和机动车得称为准不动产且得适用《物权法》第 24 条所规定的登记对抗主义之外，尚无其他与之“具有类似性质和地位”，〔1〕因而可以被纳入“等”字之中的准不动产。简言之，在我国现行法之下，所谓的准不动产应仅限于《物权法》第24条所规定的船舶、航空器和机动车。〔2〕

一、船舶、航空器和机动车的定义与分类

物权法虽然使用了船舶、航空器和机动车的概念，但其本身并没有对这些概念作出界定，所以有关三者在物权法上的含义，只能通过参照三者的通常语义和相关法律的解释，在结合物权规范意旨的基础上加以确定。

（一）船舶、航空器和机动车的定义

1. 船舶

在汉语中，船舶作为对各种船只的总称，一般是指能航行或停泊于水域进行运输或作业的交通工具。《1972年国际海上避碰规则》第3条将船舶定义为“是指用作或者能够用作水上运输工具的各类水上船筏，包括非排水船筏、地效翼船和水上飞机。”我国《海上交通安全法》第50条和《内河交通安全管理条例》第91条在对船舶的具体范围进行列举时，也将“各类排水或者非排水的船、艇、筏、水上飞行器、潜水器、移动式平台以及其他水上移动装置”列举为船舶。依据以上定义，可将

〔1〕这里的“类似性质和地位”主要是指这些物至少应与船舶、航空器和机动车一样，具有较高的经济价值和社会意义，且已被纳入到与船舶、航空器和机动车登记类似的登记制度的适用范围之内。

〔2〕准不动产的概念虽然在物权法出台之前即已约定俗成，但在物权法出台之后，鉴于物权法上有关船舶、航空器和机动车物权变动的基本规则（第24条）系规定在“动产交付”一节，所以学理上和解释上也就有了用“特殊动产”一词来统称三者的做法。（参见《买卖合同解释》第10条）这种称谓上的改变虽然有其尊重立法体例本身安排之考虑，但鉴于“特殊动产”一词本身并无任何学理品性，所负载的意义也甚为模糊，所以，笔者此处仍将遵循之前的学理习惯，以“准不动产”一词来统称船舶、航空器和机动车。

船舶在法律上的一般意义定义为是指“能航行或停泊于水域进行运输或作业的交通工具和其他水上移动装置，包括各类排水或者非排水的船、艇、筏、水上飞行器、潜水器、移动式平台以及其他水上移动装置”。

其中，“水域”是指地理意义上的水域，含沿海水域和内河水域。“作业”是指在地理水域进行调查、勘探、开采、测量、建筑、疏浚、爆破、救助、打捞、拖带、捕捞、养殖、装卸、科学试验和其他水上水下施工。〔1〕“排水（船）或者非排水（船）”是依据船舶运行原理所作的分类。一般说来，运行时浮于水中（含水面和水下）的船舶属于排水船，而运行时飘在水面一定高度之上的船舶属于非排水船，如水上飞机和利用地（水）面效应原理制成的地效翼船等。“船、艇”是依船舶大小所作的传统分类，即大的为船，小的为艇，但在现代，二者的区分更多的是名称上的。“筏”是指用竹、木等平摆着编扎成的水上交通工具，有时也可用牛、羊皮等制囊而成。“水上飞行器”是指能在水面上起飞、降落和停泊的飞行器，如水上飞机〔2〕和地效飞行器〔3〕。“潜水器”是指具有水下观察和作业能力的活

〔1〕 参见《海上交通安全法》第50条。

〔2〕 水上飞机虽然属于船舶的一种，但依据下文有关航空器的定义，水上飞机也属于航空器。因为，第一，水上飞机与一般的飞机一样，都是依靠机翼上下表面气流的压力差来获得升力的，符合航空器“借空气之反作用力在大气层中飞行”的技术特征。第二，水上飞机的主要作业领域并不在水面或水下，而是在水域周边的上空或高空——水域仅是其停泊的主要场所，符合航空器“供空中运输和作业之用”的功能性特征。

〔3〕 地效飞行器，也称为地效翼船、翼地效应机、地效船或飞翼船等，是一种既离开水面又贴近水面飞行的，利用地（水）面效应和动力增升原理实现高速掠海飞行的飞行器。地效翼船作为一种新型高速交通工具，虽然主要是在地效区（即贴近地面或水面飞行）飞行和从事水面作业，但随着技术的发展，地效翼船也可实现在脱离地效区的数百米的高空飞行，进而被用于空中运输和作业，由此也就产生了到底是应该将地效翼船归入船舶（像《1972年国际海上避碰规则》那样），还是

动深潜水装置，如潜水艇。“移动式平台以及其他水上移动装置”是指能重复实现就位、起浮、移航等操作以改变作业地点的平台或其他具有自航能力的水上构造物，如自航式钻井平台等。

2. 航空器

在航空航天科技上，航空器一般是指借空气之反作用力在大气层中飞行的器物，与按照天体力学的规律在太空运行的航天器分属两类不同的飞行器。国际上首次对航空器作出定义的是1919年的《巴黎空中航行管理公约》(简称1919《巴黎公约》)，依其定义，所谓航空器是指“大气层中靠空气反作用力作支撑的任何器械”。该定义后来被1944年的《国际民用航空公约》(又称1944《芝加哥公约》) 原文引入，并于1967年被国际民航组织修改为：“大气层中靠空气的反作用力，而不是空气对地（水）面的反作用力作支撑的任何器械”。〔1〕依据这一定义，航空器作为依靠空气自身的反作用力获得升力而在大气层中飞行的供空中运输和作业之用的飞行器，不仅包括自身重量重于空气的固定翼飞机（含陆上飞机、水上飞机和两栖飞机）、直升机、旋翼机、扑翼机和滑翔机，而且包括自身重量轻

(接上页) 归入航空器范畴的争议。2002年12月，国际海事组织颁布了《地效翼(WIG) 船暂行指南》。依据该指南的规定，所有飞行高度不超过海平面以上150米的地效翼船都应被核准为船舶，超出150米飞行高度的，则属于国际民航组织所定义的飞机。受此影响，中国船级社也于2008年发布了《地效翼船检验指南》，并将地效翼船定义为是“一种具有多种航态的带翼船舶，在其主要营运状态时是利用机翼在接近水表面或其他表面以上的空中高速运动所产生的地面效应（气动升力）支承其重量而在空中高速运行”的船舶。截至目前，中国船级社已经为“天翼一号”和“翔州1号”等多艘民用地效翼船办理了入级船检手续和检验证书。

〔1〕［荷］迪德里克斯-范思赫：《国际航空法》(第9版)，黄韬等译，上海交通大学出版社2014年版，第3页。

于空气的航空气球（含自由气球和系留气球[1]）和飞艇，但不包括利用空气对地（水）面反作用取得支撑力在低空行进的器械，如气垫船和冲翼艇等新型船舶，更不包括完全不依靠空气的反作用而取得支撑的飞行器或航天器，如火箭、人造卫星、空间探测器、宇宙飞船、航天飞机和各种空间站等。

在以上各类航空器中，“固定翼飞机”是指由动力装置产生前进推力，由固定机翼产生升力，在大气层中飞行的重于空气的航空器。“直升机”是指由一个或多个水平旋转的旋翼提供升力和推进力进行飞行的重于空气的航空器。“旋翼机”是指利用前飞时的相对气流吹动旋翼自转以产生升力的重于空气的航空器。“扑翼机”是指依靠机翼上下扑动产生升力和推进力的重于空气的航空器。“滑翔机”是指没有动力装置，只能依靠其他器械提供升空动力的重于空气的固定翼航空器。“航空气球”和“飞艇”则属于利用轻于空气的气体来提供升力的航空器，二者的主要区别在于前者一般都不附带水平推进装置，只能依靠自然气流的推动进行水平飞行，而后者则有自带的动力系统为其水平飞行提供动力。除以上航空器外，随着航空科技的发展，一些新型的航空器也在不断涌现，如前文所述的可在超过地面以上 150 米的高度飞行的地效飞行器等。

3. 机动车

机动车是相对于非机动车而言的，从纯技术意义上讲，二者的区分标准主要在于是否由机械动力装置提供动力。我国《道路交通安全法》第 119 条第 3 项在定义机动车时，也采用了这一标准，并将机动车定义为“以动力装置驱动或者牵引，上

---

[1] 系留气球是指使用缆绳将其拴在地面绞车上并可控制其在大气中飘浮高度的气球。与之相对的自由气球则可依靠气流的推动自由飞行。自由气球主要包括轻气球（内充密度轻于空气的气体）和热气球。

道路〔1〕行驶的供人员乘用或者用于运送物品以及进行工程专项作业的轮式车辆。”不过，须注意的是，依据该法第 119 条第 4 项的规定，“有动力装置驱动但设计最高时速、空车质量、外形尺寸符合有关国家标准的残疾人机动轮椅车、电动自行车等交通工具”并不属于法律上的机动车，而是属于非机动车。在这里，决定特定“由动力装置驱动”的“残疾人机动轮椅车、电动自行车”等类似交通工具是否属于非机动车的关键是其设计最高时速、空车质量、外形尺寸是否符合有关国家标准。若符合，则属于非机动车；反之，则有可能被归入机动车之列。例如，依据 1999 年的《电动自行车通用技术条件》（GB17761-1999）第 5.1 条和 2009 年的《电动摩托车和电动轻便摩托车通用技术条件》（GB24158-2009）第 3.2 条，电动自行车的“最高设计车速应不大于 20km/h，整车质量（重量）应不大于 40kg”，超出以上标准的应被归入机动车中的电动摩托车或电动轻便摩托车。〔2〕同理，汽油机名义排量、最高设计时速、外廓尺寸超出《机动轮椅车国家标准》（GB 12995-2006）的残疾人机动轮椅车也可被归入机动车之列。〔3〕但是，由于在实践中，

〔1〕 依据《道路交通安全法》第 119 条第 3 项的规定，该法所称之道路是指公路、城市道路和虽在单位管辖范围但允许社会机动车通行的地方，包括广场、公共停车场等用于公众通行的场所。

〔2〕 2018 发布，2019 年 4 月 15 日正式实施的《电动自行车安全技术规范》（GB 17761-2018）第 4.1 条将电动自行车的最高设计时速修改为不超过 25k m/h，整车质量不超过 55kg。

〔3〕 依据《机动轮椅车国家标准》的规定：“残疾人机动轮椅车是指由内燃机（仅指汽油机）提供动力的轮椅车，专为下肢残障者设计，一般为正三轮，全部由上肢操作，并贴有残疾人专用车标志，是道路行驶的交通工具，又称残疾人三轮摩托车。机动轮椅车分为轻便机动轮椅车和普通机动轮椅车。其中，汽油机名义排量小于等于 50ml 的机动轮椅车称为轻便机动轮椅车。汽油机名义排量大于 50ml 小于等于 150ml 的机动轮椅车称为普通机动轮椅车。”（第 3.1 条）“机动轮椅车最高设计车速不应大于 50km/h。”（第 5.2.4 条）“轻便机动轮椅车的外廓尺寸不应大于 2000mm×

这些超出有关国家标准的电动车辆和残疾人机动轮椅车并没有被纳入机动车登记范围，[1]其在道路通行规则上一般也都是被作为非机动车对待的，因而，这些车辆目前还不能被完全当作《道路交通安全法》意义上的机动车来对待。

考虑到目前我国所实行的机动车登记制度乃是依据《道路交通安全法》第 8 条建立起来的，而机动车登记制度又是《物权法》第 24 所规定的机动车登记对抗主义得以实施的前提和基础，故对于物权法上的机动车和道路交通安全法上的机动车，原则上应作同一理解，即二者都应被定义为是“以动力装置驱动或者牵引，上道路行驶的供人员乘用或者用于运送物品以及进行工程专项作业的轮式车辆等”，包括汽车及汽车列车、摩托车及轻便摩托车、拖拉机运输机组、轮式专用机械车和挂车。

（二）船舶、航空器和机动车的分类

船舶、航空器和机动车除可从纯技术意义上进行各种分类外，也可依其法律属性的不同进行分类，其中较为重要的分类主要有以下几种。

1. 船舶、航空器和机动车的一般分类

（1）民用的和非民用的。不管是在国内法上，还是在国际法上，将船舶、航空器和机动车区分为民用的和非民用的都是一种非常常见的分类，其分类的意义主要在于，二者在登记、管理、使用和交易上往往需遵守不同的法律规则。具体说来，这种不同主要体现在以下几个方面。

首先，在权利设定和登记管理上，依据《海商法》第 3 条、

（接上页）1000mm×1200mm（长×宽×高），普通机动轮椅车的外廓尺寸不应大于 2500mm×1200mm×1400mm（长×宽×高）。”（第 5.3.1 条）

〔1〕 目前，我国有不少省市都已经通过地方立法建立起了电动车辆和残疾人机动轮椅车登记制度，但这种登记性质上仍属非机动车登记。

《船舶登记条例》第2条、《民用航空法》第5条和《机动车登记办法》第2条的规定，“军事船舶”、〔1〕“用于执行军事、海关、警察飞行任务的航空器”〔2〕和“中国人民解放军和中国人民武装警察部队负责登记的机动车”〔3〕并不适用以上法律的规定，而是应适用军事部门（军队部门和武警部队部门）或相关政府公务部门（海关部门和警察部门）所颁布的相关特别法。

其次，在使用和运行管理上，依据《海商法》《民用航空法》《海上交通安全法》《内河交通安全管理条例》《道路交通安全法》等法律法规的规定，“军事船舶”、“用于执行军事、海关、警察飞行任务的航空器”和“中国人民解放军和中国人民武装警察部队负责登记的机动车”的使用检测、适航或行驶资格的管理、操作人员的资格授予与审查、交通违法行为的处罚等相关事项的管理职责和执法权力并不归属于地方公共交通运输管理和执法部门，而是归属于其所在系统内部设置的相关管理或执法部门，它们在航行或道路通行上所应遵守的规则和所享有的权利也与一般的民用船舶、航空器和机动车有所区别。

最后，依据《国防法》第37条和《物权法》第52条等法律的规定，军用船舶、航空器和机动车乃是国家专有的国防资产，

---

〔1〕 依据《〈船舶登记条例〉实施若干问题说明》的规定，所谓“军事船舶”是指军队现役的或在编的，用于执行军事任务或运送军事人员、物资，并不收取运费或其他任何形式报酬的船舶。

〔2〕 依据相关国际公约的规定，这些航空器都属于与民用航空器相对的国家航空器（参见《1944年国际民用航空公约》），并不享有相关的民用航空公约赋予民用航空器的权利和法律地位。参见［荷］迪德里克斯-范思赫：《国际航空法》（第9版），黄韬等译，上海交通大学出版社2014年版，第18页以下。

〔3〕 按照解放军四总部联合下发的《军车运行管理规定》等文件的规定，“军车”是从其编制和用途上来定义的，即凡是列入军队、武警编制内，直接用于执行军队和武警工作任务的机动车才属于军车，而军队机关和下属企业所使用的悬挂军牌的车辆并不属于严格意义上的军车，而只能算是“军牌车”。

除依法转为民用外，这些国防资产不能被转让给一般的民事主体，更不能像民用船舶、航空器和机动车那样在市场上自由流通。

将船舶、航空器和机动车区分为民用和非民用的虽然具有上述法律意义，但在现行法之下，有关二者的区分标准却并不明确和统一，其分类的目的和意义也不是纯私法意义上，所以有关二者的区分标准，此处不做过多讨论，而是仅依据现行法的规定，从纯私法的意义上将上文所述的“军事船舶”“用于执行军事、海关、警察飞行任务的航空器”和“中国人民解放军和中国人民武装警察部队负责登记的机动车”归入非民用的船舶、航空器和机动车之列，并将除此之外的船舶、航空器和机动车归入本课题重点研究的准不动产物权客体之列。

（2）商用的和非商用的。民用船舶、航空器和机动车可依其用途而被区分为商用和非商用的。其中，前者是指主要用于商业用途或有资格从事经营性运输或相关作业活动的船舶、航空器和机动车，后者则相反。将民用船舶、航空器和机动车区分为商用的和非商用的意义主要在于，将船舶、航空器和机动车投入商业运营通常须取得相应的运营资格，而且，依据我国许多地方的立法，这种商业运营资格通常只有企业法人或公司法人才能取得，从而在现实中造就了大量的个人购置的船舶、机动车不得不“挂靠”在特定企业或公司名义从事商业运营，并因此带来了许多因实质出资人与登记名义人不一致而引发的物权纠纷。在此情况下，确实有必要对这种因运营主体资格管制所带来的特殊类型的物权纠纷加以必要的关注。

（3）需登记的和无需登记的。船舶、航空器和机动车可依其是否为登记客体或是否具有“登记能力”而被区分为需登记的和无需登记的。这种区分的法律意义主要在于，前者在正式投入水域、空中或公共道路上运行之前，必须依法到法定的行政管理部门办理强制的国籍登记（适用于船舶和航空器）或\和所有权注册登记，并取得相应的适航或行驶证书，而后者并不需要。同时，也正是这种差异决定了二者在物权变动上所应适用的规则也有所不同，即前者的物权变动原则上应适用《物权法》第24条所规定的登记对抗主义，而后者的物权变动则无适用登记对抗主义的可能，而是只能适用一般的动产物权变动规则。

（4）已记载于登记簿的和未记载于登记簿的。需登记的船舶、航空器和机动车可依其所有权是否已记载于登记簿或是否已完成所有权的注册登记而被区分为已记载于登记簿的和未记载于登记簿的。这种区分的法律意义主要在于，登记对抗主义的适用原则上应以其拟适用的船舶、航空器和机动车已记载于登记簿为前提，在依法需登记的船舶、航空器和机动车尚未记载于登记簿之前，其物上权利的变动尚不具备通过登记簿的记载来对外加以表现的条件，故对于此类需登记但尚未登记的船舶、航空器和机动车，原则上只能作为一般的动产来对待，即其物权变动原则上只能适用一般的动产物权变动规则。

（5）涉外的和非涉外的。物权法律关系可依主体、客体和权利义务据以发生的法律事实中是否至少含有一个外国因素而被区分为涉外的和非涉外的。依据此一标准，凡中国境内的非归属于我国民事主体所有的船舶、航空器和机动车，不拥有中国国籍的船舶、航空器和机动车[1]和运行区间跨越我国国境线

---

〔1〕 我国法虽然未规定机动车国籍登记，但依据相关法律的规定，归属于我国公民和法人所有的机动车应属中国籍。中国籍机动车在从事国际道路运输时，应依据《道路运输条例》第51条的规定在显著位置标明中国国籍识别标志。2002年之前，我国机动车所使用的国籍识别标志是“CMT”（“China Motor Vehicle Transport”的缩写，主要在与我国签署了双边汽车运输协定或多边汽车运输协定的国家使用）。2002年之后，依据我国签署的《大湄公河次区域便利货物及人员跨境运输协定》的规定，该标志被修改为“CHN”。

的中国籍或外国籍的船舶、航空器和机动车都属于物权法意义上的涉外船舶、航空器和机动车。不符合以上标准的则属于非涉外船舶、航空器和机动车。

将船舶、航空器和机动车作以上区分的法律意义主要在于，涉外船舶、航空器和机动车在法律适用上有一个准据法的确定问题，其物权法律关系（以及运输合同关系和侵权法律关系）须受到我国《涉外民事关系法律适用法》《民法通则》《继承法》《海商法》和《民用航空法》等法律中有关涉外法律关系规定的调整，并有适用相关国际公约和双边协定的余地；而非涉外船舶、航空器和机动车一般不会发生上述的法律适用问题，即与非涉外船舶、航空器和机动车有关的法律关系应一律适用我国国内法的规定（不含适用于涉外民事法律关系的规定）。例如，依据我国《海商法》第 270、271 和 272 条的规定，涉外船舶所有权和抵押权应适用的是船旗国法律，船舶优先权则应适用受理案件的法院所在地法律。这种针对不同的物上权利适用不同法域实体法的情况同样会发生在涉外民用航空器和机动车之上，〔1〕但在非涉外船舶、航空器和机动车之上则不会发生以上情况。

2. 船舶、航空器和机动车的特殊分类

（1）海商船舶和非海商船舶。船舶依其是否属于海商法意义上的船舶或是否可适用海商法来调整相关法律关系而被区分为海商船舶和非海商船舶。依据《海商法》第 3 条，〔2〕同时结合该法第 1 条、第 2 条等条文的规定，可以看出，该法所适用

---

〔1〕 参见《民用航空法》第 184 条以下和《涉外民事关系法律适用法》第 37 条、第 38 条的规定。

〔2〕 该条规定："本法所称船舶，是指海船和其他海上移动式装置，但是用于军事的、政府公务的船舶和 20 总吨以下的小型船艇除外。"

的船舶即海商船舶原则上应满足以下几个方面的条件：

第一，须为海船和其他海上移动式装置，即须具有海上自航能力和适航能力。仅仅浮于海上，但不具备自航能力的船舶或其他海上装置，不适用该法，如灯船、桥船等。[1]虽具有自航能力，但不适合航行于海上的船舶，也不适用该法，如不具有海上航行能力的内河船舶。不过，需注意的是，此处所说的适合航行于海上或具有海上适航能力的船舶并不一定仅指那些被登记为海船的船舶，登记为内河船舶的船舶只要具备海上航行能力，依然可以成为海商法意义上的海船。其中，所谓的“海上”除包括可供船舶航行的海洋水域外，也包括通海水域。[2]换言之，这里所说的海商法意义上的海船既包括那些已被登记为海船的船舶，也包括那些未被登记为海船（而是被登记为内河船舶），但依法可在通海水域（如海江之间和江海之间）[3]从事运输和作业的内河船舶。

第二，须用于海商用途，即须用于海上运输或作业等生产经营活动。“用于军事、政府公务的船舶”并不符合该条件，不属于海商船舶。其他专用船舶，如用于海上航行的体育运动船舶、文化旅游船舶、教学实习船和科学考察船等，只要属于依法需登记的海船，原则上也可适用海商法的规定来调整与这些船舶自身及其航行有关的法律关系，但这些船舶在从事与其特

---

〔1〕 参见司玉琢：《海商法专论》（第2版），中国人民大学出版社2009年版，第15页。

〔2〕《最高人民法院关于适用〈中华人民共和国海事诉讼特别程序法〉若干问题的解释》第3条规定：“海事诉讼特别程序法第六条规定的海船指适合航行于海上或者通海水域的船舶。”

〔3〕《海商法》第2条规定：“本法所称海上运输，是指海上货物运输和海上旅客运输，包括海江之间、江海之间的直达运输。”依据该规定，该法有关海上运输法律关系的规定同样也可适用于依法从事海上运输活动的内河船舶。

殊用途相关的活动（体育运动、旅游活动、教学实习活动和科考活动）时所产生的法律关系，并不在海商法的调整范围之内。[1]

第三，须为20总吨以上，即低于20总吨的小型海船不适用该法。

（2）渔业船舶和非渔业船舶。渔业船舶和非渔业船舶是依船舶用途所作的一个分类。其中，渔业船舶，是指从事渔业生产的船舶以及属于水产系统为渔业生产服务的船舶，前者主要包括捕捞船和养殖船（又统称为渔船），后者主要包括水产运销船、冷藏加工船、油船、供应船、渔业指导船、科研调查船、教学实习船、渔港工程船、拖轮、交通船、驳船、渔政船和渔监船（又统称为渔业辅助船）。[2]除此之外的船舶则属于非渔业船舶。

将船舶区分为渔业船舶和非渔业船舶的法律意义主要在于，前者的登记和监督管理系由渔港监督机关（隶属于农业主管部门下属的渔业行政主管部门）负责，登记的基本依据是《渔业船舶登记办法》；后者的登记和监督管理系由港务监督机关（隶属于交通运输主管部门下属的海事主管部门）负责，登记的基本依据是《船舶登记条例》。

（3）拖拉机和其他机动车。拖拉机作为一种用于牵引和驱动作业机械完成各项移动式作业的自走式动力机，性质上既属于《道路交通安全法》所规定的机动车，又属于《农业机械化促进法》和《农业机械安全监督管理条例》所规定的对人身和财产安全具有一定危险性的农业机械。正是出于拖拉机这一特殊性质的考虑，所以上述法律、法规才会将拖拉机与其他机动车区分开来，并将前者的登记和安全监督管理职责交由农业主

[1] 参见傅廷中：《海商法论》，法律出版社2007年版，第26页。

[2] 参见《船舶登记条例》第56条和《渔港水域交通安全管理条例》第4条。

管部门下属的农机部门负责，而不是像其他机动车（不含军用机动车）那样，由公安部门下属的交通管理部门来负责其登记和安全监督管理。正是这种登记和监督管理部门的不同造就了拖拉机（含大中型拖拉机、小型方向盘式拖拉机和手扶式拖拉机）物权的登记应依农业部颁布的《拖拉机登记规定》进行，而其他机动车（不含军用机动车）物权的登记应依公安部颁布的《机动车登记规定》进行。

（4）建造中船舶、航空器和已建成船舶、航空器。船舶、航空器可依其所处建造阶段的不同而被区分为建造中船舶、航空器和已建成船舶、航空器。将船舶、航空器作此类区分的意义主要在于，在物权法已例外地承认建造中船舶、航空器也可独立——虽未独立为一体——为抵押权客体的情况下，法律上有必要对此类以未完成物为客体的抵押权的设立、登记和行使等问题作出特别的安排和处理。〔1〕

（三）船舶、航空器和机动车属具与备件的法律地位

所谓属具是指附属于船舶、航空器和机动车并供其使用的具有辅助作用的器具和设备，如船舶之上所配备的罗经、锚链、海图、无线电设备、雷达、消防和救生设施等就属于船舶属具。备件是指为了便于维修而储备的用于替换已安装于船舶、航空器和机动车之上的部件的物件，如汽车备胎等。

关于属具和备件到底是应被看成是船舶、航空器和机动车的组成部分，还是应被看成是法律上的独立物，各国法上大多并无明确的规定，我国法也是如此，所以有关属具和备件的法

---

〔1〕 2009年出台的《建造中船舶抵押权登记暂行办法》对建造中船舶抵押权的登记机关、登记条件、登记程序和效力等事项作出了规定。依据办法的规定，建造中的船舶成为抵押物的条件是：①若该船舶是分段建造的，则应该至少已经完成一个以上的船舶分段并处于建造阶段；②若该船舶是整体建造的，则应该已经安放龙骨并处于建造阶段。关于建造中航空器抵押权的登记，我国目前尚无相应的专门立法。

律地位问题，只能依据相关特别法的规定、交易习惯和一般的物权法理来加以确定。〔1〕

1. 判断属具与备件法律地位的一般法理

依据物权法理，属具和备件虽然通常情况下都是被安装和存放于船舶、航空器和机动车之上的，与后者存在一定的空间上的结合关系，但由于不管是从技术构造上看，还是从技术功能上看，属具和备件都不是船舶、航空器和机动车整体构成中不可或缺、不可分离的一部分，而是可以根据权利人或使用人的意志自由拆卸、移动、更换和处分的物——其损毁或不存在通常并不会对船舶、航空器和机动车作为交通工具的基本效能产生实质性的影响，故对于属具和备件，原则上应基于物权客体独立性之法理，承认其独立的物权客体地位，而不是将其一概认定为是船舶、航空器和机动车的构成部分。

属具和备件虽然可以被认定为是法律上的独立物，甚至可以被归属于其所附属或服务于的船舶、航空器和机动车所有权人之外的人所有——如承租人所购置的置于船舶、航空器和机动车之上的属具和备件的所有权就属于承租人所有，但依据物权法理，在属具和备件与其所附属或服务于的船舶、航空器和机动车的所有权系同属于一人时，原则上仍应认定，属具和备件乃是船舶、航空器和机动车的从物。这不仅是因为此时二者的关系完全符合主物和从物“应为同属一人所有的独立物”且“在功能上具有主从关系”的构成要件，更是因为在交易实践中，将属具和备件作为从物或附属物并与主物一并加以处分已

〔1〕 需说明的是，船舶、航空器和机动车虽各有其属具和备件，但相对而言，机动车由于在构造上和操作上相对比较简单，所需属具和备件也较少、价值一般也不高，所以一般并没有太大的必要去讨论机动车属具和备件的法律地位问题。因此，以下有关属具和备件法律地位的讨论主要是相对于船舶和航空器而言的，但其中所涉法理也可适用于机动车属具和备件。

经成为一种普遍的交易习惯。[1]正是鉴于以上法理和习惯的存在，所以《日本商法》第685条、《韩国海商法》第742条才会明确规定，凡记载于船舶属具目录中的物品，均应推定为船舶的从物。[2]

2. 有关属具和备件法律地位的特别法规定

属具和备件虽然原则上可依物权法理被认定为是其所附属或服务于的船舶、航空器和机动车的从物，[3]但这种认定是以相关特别法无特别规定为前提的。若相关特别法上已对此作出了特别规定，原则上应优先适用这些规定。就此而言，这里需要重点讨论的是《海商法》第3条和《民用航空法》第10条的规定。

首先，依据《海商法》第3条第2款有关“前款所称船舶，包括船舶属具”的规定，海商法意义上的船舶属具似乎并不属于船舶的从物和法律上的独立物，而是属于船舶的成分或构成部分——至少从表面文义上来看是如此。这种将船舶属具包含在船舶概念之下的做法虽然可以在一定程度上起到简化船舶与

---

〔1〕 这种交易习惯的形成除与二者在功能上存在相关性有关外，也与相关法律和技术规范的要求和社会生活的现实需要密切相关。因为，依据相关法律和技术规范，属具和备件配备未达到法定标准的船舶、航空器和机动车通常并不具有适航性或不适合上路行驶和运营。正是因为存在上述要求，所以，在交易实践中，当事人在处分船舶、航空器和机动车物权时，一般都不会将其上所配备的属具和备件予以分离，而是会将它们与船舶、航空器和机动车一并加以处分，从而既避免因分离所带来的船舶、航空器和机动车的效用减损，又减少不必要的社会资源浪费——如重新购置新的属具和备件的费用等。

〔2〕 但是，在船舶属具是由船舶使用人（如租船人）购置而被安装或放置在船舶之上时，对于该属具是否也应被认定为是船舶从物，从而使其所有权归属于船舶所有人，日本法上尚有争议。参见［日］中村真澄、箱井崇史：《日本海商法》，张秀娟、李刚、朴鑫译，法律出版社2015年版，第48页。

〔3〕 在属具和备件与其所附属于或服务于的船舶、航空器和机动车的所有权非同属一人时，关于二者关系的处理，原则上并不适用主物物权的处分效力在无相反法律规定或约定的情况下也可及于从物的规则（《物权法》第115条），而是只能应依据当事人的意思或相关法律的特别规定来加以处理。

其属具关系的作用，但同时也留下了一些待决的问题。其中首要的一个问题就是船舶属具的含义和范围并不明确。这种不明确不仅在理论上易导致一些争议，而且在实践中也容易引发一些纠纷，故相对而言，《德国海商法》第478条有关“船舶救生艇为船舶属具；如有争议，则列入船舶财产清单的项目应视为船舶属具”的规定以及前述日本法和韩国法上有关“凡记载于船舶属具目录中的物品，均应推定为船舶的从物”的规定，明显较我国《海商法》的规定更为明确，值得借鉴。其二就是船舶属具在被规定为是船舶成分或构成部分之后，是否仍得独立成为物权客体的问题。关于该问题，《海商法》未作规定，但依“物的非重要成分得依当事人的意思而独立成为物权客体”[1]之法理，理论上仍应承认，船舶属具作为船舶的非重要成分（即船舶属具并不是船舶整体构成中不可或缺、不可分离的部分），仍可依当事人的意思而独立成为物权客体。亦即，依据《海商法》的规定，船舶属具与船舶整体的物权归属和变动虽然原则上应保持一致，但这并不排除当事人得依其意志在船舶属具上建立起不同于船舶整体的物权法律关系。

其次，《民用航空法》在规定民用航空器权利时，虽然并没有使用属具和备件的概念，但依据该法第10条有关“本章规定的对民用航空器的权利，包括对民用航空器构架、发动机、螺旋桨、无线电设备和其他一切为了在民用航空器上使用的、无论安装于其上或者暂时拆离的物品的权利”的规定，为特定航空器配备的属具和备件只要符合该条所述的“为了在民用航空器上使用”的特征，则不管该属具和备件是已被“安装”于特

[1] 参见［德］鲍尔、施蒂尔纳：《德国物权法》（上册），张双根译，法律出版社2004年版，第25、27页。

定航空器之上，还是已暂时“拆离”，[1]其都属于民用航空器权利的客体。至于这些属具和备件（以及其他航空器部件）到底是被作为民用航空器的构成部分而成为民用航空器权利客体的，还是被作为与民用航空器存在密切功能关系的独立物或从物而成为民用航空器权利客体的，则由于“该条款的意思以及范围均不明确”[2]而存在易生歧义和争论之处。但考虑在实践中，即便是对于作为航空器核心部件的发动机，许多国家的法律以及包括《开普敦公约》（第2条）在内的一些国际公约也都承认其可以与航空器整体分开融资、抵押和投保——即使该发动机已附着于机身，[3]故对于航空器属具和备件，也应基于举重以明轻的解释规则，承认其仍得独立成为物权之客体，即其物上权利在某些情况下依然可以与航空器整体的物权相分离，而不一定要始终遵守物的整体与其构成部分或主物和从物原则上应“同其物权命运”的规则。

（四）《物权法》第24条所适用的船舶、航空器和机动车

《物权法》第24条在规定船舶、航空器和机动车物权变动的基本规则时，虽然在表面文义上并没有对其所适用的船舶、航空器和机动车的范围作出明确限定，但从该条本身的前后文

---

〔1〕这里的“安装”和“拆离”应该可以作较其自身文义更为宽泛的解释，即它们可以被解释为是一种对物的空间上的结合和分离关系的表达，而并不一定是要求这种结合和分离只能以本义上的“安装”（以一定的方式将一物固定在另一物之上）和“拆离”的方式进行。

〔2〕《民用航空法》第10条原文照搬了1948年《日内瓦公约》（即《国际承认航空器权利公约》）第10条的规定，这种照搬虽然有利于国内法与国际公约的对接，但同时也将后者所固有的意义模糊性引入了我国法律体系。关于后者意义模糊性的分析，可参见［荷］迪德里克斯-范思赫：《国际航空法》（第9版），黄韬等译，上海交通大学出版社2014年版，第289页。

〔3〕参见［荷］迪德里克斯-范思赫：《国际航空法》（第9版），黄韬等译，上海交通大学出版社2014年版，第295页以下。

关系及其在整个法律的意义脉络中所处位置来看，该条所适用的船舶、航空器和机动车实际上是有范围限制的。具体说来，这种限制主要体现在以下几个方面：

其一，该条仅适用于已被相关立法纳入物权登记客体范围的船舶、航空器和机动车。如果是依法无需进行物权登记或国家尚未建立相应的登记制度的船舶、航空器和机动车，则无适用该条之必要和可能，而是应适用一般动产的物权变动规则。例如，皮划艇、运动帆船和摩托艇[1]等体育运动船艇，“设计最高时速、空车质量、外形尺寸超出有关国家标准的电动摩托车、电动轻便摩托车和残疾人机动轮椅车”就属于依法无需依相关登记程序法进行物权登记的船舶和机动车。

其二，该条仅适用于法律上具有可转让性或融通性的船舶、航空器和机动车。若欠缺可转让性，则无适用该条之必要和可能。依据此一标准，这里应予排除的船舶、航空器和机动车应主要包括以下两类：一类是无法在普通民事主体之间流通的军用船舶、航空器和机动车，但在这些军用船舶、航空器和机动车被依法转为民用外，其物权变动仍可适用该条。一类是法律禁止交易的其他船舶、航空器和机动车。例如，依据《道路交通安全法》和《机动车登记规定》的规定，非法生产或进口的机动车、不符合国家安全技术标准的机动车、拼装的机动车和已达到报废标准的机动车就属于禁止交易和上路行驶的机动车，同时也属于依法不能办理注册登记或过户登记的机动车。

其三，该条仅适用于已建成船舶、航空器和机动车。尚未建成的船舶、航空器和机动车由于在构成上尚处于不确定状态——

---

〔1〕 依据国家海事局2002年的《关于对水上摩托艇监管请示的复函》，水上摩托艇的所有权人应到海事管理机构进行登记备案，但此类备案登记并非是私法意义上的物权登记。

可能作为其构成部分的单一物的范围尚不确定，尚未能独立为一体，在法律上尚不具备作为物权客体应有的特定性和独立性，不能成为独立的物权客体。既然不能成为独立的物权客体，自然无法适用包含该条在内的所有的以物权变动为其规范任务的法律规则。唯一的例外就是，依据《物权法》第 180 条的规定，建造中的船舶和航空器仍得成为独立的抵押权客体，但这种例外性的规定，并不能改变《物权法》第 24 条仅适用于已建成船舶、航空器和机动车的法律构造。

其四，依法需登记但尚未记载于登记簿的船舶、航空器和机动车原则上应被排除在该条的适用范围之外。因为，依前文所述，登记对抗主义的适用原则上应以其拟适用的物权客体已完成所有权初始登记为前提，在需登记的船舶、航空器和机动车尚未记载于登记簿之前，其物上权利的变动尚无法通过登记簿的记载来对外予以表现，故对于此类需登记但尚未登记的船舶、航空器和机动车，原则上应作为一般动产对待，其物权变动原则上也应适用一般的动产物权变动规则。不过，此处须注意的是，一旦此类需登记的船舶、航空器和机动车已完成所有权注册登记，法律上仍应依据《物权法》第 24 条的规定来决定该所有权登记及其后所发生的各项物权变动的效力，即一方面须依据登记对抗主义的规则来决定该所有权注册登记是否具有对抗该物在登记之前所发生的物权变动的效力，另一方面又须依据登记对抗主义的规则来决定该物在登记之后所发生的各种物权变动的效力及其相互关系。

其五，在确定《物权法》第 24 条所适用的客体范围时，除需要考虑以上基于法律解释而形成的限制外，在某些情况下，也需要考虑法律上的一些特别规定给其适用范围所带来的特殊限制或扩张。例如，依据我国《涉外民事关系法律适用法》等法律的有关规定，在船舶、航空器和机动车物权关系具有涉外性质时，其物权变动所应适用的实体法规则就有可能会因法律(含国际公约)所规定的或当事人所选择的准据法的不同而有所不同，从而导致《物权法》第24条所适用的客体范围发生某种特殊的限制或扩张。又例如，依据《海商法》第2条第2款有关于该法所称船舶包括船舶属具的规定，《物权法》第24条所调整的船舶物权的客体范围就应及于船舶属具。当然，如果在法律解释上，船舶备件也可以被解释为是船舶属具的一部分，则《物权法》第24条所调整的船舶物权的客体范围还可扩张至海商船舶备件。

二、船舶、航空器和机动车的法律属性

船舶、航空器和机动车作为物权客体，虽然也具有一般的物权客体所应具有的法律属性，如有体性、独立性、人力可支配性和社会效用性等，但作为法律上受到特殊对待的动产或准不动产，它们在某些重要的法律属性上仍具有不同于一般动产的特性。为明确这些属性，以下将从社会属性和法律属性相关联的角度出发，对准不动产的基本法律属性进行讨论。

(一) 作为动产的一般属性

船舶、航空器和机动车作为动产，除具有动产所具有的便于移动、融通性强的特点外，还具有以下法律属性。

1. 船舶、航空器和机动车是工业产品

船舶、航空器和机动车作为人类为了满足交通运输的需要而创造出来的物，是通过对各种原材料进行加工制作而成的工业品，而非自然物。这一非自然物性质在法律上不仅会直接影响到与船舶、航空器和机动车生产、流通、消费和使用相关的一系列法律制度的建构，而且会对船舶、航空器和机动车物权

制度产生一定的影响。例如，船舶、航空器和机动车作为工业产品，就不可能产生天然孳息（而是只能产生法定孳息），其所有权的初始发生和取得方式通常也只能是生产劳动。

2. 船舶、航空器和机动车是合成物

船舶、航空器和机动车虽然在构造上是由众多部件按照一定方式连接组合而成，但在法律上和交易观念上仍得被视为是独立为一体的“一物”，得成为独立的物权客体。此种由数个独立的单一物结合成一体的法律上的独立物即为合成物。合成物作为依特定设计目的构造而成的独立物，其最重要的一个法律特性就在于，在构成该物的各个组成部分尚未与物的整体实现结合之前，这些组成部分在法律上仍属独立物，得独立成为物权客体——但在建造中船舶、航空器抵押中存在例外，而一旦这些组成部分被安装或组合于设计中的物的整体之上，则原则上应丧失其作为物权客体的独立性，而是只能作为由其与他物共同构成的合成物的一个构成部分而存在，并与该物的整体一起构成一个法律上的独立物，归属于同一主体所有。

这种物的成分只能从属于物的整体而成立一个所有权的原则虽为“一物一权”原则的基本要求，但依物权法理，在物的非重要成分上，法律上仍有使其独立成为物权客体之可能。亦即，就船舶、航空器和机动车这些合成物而言，虽然法律上通常被视为是“一物”，但只要法律上无相反的禁止性规定，当事人仍可依其意志在这些物的非重要成分上成立独立于物的整体的物权。例如，依据《开普敦公约》的规定，航空器发动机就可以与航空器整体分开融资、抵押和投保，即使该发动机已附着于机身。

3. 船舶、航空器和机动车是不可分物

船舶、航空器和机动车作为合成物，虽然依其物理性质可被分割、拆解为各个构成部件，但由于这种分割和拆解会从整体上导致船舶、航空器和机动车丧失其作为交通工具的基本性能和使用价值，故从法律意义上讲，原则上应将它们认定为是法律上的不可分物，即在将它们作为共有物分割时，原则上只能采用价值分割而不是实物分割的形式予以分割。〔1〕

4. 船舶、航空器和机动车是不可消耗物

船舶、航空器和机动车作为人货运载工具，性质上并不属于一次使用即可耗尽其设计中的使用价值的消耗物，而是属于可按同一目的反复使用的不可消耗物。正是这一不可消耗物性质决定了船舶、航空器和机动车不仅在社会生活中具有不可替代的使用价值，而且得经常成为租赁合同和使用借贷合同的标的物。

（二）作为准不动产的特殊属性

在物权法上，已被纳入物权登记范畴的船舶、航空器和机动车作为准不动产，除具有上述许多动产都具有的属性外，同时还具有许多不同于一般动产的特殊属性。其中，有的属性与不动产较为接近，有的则属于一般的动产和不动产都不具有的属性。

1. 船舶、航空器和机动车具有某些类似于不动产的属性

法律之所以会将某些船舶、航空器和机动车作为特殊动产或准不动产对待，其首要原因就在于这些船舶、航空器和机动车在许多方面都具有类似于不动产的属性。

（1）价值高昂、经济地位重要。需登记的船舶、航空器和机动车与不动产一样，一般也都具有绝大多数不动产都具有的价值高昂、用途重要、事关当事人重大经济利益的基本属性。

〔1〕 参见傅廷中：《海商法论》，法律出版社2007年版，第24页。

这些基本属性在现实生活中主要表现为：①这些船舶、航空器和机动车的生产、购置、维护和使用往往都需要大量的资金投入，具有资金投入密集和周期长的特点。②这些船舶、航空器和机动车作为交通工具和“移动的房屋”，一般都具有功能上的社会服务性和不可替代性，并兼具生活资料和生产资料的双重属性。③这些船舶、航空器和机动车在作为生产资料时，既是重要的投资标的，也是重要的营业资产。在作为投资标的时，其投资的基本特点是资金投入大、周期长和风险较高，故对于这些船舶、航空器和机动车的投资，法律上往往需要为其提供更多的融资渠道和更为严格的融资担保。在作为营业资产时，它们的商业运营除具有操作上的专业技术性和经营上的特定主体资质要求外，通常还具有运营价值高、使用寿命长和需配备专业操作人员和器具的特点。正是这些特点决定了，它们在经营上往往需要保持较长的经营周期和较稳定的人与物的结合——这催生了法律上的船舶和航空器租赁权的“物权化”，[1]并应尽量减少因物权变动而带来的不必要的资源（含物本身及相关操作人员）闲置和浪费——这为法律将传统上主要适用于不动产的抵押权制度引入到准不动产担保领域提供了经济动因。④正是由于这些船舶、航空器和机动车具有前述属性，所以对于绝大多数权利人来说，它们都属于权利人所拥有的最重要的生活资料或营业资产之一——其权利的丧失或客体的损毁往往会给当事人的经济利益和生产生活带来巨大的不利影响，需要法律加以更为严格的保护。

---

〔1〕《海商法》第151条有关“未经承租人事先书面同意，出租人不得在光船租赁期间对船舶设定抵押权的”规定，《民用航空法》第11条有关“根据租赁期限为六个月以上的租赁合同占有民用航空器的权利”也应适用登记对抗主义的规定，都是这种租赁权“物权化”的体现。

（2）与社会公序密切相关。大多数船舶、航空器和机动车都与不动产一样，具有较为明显的存在和使用上的外部性，与社会公序存在较为密切的关联。[1]这不仅是因为船舶、航空器和机动车的生产、停泊和使用本身就需要消耗大量的物质资料和占用较为稀缺的空间资源（其停泊需要占用港口、机场和车位，其运行需要占用航道和道路），更是因为船舶、航空器和机动车的使用和运行本身就是一项高度危险的作业，其使用和运行不仅会给其自身和居于其上的人与物带来一定的安全威胁，而且会危及周边的人和物的安全，甚至会给生态环境带来破坏。正是这种存在和使用上的外部性决定了法律必须对它们的生产、停泊和使用进行更为严格的监督和管控，并要求权利人负担更为严格的法律义务——船舶、航空器和机动车所有权的强制注册和相关侵权责任的“无过失化”即为其表现，以保障公共资源的合理使用和公共安全。

（3）交易程序较为严格。需登记的船舶、航空器和机动车与不动产一样，也对交易形式有着更为严格的要求，并须受到国家更为严格的交易监管。[2]首先，这些船舶、航空器和机动车虽然具有作为动产所具有的便于移动和转移占有的特性，但由于其价值和地位往往远高于一般动产且单纯的占有及其移转本身并不能满足这些特殊动产的物权公示需要，[3]故为了更好

---

〔1〕 不动产所有权的行使在公法上须受到众多强制性规范的管制，在私法上须接受相邻关系的调整就与此类权利的行使具有较强外部性密切相关。

〔2〕 不动产因其价值高昂、经济地位重要，但又难以通过对物的事实控制和占有来明示其物上权利，故自古以来在交易上就有着较动产更为严格的、慎重的交易形式——这有利于更好地维护不动产之上的权利享有秩序和交易秩序，并因其存在和使用上的外部性而须受到更多的交易上的监管。

〔3〕 这一方面是源于占有本身就存在不能准确公示物权的不足，另一方面也源于船舶、航空器和机动车操作上的专业技术性和经营上的特定主体资质要求也进一步加剧了船舶、航空器和机动车所有与占有的分离。

地维护这些重要动产之上的权利享有秩序和交易秩序，各国法大多会仿效不动产登记制度来建立船舶、航空器和机动车物权登记制度，从而使得这些船舶、航空器和机动车的交易拥有了与不动产交易类似的程序和公示形式。其次，作为交易标的，这些船舶、航空器和机动车除具有构造复杂、技术高度密集、交易程序相对复杂[1]的特点外，更具有前文所述的生产、操作和运营始终与公共安全和经济秩序密切相关的特性，所以对于其交易，法律往往会加以更为严格的管控，甚至会要求相关交易必须在指定的专业交易服务市场进行（虽然这种要求在私法上未必具有合理性，也不必然导致未在指定交易服务市场进行的所有权转让行为无效），从而给这些船舶、航空器和机动车的交易带来了许多明显不同于一般动产交易的特点。

（4）存在上的独立性较强。船舶、航空器和机动车与不动产一样，也具有较强的构造上和使用上的独立性，一般不会因添附（加工成他物、附合于他物或与他物混合）而发生所有权变动。

2. 船舶、航空器和机动车具有某些专属的法律属性

需登记的船舶、航空器和机动车除具有前述各种或接近于一般动产，或更接近于不动产的法律属性外，还具有其他动产和不动产一般都不具有的法律属性。

（1）法律关系跨地域性强。在这里，所谓法律关系的跨地域性是指船舶、航空器和机动车的建造、投资、保险、租赁、运营、注册和登记往往会事涉多个国家或一国之内的多个地域的相关利益主体。这种相关利益主体的跨地域分布性既与船舶、

---

〔1〕 例如，二手船舶在交易程序上就至少会涉及船舶估价、船员处理、产权状态的查明、进港批文的取得、适航性检验、正式或临时航行证书的取得、船舶交接和登记等复杂事项的处理。

航空器和机动车的生产往往需要依赖众多企业的分工合作才能完成有关（法律上之所以会出现飞机的所有权人可能并不拥有该飞机的发动机的所有权的情况就是这种分工合作的反映），也与船舶、航空器和机动车的投融资手段相对复杂有关，更与船舶、航空器和机动车作为交通工具本身就具有较强的跨地域流动性有关。这种法律关系跨地域性强的特点在给法律调整其物上权利义务关系带来一定困难的同时，也催生了统一和协调各国相关立法的迫切需要。尤其是在船舶、航空器物权领域，更是如此。[1]

（2）具有一定拟人化特征[2]。船舶、航空器和机动车虽然性质上属于法律关系的客体，但出于法律关系调整和规范的需要，各国法上大多会对其进行一定的拟人化处理，赋予其一定的法律上可辨识的“身份”，并使其得基于这种“身份”而“独立地享有或承担”一定的权利和义务。首先，与自然人有姓名、年龄、国籍和户籍所在地等身份标识相类似，船舶也有船名、国籍、船籍港和船龄，民用飞机也有飞机编号、国籍、航空器出厂序号和机龄，机动车也有号牌、车辆设别代号、国籍和车龄等。依据我国相关法律的规定，船舶、航空器和机动车在进行注册登记时，就应建立或具备这些识别其法律身份及其同一性的标识，并需要将这些标识记载于登记簿。

其次，船舶、航空器和机动车在经登记取得特定“法律身份”后，就可以如同法律关系主体一样，得在一定范围内独立

---

〔1〕 船舶、航空器领域的国际公约和双边协定远多于机动车和一般动产就很好地反映了这一点。

〔2〕 参见傅廷中：《海商法论》，法律出版社 2007 年版，第 24 页；董杜骄、顾琳华：《航空法教程》，对外经济贸易大学出版社 2007 年版，第 20 页；［日］中村真澄、箱井崇史：《日本海商法》，张秀娟、李刚、朴鑫译，法律出版社 2015 年版，第 48 页。

地（脱离其所有权人）“享有权利和承担义务”。例如，船舶国籍的取得就不仅意味着该船（不管其所有权人和使用人是谁）已取得在船旗国水域自由航行和依法从事各种水上活动或作业的权利，而且意味着该船有权在公海上自由航行，并应受到船旗国的主权保护。同时，依据我国《海事诉讼特别程序法》的规定，在某些情况下，与船舶相关的海事请求甚至可以直接针对当事船舶而非当事人提起，如海事请求人在申请扣押当事船舶时，即使未立即查明被请求人的身份，也不影响法院受理其申请——这构成了海事诉讼应有明确被告的原则的例外。[1]又例如，依据相关的国际公约和国内法的规定，许多与航空飞行相关的权利和义务也是直接针对航空器（不管其权利人是谁）本身来设定的，并因其国籍和用途（民用或非民用）的不同而有所不同。机动车在通行和使用上所享有的权利同样会受到其身份——国籍、悬挂的号牌类别和所属地域——的直接影响。此外，在国际私法上，船舶和航空器所有权和抵押权纠纷通常都适用的是船舶和航空器登记国法律[2]也在一定程度上体现了法律对船舶和航空器的拟人化对待——这类似于对一国公民的属人管辖。

（3）交易的专业化程度高。船舶、航空器和机动车由于构造复杂、类型多样，所涉法律关系庞杂，对交易主体的知识和能力要求较高，所以在实践中，除一般的小型船只和机动车可通过个人而非专业的交易代理机构进行交易外，绝对多数的大型船舶和民用航空器都是通过专业的交易代理人或代理机构进行的，

---

〔1〕参见《海事诉讼特别程序法》第25条。

〔2〕《海商法》第270、271条，《民用航空法》第185、186条的规定就体现了这一点。与之相对，依据《涉外民事关系法律适用法》第26~40条的规定，不动产物权纠纷则应适用不动产所在地法，动产则较为灵活，在当事人未通过协议选定时，一般适用行为地法。

并在交易形式上会更多地采用下单订制、工程承包、在专业市场放盘出售或公开拍卖等形式进行。正是这种较高的交易的专业化程度决定了，法律上有关这些大型船舶和民用航空器的交易主体资质、交易场所、交易文本和程序等事项的规定，会更为细密。

（三）船舶、航空器和机动车的属性差异

以上所述的各种法律属性虽然在船舶、航空器和机动车之上都有所体现，但细究起来，相对于海商船舶等大型船舶和飞机而言，机动车在法律属性上与后二者还是存在一些明显差异的。首先，与大型船舶和飞机相比，机动车的价值往往远不如前二者高昂，甚至不如一些普通动产（如贵重金属和艺术品等）。正因如此，所以在现实生活中，民用的大型船舶和飞机一般都是由法人或社会组织所有，且大多被用于生产经营活动，而机动车则可为普通民众和个人广泛拥有，它们不仅数量更多，而且大多会都被用作生活资料。其次，与海商船舶和航空器的运营往往更具国际化的特点不同，绝大多数机动车的使用和运行都不具有国际性，即机动车的跨国流动和法律关系的涉外性不如前二者突出。最后，与大型船舶和航空器的操作和运营往往更具专业技术性，交易的专业化程度也较高不同，机动车操作的专业技术性和交易的复杂性与专业化程度相对较低，所以在现实生活中，机动车所有权人与占有使用人更容易保持统一——大型船舶和航空器的“占有和使用人”一般为船员或机组人员，其交易对专业服务机构的依赖程度也相对较低，交易的频率也远高于前二者。

正是以上属性差异决定了，在有些国家和地区，机动车往往会被作为与船舶、航空器不一样的事物来对待，其物权变动规则也与后二者存在一定的差异。例如，在我国台湾地区，机动车的物权变动就没有采用适用于船舶和航空器的登记对抗主义，而是依然采用的是传统的动产交付主义（机动车抵押除

外)，[1]物权法出台之前的我国大陆也是如此。从这个意义上讲，物权法没有坚持传统的机动车物权变动规则，而是将原初主要适用于海商船舶和民用航空器的登记对抗主义扩展适用于机动车之上，确实是一个很大的改变。这种改变到底是否妥当，是否契合机动车的法律属性和交易实践的需要，确实是一个值得认真思考的问题。[2]

第二节　准不动产物权的种类

一、准不动产物权种类的确定

准不动产物权作为船舶、航空器和机动车物权的统称，除可依其客体的不同而被区分为船舶物权、航空器物权和机动车物权外，也可依其效力的不同而被区分为“具有完全对世效力的物权”和“不具有完全对世效力的物权”——不能对抗善意第三人的物权。这种依客体和效力的不同而对准不动产物权所作的类型划分虽然可以在一定程度上反映出准不动产物权的特殊性，但在准不动产物权种类的确定上，首先需要解决的基本问题仍是应如何依物权法定原则来确定准不动产物权的具体类型，即准不动产物权到底包含哪些类型的物权。

就此，虽然解释上可以依物权法定原则和准不动产的动产属性，将准不动产物权的基本类型确定为与一般的动产物权相

---

〔1〕 参见谢在全:《民法物权论》(修订第5版·上册)，中国政法大学出版社2011年版，第90页。

〔2〕 梁慧星先生认为，物权法对机动车采取登记对抗主义的理由主要有二:“一是汽车数量众多、转手频繁，而是汽车的价值相对较小。”在价值更高的船舶、飞机尚且采比较宽松的登记对抗主义的情况下，“价值相对小得多的汽车却要采取非常严格的‘登记生效主义’，就显得轻重倒置、不成比例”。参见梁慧星:《读条文、学民法》，人民法院出版社2014年版，第283页。

同，即二者都应包括所有权、抵押权、质权和留置权，但依据《海商法》和《民用航空法》的规定，以上解释能否完全适用于海商船舶和民用航空器却是有疑问的。具体说来，这种疑问主要有三：其一是在《海商法》和《民用航空法》均未规定质权的情况下，是否应承认海商船舶质权和民用航空器质权的问题。其二是在《民用航空法》未规定民用航空器留置权和《海商法》有关留置权的规定与物权法的规定并不一致的情况下，应如何处理民用航空器之上能否成立留置权和海商船舶之上得成立哪些类型的留置权的问题。其三是《海商法》所规定的海商船舶优先权和《民用航空法》所规定的民用航空器优先权是否属于物权的问题。

二、海商船舶和民用航空器之上能否成立质权

关于海商船舶和民用航空器之上能否成立质权，学者鲜有讨论，但从学理上看，这里首先涉及的是应如何理解《海商法》《民用航空法》与《物权法》《担保法》的关系问题。就此，解释上首先可以明确的是，在海商船舶物权和民用航空器物权这一“同一事项”的规范上，《海商法》和《民用航空法》的规定与《物权法》和《担保法》的规定应属特别规定与一般规定的关系。其中，1992 年的《海商法》的规定与 2007 年的《物权法》和 1995 年的《担保法》的规定构成“旧的特别规定和新的一般规定”的关系；1995 年 10 月的《民用航空法》的规定与 1995 年 6 月的《担保法》的规定构成“新的特别规定与旧的一般规定”的关系，与 2007 年的《物权法》的规定构成“旧的特别规定和新的一般规定”的关系。在这种不同新旧关系相互交错的情况下，解释上既有依《物权法》第 8 条和《担保法》第 95 条优先适用特别规定的余地，也有作其他解释和处理的可能。不过，出于以下考虑，笔者还是倾向于优先适用《海商法》

和《民用航空法》的规定，不承认海商船舶和民用航空器质权。

首先，从立法论的角度看，不规定或不承认海商船舶和民用航空器质权应该比较符合《物权法》第1条所规定的效用原则。因为，第一，在实践中，作为融资担保客体的海商船舶和民用航空器一般都是用于生产经营的大型船舶和航空器。如果将这些大型船舶和航空器以转移占有的方式质押给债权人，不仅易导致这些使用价值很高的经营性资产的闲置，造成出质人的经营收入减少和社会资源的浪费，而且会增加质权人的负担（质权人需要负担质物的保管和维护义务）和资金回收风险（出质人收入减少），进而使得融资担保双方的交易目的都难以得到有效实现。[1]第二，从规范配置的角度看，在相关立法已明确承认海商船舶和民用航空器之上得成立不转移占有的担保物权即抵押权的情况下，再规定海商船舶和民用航空器质权的实际意义并不大。因为，相对于质权，通过设立无须转移标的物占有的海商船舶抵押权或民用航空器抵押权来实现融资担保无疑是一个更符合效用原则的选择。或者说，在法律已经承认了海商船舶和民用航空器抵押权之后，理性的交易当事人一般都不会采用质权这种“吃力不讨好”的方式来在海商船舶或民用航空器之上设立担保。[2]既然如此，自然没有太大的必要去规定或承认海商船舶和民用航空器质权了。

其次，在《海商法》和《民用航空法》已实施多年且当事人很少在实践中采用海商船舶质权或民用航空器质权作为担保的情况下，不承认海商船舶质权和民用航空器质权并不会给交

---

〔1〕 类似观点，参见傅廷中：《海商法论》，法律出版社2007年版，第25页。

〔2〕 相对于海商船舶和航空器，机动车质权的设立虽然相对比较便利，但根据笔者在“北大法宝”司法案例数据库中的检索所得，与机动车抵押权相关的案例远多于与机动车质权相关的案例，这似乎也在一定程度上反映了理性的交易主体在实践中更为青睐的是抵押权，而非质权。

易实践带来多少实质上的不利影响。[1]

三、民用航空器之上能否成立留置权

依前文所述，在民用航空器物权这一事项的规范上，《民用航空法》上的相关规定与《民法通则》和《担保法》上的相关规定应属“新的特别规定和旧的一般规定”的关系，与《物权法》上的相关规定应属“旧的特别规定与新的一般规定”的关系。在《民法通则》和《担保法》已明确规定留置权且都未将民用航空器排除在其适用范围之外的情况下，对于后出台的《民用航空法》仍未规定留置权的做法，解释上似乎更宜于将其解释为是立法者有意所为，即《民用航空法》的立法者是有意不规定或不承认民用航空器留置权的。至于立法者为何如此选择，由于缺乏相应的立法资料，笔者不敢妄加揣测，唯从我国《民用航空法》的制定非常重视与相关国际公约的衔接的角度看，这里可供说明的一个理由或许就在于，该法之所以不规定民用航空器留置权，很大程度上就是为了满足《1948 年国际承认航空器权利的公约》的要求。因为，依据公约第 1 条第 2 款的规定，缔约各国在应允承认公约第 1 条第 1 款所规定的各项民用航空器权利并将其纳入登记范围的同时，[2]“不得接受或者

---

〔1〕 截至 2017 年 12 月底，笔者始终没有在“北大法宝”所提供的司法案例数据库和“中国裁判文书网”中检索到任何有关海商船舶和民用航空器质权的案例和裁判文书。

〔2〕 该公约第 1 条第 1 款所规定的民用航空器权利包括：①航空器所有权；②通过购买行为取得并占有航空器的权利；③根据租赁期限为 6 个月以上的租赁占有航空器的权利；④为担保偿付债务而协议设定的航空器抵押权、质权以及类似权利。我国《民用航空法》在规定民用航空器权利，也基本上遵照了上述规定，在第 11 条将应予登记的民用航空器权利限定：①民用航空器所有权；②通过购买行为取得并占有民用航空器的权利；③根据租赁期限为 6 个月以上的租赁合同占有民用航空器的权利；④民用航空器抵押权。

承认优先于前款所列各项权利的权利”，即“不得接受或承认”除公约第4条所规定的民用航空器优先权〔1〕之外的其他优先于前款所列各项权利的权利，如留置权等各种非约定的担保物权。〔2〕

如此看来，解释上似乎应以对我国法作不承认民用航空器留置权的解释为宜，即便是在《物权法》出台之后，也应如此。不过，值得注意的是，在2008年全国人民代表大会常务委员会通过了《关于批准〈移动设备国际利益公约〉和〈移动设备国际利益公约关于航空器设备特定问题的议定书〉的决定》之后，情况似乎已发生了变化。因为，该决定在批准加入前述公约和议定书的同时，已对《移动设备国际利益公约》第三十九条〔3〕作出了如下声明：

对公约第三十九条第1款（a）项声明：依照中华人民共和国法律优先于有担保的债权人的全部非约定权利或者利益无须登记即可优先于已经登记的国际利益，包括但不限于破产费用

---

〔1〕 该公约第4条只承认两类民用航空器优先请求权，即援救航空器的报酬请求权和保管航空器必需的额外费用请求权。我国《民用航空法》第19条的规定也是如此。

〔2〕 参见［荷］迪德里克斯-范思赫：《国际航空法》（第9版），黄韬等译，上海交通大学出版社2014年版，第286~287页。

〔3〕《移动设备国际利益公约》第39条主要是关于无须登记即具有优先权的权利的规定。该条第1款规定：“缔约国可以在任何时候，在向协议书保存机关交存的声明中一般地或具体地声明：（a）非约定权利或利益的类别（适用第四十条者除外）。依其本国法律，这些权利或利益优先于标的物上与已登记的国际利益持有人的利益等同的利益而且优先于已登记的国际利益，而不论其是否处于破产程序中；（b）本公约不影响国家或国家实体、政府间组织或其他公共服务的私人提供者依照该国法律扣留或扣押标的物，以向此种实体、组织或提供者支付与使用该标的物或另一标的物的服务直接有关的欠款的权利。”第3款规定：“只有在非约定权利或利益属于国际利益登记之前交存的声明中所包括的类别时，该权利或利益才优先于国际利益。”第4款规定：“尽管有前款的规定，缔约国在批准、接受、核准或加入议定书时，可以声明根据第1款（a）项所做出的声明中所含种类的权利或利益，应优先于此种批准、接受、核准或加入日期之前已登记的国际利益。”

和共益债务请求权，职工工资，产生于该民用航空器被抵押、质押或留置之前的税款，援救该民用航空器的报酬请求权，保管维护该民用航空器的必须费用请求权等。

对《公约》第三十九条第1款（b）项声明：《公约》不影响国家或国家实体、政府间组织或者其他公共服务的私人提供者依照中华人民共和国法律扣留或者扣押标的物，以向此种实体、组织或者提供者支付与使用该标的物或者另一标的物的服务直接有关的欠款的权利。

对《公约》第三十九条第4款声明：根据第三十九条第1款（a）项所作出的声明中所含种类的权利或者利益，优先于批准《议定书》之前已登记的国际利益。

依据以上声明，在我国领土范围内，债权人依然保有依据我国法的规定，基于保障特定与航空器有关的债权的目的来“扣留或者扣押”债务人占有的航空器的权利。而依据目前我国法律的规定，这种无需约定即可为保障特定与航空器相关的债权来“扣留或者扣押”债务人占有的航空器的权利，性质上应属于《民法通则》第89条、《担保法》第82条和《物权法》第230条所规定的留置权。也就是说，在《民用航空法》未规定但也未明确禁止航空器留置权的情况下，解释上依然存有依据上述声明和我国法的相关规定来肯定航空器留置权的余地。例如，在“广州白云国际机场股份有限公司诉通用电气商业航空服务有限公司等留置权纠纷案”中，法院就明确承认民用航空器之上可成立留置权。[1]不过，考虑到该案四名被告都是外国法人，法院在个案中所作法律解释也不具有普遍约束力，所以，从更为妥当地解决民用航空器留置权问题的角度看，完善相关

〔1〕 广州市中级人民法院民事判决书［2009］穗中法民四初字第27号。

立法不失为是一种必要的、可行的选择。〔1〕

四、海商船舶留置权类型的确定

在《海商法》上，有关留置权的规定主要见于第25条和第161条。其中，第25条规定："船舶优先权先于船舶留置权受偿，船舶抵押权后于船舶留置权受偿。前款所称船舶留置权，是指造船人、修船人在合同另一方未履行合同时，可以留置所占有的船舶，以保证造船费用或者修船费用得以偿还的权利。船舶留置权在造船人、修船人不再占有所造或者所修的船舶时消灭"。第161条规定："被拖方未按照约定支付拖航费和其他合理费用的，承拖方对被拖物有留置权"。

将《海商法》的以上规定与《担保法》第84条〔2〕和《物权法》第230条〔3〕、第231条〔4〕和第239条〔5〕相比较，可以发现，《海商法》上有关留置权的发生基础及其效力的规定明显与后二者存在不一致。正是这种不一致导致了以下几个需要

---

〔1〕近年来，随着实践的发展，已经有越来越多的学者开始提出，我国应通过完善相关立法明确承认民用航空器留置权。参见郭玉军、陆寰："美国民用航空器留置权问题研究"，载《华东政法大学学报》2010年第6期；蔡斌："中国民用航空器留置权法律体系构建比较分析"，载《北京航空航天大学学报（社科版）》2013年第2期；宿培："航空器留置权的性质和适用要件"，载《长江大学学报（社科版）》2013年第7期。

〔2〕该条规定："因保管合同、运输合同、加工承揽合同发生的债权，债务人不履行债务的，债权人有留置权。法律规定可以留置的其他合同，适用前款规定。当事人可以在合同中约定不得留置的物。"

〔3〕该条规定："债务人不履行到期债务，债权人可以留置已经合法占有的债务人的动产，并有权就该动产优先受偿。前款规定的债权人为留置权人，占有的动产为留置财产。"

〔4〕该条规定："债权人留置的动产，应当与债权属于同一法律关系，但企业之间留置的除外。"

〔5〕该条规定："同一动产上已设立抵押权或者质权，该动产又被留置的，留置权人优先受偿。"

解释的问题：其一是在被拖物为船舶时，承拖人依据第 161 条所享有的船舶留置权是否具有优先于船舶抵押权受偿的效力问题。其二是除《海商法》已明确规定的造船人留置权、修船人留置权和承拖人留置权外，是否还存在其他可发生海商船舶留置权的合同关系以及这些未规定在《海商法》中的留置权是否具有优先于船舶抵押权受偿的效力问题。其三是《物权法》第 231 条有关企业之间的留置不受“同一法律关系”要件限制的规定是否也适用于海商船舶留置的问题。

（一）船舶承拖人的留置权是否具有优先于船舶抵押权受偿的效力问题

关于船舶承拖人的留置权是否具有优先于船舶抵押权受偿的效力问题，若单纯以《海商法》的规定为依据，其答案显然是否定的。因为，该法第 25 条第 2 款在定义同条第 1 款所规定的“后于船舶优先权受偿、先于船舶抵押权受偿”的船舶留置权时，已明确说明了“前款所称船舶留置权，是指造船人、修船人”所享有的留置权，而没有将同法第 161 条所规定的承拖人的留置权包括进来。也就是说，《海商法》第 25 条所规定的优先于船舶抵押权受偿的留置权仅限于造船人和修船人所享有的船舶留置权。反之，若以《物权法》第 239 条有关留置权恒优先于抵押权受偿的规定为依据，其答案又显然是肯定的。面对这种不一致，笔者认为，解释上较为合理的选择应是依据《海商法》的规定来否定承拖人的留置权对船舶抵押权的优先性。[1]这不仅是因为此一选择本身就符合特别法优先的基本原则，更是因为《海商法》对优先于船舶抵押权的留置权范围作出如上

---

〔1〕 在被拖物非为海商船舶时，解释上仍可依据《物权法》第 239 条的规定，赋予承拖人对被拖物所享有的留置权具有优先于同一物之上所设立的被拖物抵押权的效力。

限定是有其特殊考虑和合理性的。

首先，在现代海商法上，对优先于船舶抵押权的留置权的范围做出一定限定能够更好地起到鼓励航运投资的作用，〔1〕从而进一步“促进海上运输和经济贸易的发展”。〔2〕因为，在实践中，航运投资的主体主要是为船舶建造、维护和运营提供融资的银行或金融机构——这与航运投资资金需求量大且有较高风险有关，而这些银行或金融机构在提供投资时，往往会要求以船舶作为抵押，即航运投资的主体往往同时也是船舶抵押权的主体。正是这种主体身份的重合决定了保障船舶抵押权所担保的债权或投资的安全，对于鼓励航运投资具有十分重要的意义。而在海商法上，由于本就存在船舶优先权这一绝对优先于所有船舶留置权和抵押权的优先权，故此时若法律仍毫无例外地承认所有船舶留置权都具有优先于船舶抵押权的效力，则其结果将是船舶抵押权的融资担保功能将因此大打折扣，受该抵押权担保的债权或投资的安全也将因此受到更大威胁，而这显然不利于鼓励航运投资。正是有鉴于此，所以现代海商法上才有了对优先于船舶抵押权的留置权的范围做出限制的特殊做法，我国《海商法》是如此，《1967 年关于统一船舶优先权和抵押权若干规定的国际公约》和《1993 年船舶优先权和抵押权国际公约》也是如此。〔3〕与之相类似，近年来，各国立法和相关国

---

〔1〕 参见司玉琢:《海商法专论》(第 2 版)，法律出版社 2007 年版，第 41 页。

〔2〕《海商法》第 1 条已明确将“促进海上运输和经济贸易的发展”规定为该法立法目的之一。

〔3〕 这两个公约都明确规定，各国除可承认船舶优先权和造船人和修船人所享有的船舶留置权具有优先于已登记的船舶抵押权或其他意定担保物权的效力外，不得再规定其他类型的可优先于已登记的船舶抵押权或其他意定担保物权的留置权。参见《1967 年关于统一船舶优先权和抵押权若干规定的国际公约》第 6 条和《1993 年船舶优先权和抵押权国际公约》第 6、7 条的规定。

际公约在立法上所呈现出来的日益倾向于逐步减少受船舶优先权担保的海事请求项目的趋势，也在一定程度上反映出了鼓励航运投资这一立法目的在海商法上的重要性。〔1〕

其次，与造船人和修船人为船舶所做投入通常都有助于船舶价值的形成和保全不同，承拖人为船舶所做投入与船舶价值的形成和保全通常并无直接关联，因此，赋予造船人和修船人的留置权以相对于抵押权的优先性，而拒绝承认承拖人留置权具有相同的优先性，在利益衡量上并无明显不当。〔2〕尤其是在立法者拟对优先于船舶抵押权的留置权的范围做出某种限定时，更是如此。

（二）海商船舶之上能否成立一般法留置权的问题

与《海商法》《担保法》和《合同法》在规定留置权时会明确限定或列举此类权利得以发生的债权债务关系基础不同的是，〔3〕《物权法》在规定留置权时，并没有像前二者那样，将留置权的发生基础明确限定为法律所列举的特定合同关系类型，而是直接采用了一种只规定留置权的发生条件而不限定作为其发生基础的债权债务关系类型的概括式立法，即只要符合《物

---

〔1〕 关于受船舶优先权担保的海事请求项目，《1926 年关于统一船舶优先权和抵押权若干法律规定的国际公约》规定得相当广泛，但经历了《1967 年关于统一船舶优先权和抵押权若干规定的国际公约》和《1993 年船舶优先权和抵押权国际公约》的两次修改，受船舶优先权担保的海事请求项目已逐步减少到仅剩 5 项。正因如此，所以有学者认为“减少受船舶优先权担保的海事请求项目，是国际立法的发展趋势”。参见司玉琢：《海商法专论》（第 2 版），法律出版社 2007 年版，第 36 页。

〔2〕 需注意的是，在被拖船舶为因失去动力而身陷险境的船舶时，拖航行为在客观上也具有保全船舶价值的作用。对于此类具有救助性质的拖航行为，法律上只要可认定其行为已符合《海商法》所规定的纯海难救助行为——无合同上或法律上相关义务的情况下而为的海难救助行为——的构成要件，则救助人可就所享有的“救助款项给付请求”享有船舶优先权，即该请求具有优先于所有船舶留置权和抵押权受偿的效力。

〔3〕 参见《海商法》第 25、161 条，《担保法》第 84 条，《合同法》第 240、315、380、422 条。

权法》第230条至第232所规定的留置权发生要件，债权人就可对其占有的债务人的动产享有留置权。这种概括式的立法在突破了以往立法所采用的“留置权发生基础类型法定”原则的同时，[1]也给海商船舶留置权类型的确定带来了一个问题，即除《海商法》已明确规定的“特别法留置权”（造船人留置权、修船人留置权和承拖人留置权）外，是否还存在其他可发生海商船舶留置权的合同关系以及这些未规定在《海商法》中的“一般法留置权”是否具有优先于船舶抵押权受偿的效力问题。

关于海商船舶之上能否成立一般法留置权的问题，学者鲜有讨论，但考虑到《物权法》出台之前的相关立法基本上采用的都是“留置权发生基础类型法定”的立法原则，而新出台的《物权法》又有意通过留置权发生基础的一般条款化来改变这一立法原则，所以在解释上，对于这种事涉物权法定原则的立法原则的改变，更宜于将其解释为是“新的规定与旧的规定不一致”——新的规范体系与旧的规范体系的整体不一致，而不宜于单纯从《物权法》和《海商法》的关系角度将这种不一致解释为是单纯的“新的一般规定与旧的特别规定的不一致”。亦即，在《物权法》已经改变了相关的立法原则且作为特别法的《海商法》未作出相反的否定性规定或禁止性规定的情况下，应依据《立法法》第92条所确立的新法优于旧法的原则，优先适用《物权法》的规定，承认海商船舶之上也得成立一般法留置权，而不必受“留置权发生基础类型法定”这一旧的立法原则的限制。简言之，海商船舶之上除可依《海商法》的规定成立各种特别法留置权外，也可依据《物权法》第230条和第231

---

〔1〕 虽然《民法通则》第89条在确立留置权时，并未明确采用“留置权发生基础类型法定”的原则，但嗣后出台的《海商法》《担保法》和《合同法》等法律在规定留置权时，基本上采用的都是该原则。

条的规定成立一般法留置权。例如，在船舶保管或打捞合同中，就有可能发生依物权法的规定而成立保管人或打捞人的船舶留置权的情形。当然，基于前文所作分析，这种依物权法成立的一般法留置权原则上应不具有优先于船舶抵押权受偿的效力。

（三）企业间留置海商船舶是否可不受“同一法律关系”要件限制的问题

依据《物权法》第231条的规定，债权人留置的动产原则上应与债权属于同一法律关系，但发生在企业之间的留置可不受该“同一法律关系”要件的限制，即企业之间的留置并不要求债权人留置的动产必须与该留置权所担保的债权属于同一法律关系。这种对企业间的留置权即商事留置权的发生要件的特殊规定，在立法史上也属于对此前的相关立法和学理所普遍采用或承认的“债权人留置的动产应与债权具有牵连关系或属于同一法律关系”的原则的改变，依前文所述的相同理由，这种改变在整体上也应被视为是“新的规定与旧的规定不一致”，从而得发生新法优于旧法的法律适用效果。亦即，在海商船舶之上，企业之间的留置也可不受债权人留置的海商船舶必须与该留置权所担保的债权属于同一法律关系要件的限制。

五、海商船舶优先权和民用航空器优先权是否属于物权

不管是在比较法上，还是在国内学界，关于海商船舶优先权和民用航空器优先权是否属于物权的问题，理论上都有一定争议，但考虑到此项争议并无多大实践意义，故此处不对该争议作过多分析和讨论，而是拟直接基于下述理由，将二者确定为具有物权的支配性、排他性和担保物权的从属性[1]和不可分

〔1〕参见《海商法》第26条和《民用航空法》第23条。

性（但不具有担保物权的物上代位性）的非典型担保物权。

首先，在权利效力上，二者作为法定的优先权，具有优先于其他所有担保物权和普通债权受偿的效力，而依据物权法理，这种优先效力应属于物权排他性的一种典型体现，即二者都具有物权应有的排他性。其次，在权利内容上，二者具有明显的对物支配权的属性，即这两项权利的行使和实现都可以直接通过对物的独断意思支配（申请法院扣押、拍卖其权利标的）来进行，它既不需要借助相对人的意思协助或介入来实现，也不需要以尊重相对人或其他利害关系人（含船舶或航空器所有权）的意思作为其权利行使前提。正是这种建立在意思独断基础之上的对物支配和决定客体命运的权利决定了二者在性质上应属于物权性质的对物支配权，而不是单纯的基于债权债务关系而生的债权性质的对物支配。〔1〕最后，在权利属性上，二者作为法律为保障特定请求权的优先实现而设计的特别法优先权，也具有不能脱离其所保障的债权独立存在和转让的从属性和权利效力不受权利客体和所保障债权分割影响的不可分性，而依据物权法理，这种优先受偿性、从属性和不可分性恰恰是担保物权的基本属性。亦即，二者在性质上也属于为保障特定债权的

〔1〕　物权性质的对物支配与债权性质的对物支配（如承租人对租赁物的支配）在权利内容上的核心区别主要有二：①前者具有对物支配意义上的意思独断性，而后者并不具有这种属性，而是须更多地受到当事人的合意或相对方意思的限制。②前者通常都必然包含了对物的法律命运的处分权能（如物上权利的转让或物上负担的设定等），而后者一般都不含有这一权能，而是仅以对物的占有、使用和收益为其权利内容。从这个意义上讲，将光船租赁权和民用航空器租赁权确定为动产用益物权的主张是值得商榷的。虽然后两项权利已经因法律的特别规定而具备了一定的“物权效力”（对租赁物之上所发生的某些类型的物权变动具有一定对抗效力），但由于二者在权利内容上尚不具备作为物权应有的对物的独断支配和决定物的命运的处分权能，所以依据物权与债权的区分法理，更宜于将二者定性为是具有特别效力的债权，而不能算是真正意义上的物权——真正意义上的物权应是一种以物的独断支配为核心内容的具有对世效力的绝对权。

优先实现而存在的担保物权，而非一些学者所谓的特别债权。

六、小结

综上，本书认为，在我国法之下，船舶、航空器和机动车之上得成立的物权类型主要是所有权、抵押权和留置权，但留置权在海商船舶和民用航空器之上的适用须受到《海商法》和《民用航空法》的特别限制。质权原则上只能成立于机动车和非海商船舶之上，而不能成立于海商船舶和民用航空器之上。船舶和航空器优先权作为特别法物权——船舶和航空器租赁权应不属于物权，主要受相关特别法的调整。

第三节　准不动产物权变动概述

一、准不动产物权变动的含义及其原因

（一）准不动产物权变动的含义

物权变动作为对物权动态变化现象的指称，就物权自身而言时，是指物权的发生、变更和消灭；就物权主体而言，是指物权的取得、丧失和变更。我国物权法在规定物权变动时，所使用的描述物权自身变化的用语是“设立、变更、转让和消灭”。其中，设立有时仅指基于法律行为原因而导致的物权从无到有的发生（如第15条、第23~26条中的设立），有时则概指所有基于不同原因而导致的物权的发生（如第6条和第2章章名中的设立就既可涵盖前述基于法律行为而导致的物权发生，也可涵盖第28条和第30条所规定的基于法律文书和事实行为而导致的物权发生）。变更则是指物权在不失其存在性和同一性时所发生的变动，一般是指除物权转让之外的物权的客体、内容

和主体人数的变化〔1〕(如第6、9、14、15、24、28条中的变更)，但有时——在出现在“变更登记”这一用语中时——也可将转让包含在内（如第129、145、155条中的变更)。转让则一般是指基于法律行为的原因而导致的同一物权从一个主体向另一个主体的转移（如第15条、第23~27条中的转让)，但有时也指所有基于不同法律原因而导致的同一物权在不同主体间的转移（如第6条和第2章章名中的转让就既可涵盖前述基于法律行为而导致的物权转让，也可涵盖第28条和第30条所规定的基于法律文书和事实行为而导致的物权转让)。〔2〕消灭则仅指物权本身从有到无地丧失其存在，即学理上通常所说的物权的绝对消灭，但不包括物权的相对消灭——在物权转让时所发生的相对于出让人的物权消灭。

《物权法》第24条在规定准不动产物权变动时，所采用的描述其变动的用语也是“设立、变更、转让和消灭”。这些用语虽然在第24条的意义脉络中仅指基于法律行为而生的准不动产物权的设立、变更、转让和消火，〔3〕但在不考虑其体系位置和

---

〔1〕 在学理上，广义的物权变更包括物权主体、客体和内容的变更，狭义的物权变更则仅指物权客体和内容的变更，但在变更与转让二词并用时，对于发生于物权之上的单纯的主体人数的变化（如物权由共有变为独有或由独有变为共有）到底是应被理解为是物权变更还是转让，尚有不同的解释。

〔2〕 由上可知，我国物权法所使用的“设立、变更和转让”并不具有统一的含义，而是有广狭之分。这种用语含义的不统一是否妥当，确实值得斟酌。尤其是考虑到，“设立”和“转让”这些用词在民法学理和其他相关法律上，一般都是指基于当事人的意思表示或意思的推动而产生的法律关系变动时，更是如此。

〔3〕 第24条作为《物权法》第二章第二节中的一个条文，与同节中的其他所有条文一样，都仅适用于基于法律行为而生的物权变动。因为，从体系上看，《物权法》第二章有关“物权的设立、变更、转让和消灭”的规定实际上是按照基于法律行为而生的物权变动和非基于法律行为而生的物权变动的分类来分别设置其规则的。其中，第一节“不动产登记”和第二节“动产交付”主要规范的是基于法律行为而生的物权变动，所贯彻的是基于法律行为而生的物权变动应遵循物权变动公示原则

上下文关系时，这些用语也可如上文所述那样，可用来指称其他非基于法律行为而生的准不动产物权的设立、变更、转让和消灭。为了便于表述，同时也是为了与物权法的用法保持一致，以下仍将会以“设立、变更、转让和消灭”来表达物权变动的不同样态，即以下仍将会以物权变动一词作为物权的设立、变更、转让和消灭的合称来使用，而不考虑导致其变动的原因或法律事实的性质。

（二）准不动产物权变动的原因

物权变动依其原因的不同，可被区分为基于法律行为而生的物权变动（意定的物权变动）和非基于法律行为而生的物权变动（非意定的物权变动）。依物权行为理论，能够引起物权变动的法律行为应是指物权行为，即以物权变动为效果意思的法律行为，其具体表现形态可以是双方法律行为（如买卖、赠与），也可以是单方法律行为（如抛弃所有权的行为）。

除法律行为外，其他的引起物权变动的原因或法律事实则可被统称为“非法律行为”。在我国法上，这种得引起物权变动的“非法律行为原因”除包括《物权法》第28条至第30条所规定的法律文书、征收决定、继承或受遗赠、[1]建造和拆毁的事实行为外，理论上还应包含先占、劳动、添附、天然孳息与原物的分离、混同、标的物灭失、主体消灭、权利存续期限届满、

（接上页）的法理，第三节“其他规定”主要规范的是非基于法律行为而生的物权变动，所贯彻的是非基于法律行为而生的物权变动无需以法定方式进行公示的法理。参见崔建远：《物权：规范与学说——以中国物权法的解释论为中心》（上册），清华大学出版社2011年版，第228页。

〔1〕依法理，在继承或遗赠中，引起物权变动的原因并不完全属于“法律行为之外的原因”，而是还有可能同时包括“法律行为”（如遗嘱）。因此，对于因继承或遗赠而引起的物权变动，更适合于将其作为一种特别的物权变动类型来对待。对此，下文将予以详论。

主债权消灭、法律直接赋权（如留置权的法定取得）和国家取得所有权的一些特殊原因（如征税、没收和法律直接将无人认领的遗失物和所有权人不明的埋藏物、隐藏物划归国有）等。〔1〕在准不动产上，以上非法律行为原因虽然多数也可适用，但基于准不动产的特殊属性，理论上仍有必要就某些原因在准不动产上的可适用性加以讨论。

首先，可以确定的是，“征收”和“天然孳息与原物的分离”并非可导致准不动产物权变动的法律原因。因为，依据《物权法》第42条的规定，征收只能适用于不动产，而不能适用于包括准不动产在内的动产。同时，准不动产作为工业品，一般只能产生法定孳息，而不会产生天然孳息，更不会成为其他物的天然孳息，故在准不动产之上也不会发生因孳息与原物的分离而导致的物权变动。

其次，关于“添附”是否属于可导致准不动产物权变动的原因，学理上讨论不多，但基于准不动产的特殊属性，理论上应认为，船舶、航空器和机动车作为整体构成相对复杂、本身就具有极强独立性的合成物，通常不会因与他物混合、附合于他物或被加工成他物而发生所有权的变动，而是只能因他物“附合”于其上而使其权利客体进一步扩大。〔2〕也就是说，添附一般并不构成导致准不动产物权主体和内容发生变动的原因。不过，需注意的是，在实践中，也有可能发生船舶、航空器和机动车在报废之后被整体改造成其他水上或陆上非运输设施（如仓库、餐厅、展览馆等）的情况。在此情况下，物权法上的加工和附合

〔1〕关于善意取得是否属于基于法律行为的物权取得，学理上向来就有争议，此处采肯定说。

〔2〕在其他动产因附合而成为船舶、航空器和机动车的成分时，该动产应归属于其所附合的船舶、航空器和机动车所有权人所有，存在于该动产之上的原所有权归于消灭。

法理也应有其适用余地，但由于改造后的船舶、航空器和机动车已非物权法意义上的交通工具和准不动产，故对于其改造后的物权变动，应依其是否仍具有动产的属性来决定其物权变动规则。

最后，关于船舶、航空器和机动车能否适用先占取得的问题，理论上所述不多，实践的情况也较为复杂。这种复杂性首先涉及的就是船舶、航空器和机动车在什么情况下可以被认定为无主物的问题。就此，本文的基本认识是，在我国现行法之下，已登记的船舶、航空器和机动车只要没有办理所有权注销登记，其在法律上就应该始终是有主物，除非其所有权人已经通过注销登记以外的方式明确作出了抛弃所有权的意思表示，具体分析如下：①在已登记船舶、航空器和机动车的所有权未被权利人抛弃，也未被注销登记时，如果发生了船舶、航空器和机动车因丢失、漂流、埋藏、隐藏、沉没等原因而脱离其权利人占有和控制的情况，该物之上的所有权通常并不因此消失，而是要么仍属于其原有的登记权利人，要么应属于已委付了该物保险金的保险机构，〔1〕要么应属于国家（招领公告期满无人认领时〔2〕和沉船所有人未在法定期限内打捞沉船时〔3〕）。②在船舶、航空器和机动车所有人已通过注销登记以外的方式明确

---

〔1〕 参见《保险法》第59条和《海商法》第250条。

〔2〕 参见《物权法》第113、114条。

〔3〕 1957年的《打捞沉船管理办法》第7条规定："沉船所有人除遇有特殊情况向有关港（航）务主管机关申请延期并经核准外，在下列情况下即丧失各该沉船的所有权：（一）妨碍船舶航行、航道整治或者工程建筑的沉船，在申请期限以内没有申请或者声明放弃；或者打捞期限届满，而没有完成打捞；（二）其他不属于第五条规定范围的沉船自沉没之日起一年以内没有申请打捞；或者完工期限已经届满，而没有打捞。"1962年的《国务院关于批准"中华人民共和国打捞沉船管理办法补充规定"的通知》第1条规定："全国水域内的无主沉船属于国家所有，未经批准打捞前，应由各地港（航）务主管机关负责管理。"1992年国务院《关于外商参与打捞中国沿海水域沉船沉物管理办法》第15条规定："在中华人民共和国内海或者领海内捞获的沉船沉物，属中华人民共和国所有。"

作出了抛弃所有权的意思表示时——基于安全原因而发生的弃船行为原则上不属于所有权抛弃行为，[1]原则上应基于被抛弃的动产乃是典型的无主动产的现实，承认此类被抛弃物已成为无主物，依法得适用无主物先占取得。[2]不过，需说明的是，在现行法之下，这种以先占方式所取得的所有权通常是不能办理过户登记的，除非该物已依《民事诉讼法》上的无主财产认定程序被确定为无主物，先占取得人方可持相关法律文书办理相应的登记。③对于实践中那些长期无人看管、使用且所有权人无法查明的船舶、航空器和机动车，可依无主财产认定程序认定为无主财产后依法收归国有。④在船舶、航空器和机动车所有权已被注销登记时，原则上应依该船舶、航空器和机动车所有权被注销后是否仍具有作为物权客体的独立性来确定其法律地位。如果该船舶、航空器和机动车已被拆解，则该船舶、航空器和机动车在法律上已经消灭，剩下的只是一个个以零部件为客体的动产所有权。[3]反之，如果该船舶、航空器和机动车并没有被拆解，而是依然保持了其作为物权客体的独立性和完整性，则该船舶、航空器和机动车依然可以作为独立的物权客体归特定主体所有，并得依一般动产的物权变动规则（在其动产性质未发生改变时）发生物权变动和先占取得。

---

〔1〕 参见李志文：《船舶所有权法律制度研究》，法律出版社 2008 年版，第 172 页。

〔2〕 我国物权法虽然没有规定先占取得，但无主物先占取得作为一项古老的物权取得法则，早已在社会生活中得到了我国百姓的广泛认同，故对于无主物先占取得的规则，我国法学界的多数学者还是承认的。

〔3〕 客体的消灭是导致所有权消灭的法定原因。在船舶、航空器和机动车之上，这种客体的消灭一般是指船舶、航空器和机动车因拆解、坠毁、撞毁、烧毁等原因丧失其作为船舶、航空器和机动车的整体性的情况。在此情况下，存在于原船舶、航空器和机动车之上的物权将因客体消灭而消灭，但船舶、航空器和机动车原所有权人可以对被拆解后的一个个零部件或剩余残骸享有一般动产所有权。

二、准不动产物权变动的立法模式

（一）比较法观察

关于准不动产物权变动的立法模式，可分别从形式和内容两个方面予以观察。首先，从形式上看，正如前文所述，有关船舶、航空器和机动车物权及其变动问题，各国法上大多并无统一立法，其民事基本法上一般也都不会就此作出专门规定，而是会更多地采用一种分别用不同的立法来调整三者的物权变动的特别法调整模式。在物权法出台之前，我国所采用的也是这种立法模式。其次是从实质上看，虽然各国法上大多建立了船舶、航空器和机动车登记制度，但就登记与船舶、航空器和机动车物权变动的体系关系而言，各国立法之间的差异还是比较明显的。甚至是在同一国家或地区，其立法所确立的适用于船舶、航空器和机动车物权变动的规则也大多是不统一的——这在一定程度上与上文所述的分散式的特别法立法模式有关，更与船舶、航空器和机动车在法律属性上各有其特性有关。有鉴于此，以下有关各国法上的准不动产物权变动模式的讨论，也将重点依客体的不同和登记效力的不同来展开——是否承认物权行为的独立性虽然也是区分不同物权变动模式的一个重要标准，但考虑到这主要是一个物权变动模式的学理阐释问题，故以下的讨论将暂且不考虑这一标准。

1. 船舶

关于船舶物权变动，比较上较具代表性的物权变动模式主要有四种，这四种模式分别为“合意原则+登记对抗主义”“登记要件主义”“混合主义”和“普通动产主义”。

（1）合意原则+登记对抗主义。法国法作为合意原则的典型代表，在船舶物权变动上所采用的就是“合意原则+登记对抗主义”。依据该国民法典第 1138 条和第 1583 条等条文的规定，船舶所有权的转移虽然也适用自合意（如买卖合同）成立时起转移的意思主义规则，但在事涉已登记的海船（7 米以下或发动机在 22 马力以下的不进入外国水域航行的海船、游艇和快艇可以不登记）时，未经登记（登记机关为海关管理部门），其所有权的转移并不能对抗第三人。这一规则同样也适用于船舶担保物权的设立、转让和消灭（1967 年第 967 号法令第 93 条和第 15 条），以及已登记（登记机关为船舶注册地的商事法院）内水船舶（《河流公产法典》第 101 条）的物权变动。未登记和依法无需登记的船舶的物权变动则原则上应按普通动产来处理，在其上因多重转让而引发权利冲突时，应以先取得实际占有者的权利优先，但第二取得人在先取得占有时需满足善意的要件（民法典第 1141 条）。[1]

深受法国法影响的意大利法、[2] 葡萄牙法、[3] 比利时法 [4]

---

〔1〕 参见［德］克里斯蒂安·冯·巴尔、［英］埃里克·克莱夫主编：《欧洲私法的原则、定义与示范规则：欧洲示范民法典草案（全译本）》（第 8 卷），朱文龙等译，法律出版社 2014 年版，第 24~25 页；［法］弗朗索瓦·泰累、菲利普·森勒尔：《法国财产法》（上），罗结珍译，中国法制出版社 2010 年版，第 490~491 页。

〔2〕［德］克里斯蒂安·冯·巴尔、［英］埃里克·克莱夫主编：《欧洲私法的原则、定义与示范规则：欧洲示范民法典草案（全译本）》（第 8 卷），朱文龙等译，法律出版社 2014 年版，第 16~17 页和第 23~24 页。同时可参见《意大利民法典》第 1376、2683、2684 条。

〔3〕［德］克里斯蒂安·冯·巴尔、［英］埃里克·克莱夫主编：《欧洲私法的原则、定义与示范规则：欧洲示范民法典草案（全译本）》（第 8 卷），朱文龙等译，法律出版社 2014 年版，第 24 页。同时可参见《葡萄牙民法典》第 408 条和《葡萄牙动产登记法》第 3 条。

〔4〕［德］克里斯蒂安·冯·巴尔、［英］埃里克·克莱夫主编：《欧洲私法的原则、定义与示范规则：欧洲示范民法典草案（全译本）》（第 8 卷），朱文龙等译，法律出版社 2014 年版，第 23 页。同时可参见《比利时民法典》第 711、712、938、1138、1583 条和《比利时海事法》第 8 条。

和日本法[1]在船舶物权变动也都采用的是合意原则加登记对抗主义。[2]不过，值得特别一提的是《葡萄牙动产登记法》和《意大利民法典》所采用的立法形式。其中，《葡萄牙动产登记法》的特别之处在于，它实际上已经从形式和内容上（从内容上看，该法第 3 条实际上已经以“合意原则+登记对抗主义”实现了对船舶、航空器和机动车等登记动产的物权变动规则的统一，唯一的例外是物上担保权的变动所采用的是自登记时生效的登记要件主义规则）实现了对所有需登记动产的物权变动规则和登记规则的统一，因而完全可以被视为是一部专门针对需登记动产而制定的“统一的民事特别法”。《意大利民法典》的特别之处则在于，它专门在民事基本法中以一整节的形式（第六编第一章第三节第一小节）对“船舶、航空器和机动车登记”的客体、须登记的行为及其效力等内容作出了统一规定。这种“统一的立法”或“统一的一般法立法模式”在创造了一种比较法上较为鲜见的立法模式——其他绝大多数大陆法系国家所采用的都是一种“分散的特别法立法模式”——的同时，也为我国未来立法进一步完善和统一船舶、航空器和机动车登记制度提供了非常重要的启示。

---

〔1〕 参见《日本民法典》第 176～178 条和《日本商法典》第 687、848 条。(依据这些条文的规定，在日本，20 总吨以上的海船的所有权转移，只有在已登记船舶登记簿上且于船舶国籍证书之上载明后，才能对抗第三人，而船舶抵押权的设立则只需在登记簿上登记即可对抗第三人。未进行登记或注册的船舶的所有权转移，则应适用民法典第 178 条规定的交付对抗主义。)《韩国商法典》第 743 条所采用的也是这种登记对抗主义。该条规定：有关船舶所有权的转移，经当事人之间合意，即可发生效力。但是，未经登记且未记载于船舶国籍证书的，不得以之对抗第三人。

〔2〕 芬兰、瑞典、挪威和丹麦的相关立法在一定程度上也可以被归入此列。参见［德］克里斯蒂安·冯·巴尔、［英］埃里克·克莱夫主编：《欧洲私法的原则、定义与示范规则：欧洲示范民法典草案（全译本）》（第 8 卷），朱文龙等译，法律出版社 2014 年版，第 25、19 页。

（2）登记要件主义（登记生效主义）。以荷兰、匈牙利和希腊为代表的一些欧陆国家则在船舶物权变动上依然采用了传统的主要适用于不动产的“登记要件主义”。[1]依据《荷兰民法典》第389条第4款的规定，“需登记的动产”（包括民法典第8编所规定的需登记的大型船舶和航空器等，但不包括机动车）应采用与不动产相同的所有权转让方式，即应适用同条第1款所规定的“必须由双方当事人为此目的作成公证契据，且应将该契据记载于为此目的而设的公共登记簿上”；[2]无需登记的动产（含无需登记的船舶）则原则上应适用同法第384条及其以下相关条款所规定的交付要件主义。《匈牙利水上交通法》所确立的船舶物权变动规则也与其民法典所规定的不动产物权变动规则相类似。依据该法第11条的规定，须登记的可航行设备的物权变动（所有权、物上担保权、用益权和租赁权等权利的变动），原则上应自记载于船舶登记簿时生效。在同一船舶发生多重转让时，先善意取得占有的受让人可以主张所有权登记。如果没有这样的人，在先的买方可以要求登记，除非后一个买方已经进行了登记。《希腊海事私法》第6条也为该法所定义的船舶（净吨在10吨以上具有自航能力的海船以及其他可航行构造物）建立了“未经登记，所有权不转移”的登记要件主义规则。[3]

---

〔1〕 爱沙尼亚和斯洛文尼亚所采用的也是这种登记要件主义。[德] 克里斯蒂安·冯·巴尔、[英] 埃里克·克莱夫主编：《欧洲私法的原则、定义与示范规则：欧洲示范民法典草案（全译本）》（第8卷），朱文龙等译，法律出版社2014年版，第20~22页。

〔2〕 [德] 克里斯蒂安·冯·巴尔、[英] 埃里克·克莱夫主编：《欧洲私法的原则、定义与示范规则：欧洲示范民法典草案（全译本）》（第8卷），朱文龙等译，法律出版社2014年版，第15、22、27页。

〔3〕 [德] 克里斯蒂安·冯·巴尔、[英] 埃里克·克莱夫主编：《欧洲私法的原则、定义与示范规则：欧洲示范民法典草案（全译本）》（第8卷），朱文龙等译，法律出版社2014年版，第21~22页。

（3）混合主义。德国法虽然在物权变动的一般规则上所采用的是公示（登记或交付）要件主义，但在事涉船舶物权变动时，却例外地创造了一种由“纯合意原则（加登记公信力）”和“登记要件主义”混合而成的立法。这一立法主要见于1940年的《关于对登记船舶与登记之建造中船舶的权利的法律》（Gesetz über Rechte an eingertragen Schiffen und Schiffsbauwerken，以下简称《船舶法》）。依据该法的规定，虽然大型的海洋船舶与内河船舶都必须进行强制的所有权注册登记，[1]但在所有权转让上，二者所适用的规则并不相同。其中，已登记的海洋船舶的所有权让与适用的是纯合意原则，即“仅需要有所有权让与合意，而不需要进行（如同民法典第873条、第925条所要求之）登记，也不需要有（如同民法典第929条所要求之）占有移转（《船舶法》第2条第1款）。……这项所有权让与上的纯合意原则，也适用于未登记的海洋船舶（民法典第929a条）”。[2]已登记的内河船舶的所有权让与，则应遵循不动产物权变动的基本原则，即应有所有权的让与合意和登记（《船舶法》第3条第1款）。若内河船舶未登记，则其所有权让与应依民法典第929条以下的规定进行交付。船舶保全抵押权（德国《船舶法》第8条只承认了这一种船舶抵押权）的设立则只能以

[1] 建造中的船舶无强制登记之要求，其所有权的让与一般应依《民法典》第929条以下的规定交付，但在建造中的船舶之上已设有抵押权时（此以登记于建造中的船舶登记簿为前提条件），其所有权转让的生效仍须以登记为要件（《船舶法》第78、3条）。[德] 克里斯蒂安·冯·巴尔、[英] 埃里克·克莱夫主编：《欧洲私法的原则、定义与示范规则：欧洲示范民法典草案（全译本）》（第8卷），朱文龙等译，法律出版社2014年版，第688页。

[2] [德] 鲍尔、施蒂尔纳：《德国物权法》（上册），张双根译，法律出版社2004年版，第688~689页。

登记的形式设立。〔1〕

德国法所规定的海洋船舶与内河船舶的物权变动规则虽不统一，但须注意的是，依据德国《船舶法》第15～17条的规定，这两类船舶的登记簿却都具有公信力。也就是说，即使是在海洋船舶所有权的取得可纯依合意而发生时，海洋船舶登记簿在其正确性与完整性上，仍具有公信力（已登记海船的善意取得应适应《船舶法》第15、16条，而不适用其民法典和商法典上的善意取得规定）。正是由于存在这种公信力，所以在依合意原则取得海洋船舶所有权时，最好还是去办理登记（纯合意原则与登记公信力的结合所导致的结果，实际上已经与“合意原则+登记对抗主义”非常接近），但此时登记的效力，仅为登记簿之更正。〔2〕

奥地利由于在1938年至1945年期间曾为德国所占领，故其在船舶物权变动上也基本上采用的是前述源自德国《船舶法》的混合主义，唯在未登记海船的所有权转让上，其并没有像《德国民法典》第929a条那样采用纯合意原则，而是依然坚持了传统的交付原则。〔3〕

（4）普通动产主义。作为英美法系的代表及其发源地，英国法上有关动产物权变动的规则主要见于《英国货物买卖法》。依据该法第17条的规定，因买卖而导致的货物所有权的转移原

〔1〕［德］克里斯蒂安·冯·巴尔、［英］埃里克·克莱夫主编：《欧洲私法的原则、定义与示范规则：欧洲示范民法典草案（全译本）》（第8卷），朱文龙等译，法律出版社2014年版，第689~690页。

〔2〕［德］克里斯蒂安·冯·巴尔、［英］埃里克·克莱夫主编：《欧洲私法的原则、定义与示范规则：欧洲示范民法典草案（全译本）》（第8卷），朱文龙等译，法律出版社2014年版，第689页。

〔3〕参见［德］克里斯蒂安·冯·巴尔、［英］埃里克·克莱夫主编：《欧洲私法的原则、定义与示范规则：欧洲示范民法典草案（全译本）》（第8卷），朱文龙等译，法律出版社2014年版，第20页。

则上也应适用与法国法相类似的合意原则，但在事涉此类所有权的转移对第三人的对抗力时（常见于一物二卖、出卖人或买受人破产的情况等），决定其对抗力有无的并非交付或某一单一因素，而是需综合考虑货物是否已交付、价款的支付情况以及买受人是否具备善意等因素。[1]这一规则也同样适用于买卖中的船舶（以及航空器和机动车）所有权的转移。也就是说，在英国法上，适用于船舶（以及航空器和机动车）所有权转移的规则与适用于一般动产的所有权转移规则并无实质差异，故对于英国法所采用的这种立法例，不妨将其称之为“普通动产主义”。与此普通动产主义相关联的是，英国法上虽然也存在船舶（以及航空器和机动车）登记制度，但依其规定，船舶（以及航空器和机动车）登记实际上主要是作为一种行政管理意义上的登记（而非私法上的权利登记）而存在的，其目的主要是为了实现对船舶（以及航空器和机动车）进行“身份性管理”（通过授予国籍和相应的航行或行驶资格来明确其身份），故这种登记对于船舶（以及航空器和机动车）物权变动的生效或其对抗力的产生并不具有生效或对抗要件的意义，而是只能在一定程度上对该物之上得成立的物权类型以及相关交易主体善意的认定产生一定影响。例如，依据《英国商船法案》的规定，英国商船中只有已登记的商船才能设立制定法抵押权，而其他船舶之上只能设立纯粹的衡平法抵押权。

2. 航空器

在航空器物权变动上，前述在船舶物权变动上采“合意原则+登记对抗主义”的国家中，法国、葡萄牙、意大利依然采用

[1] 汪志刚：《动产交付与所有权转让制度研究》，法律出版社 2012 年版，第 117~122 页。

的是“合意原则+登记对抗主义”,〔1〕日本法也同样如此。〔2〕比利时则未就航空器的物权变动设置特别规则（登记只是为了赋予航空器以国籍，但并不足以证明所有权），而是坚持将其作为普通动产处理。〔3〕

荷兰和希腊法则将其在不动产物权变动上所采用的“登记要件主义”一体贯彻到了航空器和船舶物权变动上，〔4〕匈牙利虽然在不动产和船舶物权变动上也采用的是登记要件主义，但在航空器物权变动上并没有坚持这一点，也没有将航空器作为不动产对待，而是一方面仅仅将航空器登记看成是对航空器有关情况（含所有权和其他物权的转让和改变）的确认和宣示，同时又在登记内容的正确性上赋予其以一种可反驳的推定力。〔5〕如此一来，匈牙利的立法实际上已接近于是一种“交付生效+登记对抗”〔6〕的立法。爱沙尼亚和斯洛文尼亚也未如其在船舶物

---

〔1〕 参见《法国航空器法》第121-11条，《葡萄牙动产登记法》第3条（但航空器抵押应适用登记要件主义），《意大利民法典》第1376、2683、2684条。同时可参见［德］克里斯蒂安·冯·巴尔、［英］埃里克·克莱夫主编：《欧洲私法的原则、定义与示范规则：欧洲示范民法典草案（全译本）》（第8卷），朱文龙等译，法律出版社2014年版，第28~29页。

〔2〕 参见［日］近江幸治：《民法讲义Ⅱ：物权法》，王茵译，北京大学出版社2006年版，第108页。

〔3〕 参见［德］克里斯蒂安·冯·巴尔、［英］埃里克·克莱夫主编：《欧洲私法的原则、定义与示范规则：欧洲示范民法典草案（全译本）》（第8卷），朱文龙等译，法律出版社2014年版，第28页。

〔4〕［德］克里斯蒂安·冯·巴尔、［英］埃里克·克莱夫主编：《欧洲私法的原则、定义与示范规则：欧洲示范民法典草案（全译本）》（第8卷），朱文龙等译，法律出版社2014年版，第26~27页。同上可参见《荷兰民法典》第389条和《希腊航空法典》第41条。

〔5〕［德］克里斯蒂安·冯·巴尔、［英］埃里克·克莱夫主编：《欧洲私法的原则、定义与示范规则：欧洲示范民法典草案（全译本）》（第8卷），朱文龙等译，法律出版社2014年版，第27页。

〔6〕 依据《匈牙利民法典》第117条，动产所有权的转让应以交付为生效要件。

权变动上那样采用登记要件主义，而是也采用了一种与登记对抗主义更接近的立法模式。〔1〕德国和奥地利虽然在船舶物权变动上采用了一种非常特别的混合主义，但在航空器物权变动上，却拒绝为其创造任何特别的规则，而是坚持将其普通动产对待，即航空器的物权变动所适用的规则与一般动产无异，登记只是对已存在的航空器物权的一种宣示。〔2〕

3. 机动车

在机动车物权变动上，前述各国法上，除意大利和葡萄牙依然坚持了其在船舶和航空器物权变动上所采用的“合意原则+登记对抗主义”外——这与二者已经在一般法的意义上实现了船舶、航空器和机动车物权变动规则的相对统一相关，其他各国都几乎毫无例外地坚持将机动车作为普通动产来对待，即对机动车适用“普通动产主义”——机动车登记只是被作为一种行政管理意义上的登记来看待的，而不管其在动产物权变动的一般规则上所采用的是合意原则（法国、比利时、日本），还是交付原则（荷兰、匈牙利、希腊、爱沙尼亚、斯洛文尼亚、德国、奥地利）。

（二）我国法的立法模式

如前所述，在《物权法》出台之前，关于准不动产及其物权变动问题，我国法所采用的也是一种分散的特别法立法模式。其中，海商船舶的物权变动主要受《海商法》的调整，民用航空器的物权变动主要受《民用航空法》的调整，且二者原则上

---

〔1〕［德］克里斯蒂安·冯·巴尔、［英］埃里克·克莱夫主编：《欧洲私法的原则、定义与示范规则：欧洲示范民法典草案（全译本）》（第8卷），朱文龙等译，法律出版社2014年版，第27页。

〔2〕［德］克里斯蒂安·冯·巴尔、［英］埃里克·克莱夫主编：《欧洲私法的原则、定义与示范规则：欧洲示范民法典草案（全译本）》（第8卷），朱文龙等译，法律出版社2014年版，第27页。

都适用的是登记对抗主义。机动车的物权变动则由于并无相应的特别立法，故其物权变动原则上应适用《民法通则》第 72 条所规定的交付主义，但机动车抵押权的设立应与船舶、航空器抵押权的设立一样，一体适用《担保法》第 41 条所规定的“登记生效主义”——该条的规定与《海商法》第 10 条、《民用航空法》第 16 条所规定的适用于船舶和航空器抵押的登记对抗主义明显存在矛盾。

2007 出台的《物权法》则一改以上立法模式，直接在第 24 条中以登记对抗主义对船舶、航空器和机动车的物权变动规则进行了一体化的处理，从而使我国法上的准不动产物权变动的立法模式更接近于葡萄牙法和意大利法所采用的“统一的一般法立法模式”——但在其立法所确立的实体规则上依然与后二者存在区别，详见下文。

（三）小结

综上可见，在准不动产物权变动的立法模式上，比较法上较为显著的特点主要有三：其一是在立法形式上，多数国家和地区所采用的都是一种“分散的特别法立法模式”，而非如葡萄牙、意大利和我国法那样，会采用一种“统一的一般法立法模式”。其二是在船舶、航空器和机动车物权变动规则的统一上，除前述采“统一的一般法立法模式”的国家会实现三者的物权变动规则的相对统一外，其他多数国家或地区基本上都没有将机动车作为特殊动产对待，而是至多只在船舶和航空器物权变动上，为二者设置了一些特别的规则，有的大陆法系国家甚至仅仅只是将船舶作为了特殊动产来对待，而没有为航空器和机动车的物权变动设置任何特别的规则。其三是在准不动产物权变动的实体规则上，得适用于准不动产的特殊规则主要有“合意生效+登记对抗主义”“交付生效+登记对抗主义”和“登记要件主义”。其中，“合意生效+登记对抗主义”主要适用于那些在物权变动基本规则上采合意原则的国家，而“交付生效+登记对抗主义”和“登记要件主义”则大多为那些在物权变动基本规则上采形式主义（交付或登记要件主义）的国家或地区所采。

三、准不动产物权变动的基本原则和规则

（一）基本原则

依据我国法的规定，物权变动须遵循的基本原则主要有三：其一是意思自治原则，即除法律有特别规定外，物权的变动应依当事人的自主意志来进行，而不受任何他人意志的强制或干预的原则。其二是公示原则，即基于法律行为而生的物权变动必须以法定的方式对外公开，否则便不能产生相应法律效果的原则。其三是公信原则，即在法定的公示方式所表现的物权与真实物权状态不一致时，对于信赖此项公示方式所表现的物权状态而为交易者，法律仍承认其具有与真实物权状态相同法律效果的原则。

以上三原则在准不动产物权变动领域原则上也可适用，唯在有关其具体适用方式及相关规定的解释上，理论上尚有一些问题需要加以讨论和说明，以下分而述之。

1. 意思自治原则

与其他民事领域一样，在物权变动领域中，意思自治原则的贯彻也主要是通过法律行为这一私法自治工具来实现的，即当事人在物权变动领域也可以通过法律行为的方式来自主地决定物权法律关系的产生、变更和消灭。然而，有关当事人所为的以物权变动为目的的法律行为到底是否应该被理解为是一项独立的法律行为（物权行为）的问题，我国学界尚有不同的认识，司法实践中也有不同的处理。对此，笔者无意展开详细的

讨论，而是只想就此提出笔者的一个基本认识，即在我国法上，承认物权行为的独立性并将其与债权行为相区分，不仅有利于在物权变动领域中贯穿意思自治——不承认物权行为的独立性，将导致意思自治原则难以在物权变动领域得到有效的贯彻，而且是物债两分体系下保持法律关系的清晰性和妥善处理相关实践纠纷的需要，故将物权行为和债权行为的区分作为我国法上所规定的意定物权变动规则的解释论基础，应具有相当的合理性和可行性。[1]我国最高人民法院在新近的一些判例和司法解释中，也采纳了这一区分法理。

依据此一法理，在物权变动（含准不动产物权变动）是基于法律行为而生时，解释上应认为，导致该项物权变动的法律基础应是当事人所为的物权变动意思表示或合意，而非当事人所为的为该项物权的变动做准备的债权行为或其他法律事实。也就是说，在买卖、赠与等交易中，买卖合同和赠与合同等债权合同作为原因行为和为物权变动做准备的法律行为，应仅具债法上的效力，而不能直接导致物权的变动，故此类债权行为的生效并不需要满足只有物权行为才需要满足的特别生效要件（如标的物特定、处分人有处分权和已依法定方式进行公示等），而物权行为作为直接导致物权变动的法律行为和结果行为，则必须以“当事人之间已存在物权变动合意”且“该合意已满足标的物已特定、处分人有处分权和已依法定方式进行公示”为成立或生效要件，若不具备这些要件，则物权不能依当事人的意思表示发生对世效力的变动。当然，在作为原因行为的债权行为因存在瑕疵而归于无效时，基于对我国法的要因原则解释，解释上应认为，作为其结果行为的物权行为也应因此一并归于

〔1〕 更为详尽的分析，可参见汪志刚：《动产交付与所有权转让制度研究》，法律出版社 2012 年版，第 312 页以下。

无效，即因其而生的物权变动也应因此一并归于无效。此外，在物权变动是纯基于物权行为而生，而无所谓的债权行为与之并存时（如所有权抛弃的情况等），有关该类物权变动的法律效力问题，自当也应依前述法理，依物权行为本身是否已具备相应的生效要件来作为其判断基础，即只要该行为已具备法律行为的一般生效要件和物权行为的特别生效要件，该行为即可确定地引起相应的物权变动；反之，则否。

2. 公示原则

在我国法所确立的以形式主义为原则、意思主义为例外的物权变动规则体系之下，公示原则的贯彻主要是通过公示要件主义和公示对抗主义这两种不同的公示主义来实现的。其中，前者的典型代表是《物权法》第 9 条和第 23 条所规定的不动产登记要件主义和动产交付要件主义，后者的典型代表是《物权法》第 24 条、第 129 条、第 158 条、第 188 条和第 189 条所规定的动产（含准不动产）或不动产登记对抗主义。依前者，公示（不动产登记或动产交付）作为不动产或动产物权变动的生效要件，乃是物权变动的形成及其对世效力发生的基础，若无此类公示，则物权原则上不能发生任何效力的变动——法律有特别规定的除外；而依后者，公示并非物权变动的生效要件，而是仅为其对善意第三人产生对抗力的要件，即在公示对抗主义之下，物权可以在公示之前即已发生变动，公示仅为该项变动对善意第三人产生对抗力的基础。

以上的公示对抗法理在准不动产登记对抗主义之下同样也可以适用，即在准不动产登记对抗主义之下，登记作为准不动产物权变动的公示方法，同样应属于适用此一登记对抗主义的准不动产物权变动的对抗要件，而非其生效要件。唯在此处需要注意的是，在《物权法》第 24 条已被许多学者解释为是“交付生效（交付为物权变动的生效要件）+登记对抗（登记为物权变动的对抗要件）”主义的情况下，有关“交付”是否仍属于准不动产物权变动的公示方法及其所生效力问题，学理上尚有一定的争议。考虑到此一争议不仅与公示原则的贯彻有关，而且与《物权法》第24条本身的解释密切相关，故在未对《物权法》第24条展开充分的解释论讨论之前，此处将不对此一问题展开详尽的讨论，而是只想在此处提出笔者的几点基本看法：第一，在“交付生效+登记对抗”主义的解释之下，交付并非适用此类登记对抗主义的准不动产物权的公示方法，而是仅为当事人意欲使物权在当事人之间发生变动的合意的外在表现，是物权在当事人之间发生部分效力变动的法律基础或意志基础。第二，登记才是准不动产登记对抗主义之下的准不动产物权变动的公示方法，同时也是当事人意欲使物权发生对世效力变动的合意的外在表现，故此时的登记已内含了使物权发生对世效力的变动所需的全部“意思要素（使物权变动发生对世效力变动的合意）”和“物上要素（以法定方式对外进行公示）”，在登记无其他效力瑕疵时，其应可使相应的准不动产物权发生具有完全对世效力的变动，而不管当事人是否已就标的物完成了交付。第三，在准不动产质权（主要指机动车质权和非海商船舶质权）的变动应被解释为应适用《物权法》第212条所规定的交付生效主义，而非《物权法》第24条所规定的登记对抗主义（具体的理由，详见下文）的情况下，交付应被视为是准不动产质权的公示方式——这将导致准不动产物权变动公示方式的二元化，[1] 即交付应具备使质权发生完全对世效力变动的

〔1〕这种二元化在其他普通动产上也同样存在，因为，依据我国《物权法》第23、188、212条的规定，交付仅为动产所有权和质权的公示方式，而非动产抵押权的公示方式——后者的公示方式是登记。

效力。

3. 公信原则

关于公信原则或善意取得制度能否适用于准不动产物权变动领域的问题，我国学界素来就有争议（详见下章），2016 年出台的《物权法解释（一）》虽然在第 20 条[1]中对此作出了肯定的回答，但依其规定，准不动产所有权的善意取得并不需要以登记为要件，而是仅需交付即已为足。如此一来，所谓的公信原则在准不动产物权变动领域的贯彻与其他普通动产领域似乎已无二致，即二者都是通过所谓的“赋予占有以公信力”来实现无权处分情况下的善意第三人保护的，而这显然与《物权法》第 24 条已经将登记确定为准不动产所有权的公示方法是相违背的。因为，依公信原则，所谓的公信力应属于法定的物权变动公示方法所具有的效力，而依《物权法》第 24 条，作为准不动产所有权公式方法的应是登记，而非交付或占有。也就是说，《物权法司法解释（一）》虽然承认了公信原则在准不动产物权变动领域的可适用性——这是值得肯定的，但其规定本身与《物权法》第 24 条却是相矛盾的，而这正是下文在讨论准不动产物权的善意取得时，需要重点加以讨论的。

（二）基本规则

综合以上基本原则，同时结合前文所述的准不动产物权变动规则体系，可以看出，准不动产物权变动规则体系的构成虽然相对复杂，但从一般规定与特别规定的关系的角度看，大致上仍可以将调整准不动产物权变动的基本规则归纳为以下两个方面。

---

〔1〕 该条规定：转让人将《物权法》第 24 条规定的船舶、航空器和机动车等交付给受让人的，应当认定符合《物权法》第 106 条第 1 款第 3 项规定的善意取得的条件。

1. 意定的准不动产物权变动的基本规则

依据我国《民法通则》和《物权法》的相关规定以及前文对我国法所作的要因的、区分原则的解释，解释上应认为，在我国法之下，一个有效的意定的物权变动除必须要有一个正当的法律原因外（即必须以原因或原因行为的有效存在为前提），尚需要一个有效的物权变动合意或意思表示为基础，即作为物权变动基础的合意或意思表示不仅须充分《民法通则》第 55 条所规定的“民事法律行为应当具备的条件”，而且原则上须满足《物权法》第 2 条第 3 款所规定的“标的物特定”的要件，第 6 条所规定的“公示”要件和第 106 条规定的“当事人有相应的处分权”要件（这三个要件可被统称为“一般的意定物权变动要件”）。在准不动产物权变动是基于法律行为而生时，以上规则原则上也可适用。只不过，依据《物权法》第 24 条的规定，在当事人以意定的方式变动准不动产物权时，登记（公示）并非准不动产物权变动必备的生效要件，而只是其对善意第三人产生对抗力的要件，即准不动产物权变动在公示要件的适用上有其特殊性。

2. 非意定的准不动产物权变动的基本规则

非意定的物权变动由于并不是以当事人的意思表示为基础，故其原则上并不适用前文所述的法律行为制度和物权法所规定的有关的意定物权变动规则，而是应适用法律就此所作的特别规定。依据这些规定，同时结合前文所述的非意定的准不动产物权变动的不同原因类型，理论上应可得出，这里可供适用的调整非意定的准不动物权变动的基本规则主要有：①“因人民法院和仲裁委员会的法律文书”或“强制执行”导致准不动产物权变动的，应适用《物权法》第 28 条和《最高人民法院关于人民法院民事执行中拍卖、变卖财产的规定》第 29 条的规定。

②“因继承或受遗赠”取得准不动产物权的，应适用《物权法》第29条及相关的《继承法》的规定。③“因建造、拆毁等事实行为”导致准不动产物权变动的，应适用《物权法》第30条的规定。④“因添附”导致准不动产物权变动的，应适用《民通意见》第86条及相关法理。⑤“因公司合并、分立、解算和清算以及合伙企业解散、清算等类似原因”导致准不动产物权变动的，应适用《物权法》第177条和第202条等条文的规定。⑥“因法律的直接赋权”取得准不动产留置权的，应适用《物权法》第230条以下规定，在留置权的客体为海商船舶时，则应优先适用《海商法》第25条和第161条的规定。⑦“因法律的直接赋权”取得船舶优先权和民用航空器优先权的，应适用《海商法》第22条或《民用航空法》第19条的规定。⑧“因拾得、发现”导致准不动产物权变动的，应适用《物权法》第113和第114条的规定。⑨“因没收、强制报废”等原因导致准不动产物权消灭的，应适用相关的公法上的规定和一般的物权法理。

有关以上不同类型的非意定的准不动产物权变动规则的适用问题，下文将择其要者加以讨论。

第二章
CHAPTER 02
意定的准不动产物权变动

第一节 准不动产登记对抗主义的构成及其适用范围

《物权法》第 24 条规定:“船舶、航空器和机动车等物权的设立、变更、转让和消灭,未经登记,不得对抗善意第三人。”围绕该条,解释论上首先需要明确的就是,该条所规定的登记对抗主义的基本构成及其适用范围。

一、“合同生效加登记对抗”抑或“交付生效加登记对抗”

关于《物权法》第 24 条的构成,解释上的一个首要争议就在于,该条所规定的登记对抗主义到底是一种建立在意思主义基础之上的登记对抗主义,还是一种建立在交付主义基础之上的登记对抗主义。一种意见认为,该条与同法第 158 条、第 188 条和第 189 条等条文一样,所规定的都是一种建立在意思主义基础之上的登记对抗主义,即只要当事人缔结了相应的合同(如汽车买卖合同),物权就可以在当事人之间发生有效变动,只不过在登记之前,该项变动并不具有对抗善意第三人的效力,此为“合同生效加登记对抗说”。[1]另一种意见则认为，在《物权法》第24条本身并没有就准不动产物权变动的生效要件作出规定的情况下，应将第23条所规定的交付作为准不动产物权变动的生效要件，即该条所确立的实际上是一种“自交付时生效，未经登记不得对抗善意第三人”的规则，此为“交付生效加登记对抗说”。[2]

以上二说虽各有所据，但在笔者看来，在我国现行法之下，较为妥当的解释应是“交付生效加登记对抗说”。首先，从《物权法》第24条与第23条的体系关系来看，第23条乃是一个可一体适用于所有动产物权设立和转让的一般规定，在其他条文或法律未对此作出特别规定时，原则上应适用该条来调整动产物权的设立和转让。第24条在规定准不动产物权变动规则时，虽然明确了其物权变动的对抗要件为登记，但并没有明确其生效要件，其他相关特别法也是如此。既然如此，自当应依特别法未规定的应适用一般法的原则，将第23条所规定的交付作为准不动产物权的设立和转让生效要件，即原则上应对第24条作

---

〔1〕参见最高人民法院物权法研究小组编：《中华人民共和国物权法条文理解与适用》，人民法院出版社2007年版，第114页；魏振瀛主编：《民法》，高等教育出版社、北京大学出版社2007年版，第229页；刘智慧主编：《中国物权法释解与应用》，人民法院出版社2007年版，第78~79页；江平主编：《中华人民共和国物权法精解》，中国政法大学出版社2007年版，第42~43页；张澎：“机动车物权变动中的登记对抗问题”，载《人民司法》2010年第19期。

〔2〕参见胡康生主编：《中华人民共和国物权法释义》，法律出版社2007年版，第30页；王卫国主编：《民法》，中国政法大学出版社2007年版，第221页；郭明瑞主编：《民法》，高等教育出版社2007年版，第228页；杨代雄：“准不动产的物权变动要件——《物权法》第24条及相关条款的解释和完善”，载《法律科学》2010年第1期；崔建远：《物权：规范与学说——以中国物权法的解释论为中心》（上册），清华大学出版社2011年版，第228页；汪志刚：“准不动产物权变动与对抗”，载《中外法学》2011年第5期；王利明：“特殊动产物权变动的公示方法”，载《法学研究》2013年第4期。

"交付生效加登记对抗"的解释。

其次，《物权法》第24、158、188、189条虽然规定的都是登记对抗主义，但第24条所采用的表述方式明显与后三条不同。其中，第24条在规定登记对抗主义时，仅使用了"未经登记，不得对抗善意第三人"的语句，而后三条在使用同一语句时，都在该语句之前加上了"地役权自地役权合同生效时设立"（第158条）或"抵押权自抵押合同生效时设立"（第188、189条）的语句。这种表达上的差别本身就足以表明，第24条所规定的登记对抗主义与后三条所规定的登记对抗主义应有所不同，即后三条可以被直接解释为是"意思主义加登记对抗主义"（"自合同生效时设立"表达的是意思主义，"未经登记，不得对抗善意第三人"表达的是登记对抗主义），而第24条则不宜作相同的解释。进一步说，第24条之所以没有采用后三条那样的表述，其主要原因就在于，在第23条已经对动产物权变动的生效要件作出了一般规定的情况下，作为紧随其后的特别规定的第24条可以不必重复这一规定，而是可以直接陈述其拟规定的特殊内容。简言之，第24条所规定的实际上是一种以第23条所确立的交付主义为基础的登记对抗主义，其中，所谓的交付应包括第23、25、26、27条所规定的各种形态的交付。

最后，对第24条作"合同生效加登记对抗"的解释，除有悖于以上体系逻辑外，也可能与有些学者已经有意无意地将包含登记对抗主义在内的所有公示对抗主义都与源于法国法的意思主义等同起来了有关。但事实上，我国法上的登记对抗主义与源于法国法的意思主义加登记对抗主义的立法体例并不相同，二者至少存在以下区别：①在法国法上，意思主义不仅产生于登记对抗主义之前（不动产登记对抗主义是1855年修法的产物），而且是被作为物权变动的基本规则规定下来的（第 1138 条），但在我国法上，以上情况并不存在。尤其是，我国法始终都没有就意思主义作出一般性的规定，也没有将意思主义作为动产或不动产物权变动的基本规则确立下来，而是只是将其作为形式主义（《物权法》第 6 条）的例外分别规定在分则的各个不同条文中。这表明，在我国法上，意思主义乃是作为形式主义的例外而存在，因此，在某一条文未就该例外作出明确规定时，原则上是不能像理解法国法那样，将意思主义作为其解释基础。②在法国民法典确立意思主义之前，对买卖合同进行公证，并在公证文书中加入宣称占有已经从出卖人移转给买受人的“已交付条款”或“占有协议条款”已经在法国发展成为一种共同的实践或交易习惯。〔1〕正是这种习惯决定了，“法国民法典决定让所有权在合同缔结时即移转，仅仅是对共同实践的正式认可而已。”〔2〕与之相对，我国法上的登记对抗主义则不是以上述实践情况为背景。亦即，在我国物权法生效之前，我国并没有形成单纯基于合同的成立就可以使船舶、航空器和机动车物权发生变动的共同实践（抵押权除外）。〔3〕③法国法上的意思主义是以一个不严格区分物权和债权、物权的绝对性尚未完

---

〔1〕 See van Vliet, *Transfer of Movables in German, French, English and Dutch Law*, Ars Aequi Libri, 2000, p. 78.

〔2〕 See van Vliet, *Transfer of Movables in German, French, English and Dutch Law*, Ars Aequi Libri, 2000, p. 79.

〔3〕 这种共同实践的不存在可以通过以下例证得以证明：其一，在《物权法》出台之前，我国法上并不存在有关机动车物权变动的登记对抗主义规则，更不存在单纯基于合同成立就可以使机动车所有权或质权发生变动的规则和实践。其二，我国《海商法》虽然规定了海商船舶所有权转让的登记对抗主义，但在司法实践中，法院大多并不承认单纯的合同成立就可以使海商船舶所有权发生转移。［参见刘本荣：“中国船舶登记对抗主义的实际运行与匡正”，载中国海商法协会编：《中国海商法年刊》（第 20 卷），大连海事出版社 2009 年版，第 56~57 页。］

成的财产法体系为基础的。在这一体系之下，物权变动可直接因债（合同）的效力而生的意思主义很大程度上可以被视为是财产权的相对性在物权变动领域中的延伸，即形式主义在物权变动之外，恰恰是因为绝对性在财产权的本质之外。〔1〕与之相对，我国物权法则是在严格区分物权和债权的前提下，以物权的绝对性为基本法理构建起来的。正是这种体系上的差异决定了，在我国法上，除法律有特别规定外，单纯的合同成立通常并不足以导致物权的有效变动。〔2〕质言之，在面对我国法上的登记对抗主义时，不宜简单照搬法国法或日本法上的东西，而是应根据我国的立法和实践的具体情况来理解和解释它们，进而构建起我国法上的准不动产登记对抗主义的法理。

二、何谓"不得对抗善意第三人"

在登记对抗主义之下，未经登记的物权变动虽然也可以生效，但并不能对抗善意第三人。那么，到底何谓"不得对抗"、何谓"善意第三人"呢？

（一）"不得对抗"的含义

物权依其本质，本属于得对抗一切他人的绝对权、对世权。

---

〔1〕 参见汪志刚："意思主义与形式主义对立的法理和历史根源"，载《法学研究》2010年第5期。

〔2〕 2012年出台的《买卖合同解释》第10条实际上已肯定了交付是准不动产所有权转让的生效要件。与之相应，法院在审判实践中也基本上都坚持交付是准不动产所有权转让的生效要件。"北大法宝数据库"显示，截至2016年12月底，在通过"法宝联想"与《物权法》第24条形成链接的201件"民事案例与裁判文书"中，法院在裁判时几乎都毫无例外地肯定了交付的生效要件地位，典型案例可参见广东省深圳市中级人民法院民事裁定书［2009］深中法民一终字第527号；广东省广州市中级人民法院民事判决书［2010］穗中法民一终字第6078号；最高人民法院民事裁定书［2012］民申字第1527号；最高人民法院民事裁定书［2013］民申字第1946号。

这体现在法律效力上，就是物权具有排他效力和优先效力（追及效力则属前述效力的体现），即物权不仅具有排斥与之不相容的物权再成立于该物之上的效力，而且原则上具有优先于嗣后在该物之上成立的能与之相容的并存物权的效力。本此特性，所谓的“得对抗”应是指得排斥他人物权或优先于他人物权实现，即物权人享有可排斥他人物权或优先于他人物权实现的法律地位。反之，所谓的“不得对抗”则是指物权人不享有可排斥他人物权或优先于他人物权实现的法律地位，在物权人向他人主张这种法律地位时，他人可以其并不具有这种法律地位来予以对抗。

（二）“善意第三人”的含义

1. 第三人的含义

在物权法中，第三人一般是相对于当事人而言的。其中，当事人是指物权交易的主体双方及其继承人或法律地位的概括继受人，[1]第三人则泛指当事人之外的所有利害关系人。在《物权法》第24条和第188条之下，第三人虽然也是指当事人以外的人，但其含义并不像一般意义上的第三人那样如此宽泛，而是应受到必要的限制。这种限制除源于“善意”一词本身的限定外，同时也源于以下体系逻辑的限制。

首先，依据物权与债权相区分的法理，这里的第三人应不包含当事人的一般债权人，即仅对当事人享有无物权担保或无法定优先效力的债权的债权人。也就是说，在准不动产所有权转让或抵押权设立中，已生效未登记的物权变动应具有可对抗出让人或抵押人的一般债权人的效力。[2]这一方面是因为，公

---

〔1〕 参见［日］铃木禄弥：《物权的变动与对抗》，渠涛等译，社会科学文献出版社1999年版，第10页。

〔2〕 关于未登记生效物权与查封债权和破产债权的关系，下文将在讨论准不动产物权变动效力时予以详论。

示原则作为物权法上的一项以保护交易安全为目的的制度设计，其制度功能或规整范围主要是为物权交易领域中的第三人提供物权交易安全的保护，而一般债权人由于根本未进入物权交易领域，自然不应被纳入公示原则所保护的第三人范畴，即不应被纳入第24条所规定的“未登记（公示）即不得对抗的第三人”的范畴。《物权法司法解释（一）》第6条将转让人的一般债权人排除在“善意第三人”的范畴之外，就体现了此一法理。另一方面是因为，从解释论上讲，若不承认登记对抗主义之下的已生效未登记的物权变动对普通债权的对抗力，则此类物权变动中的所有权受让人或抵押权人的法律地位将与一般债权人无异，即他们都是地位平等的“债权人”。果如此，则承认此类未登记的物权变动已生效将无任何实质的意义，所谓的登记对抗主义也将因此被还原为登记要件主义，而这显然有悖于登记对抗主义的本旨。

其次，这里的第三人应该不包含伪造物权证书或侵占、损毁标的物的侵权行为人。[1]因为，正如前文所述，登记对抗主义作为公示原则的一种贯彻，其目的就是为了给物权交易中的第三人提供信赖保护或交易安全保护，而前述各类侵权人由于并不属于与当事人存在交易关系的人，也不享有受公示原则所保护的信赖利益，自然不应被划入此处所述的第三人之列。亦即，因“公示规则而产生的不得对抗的抗辩仅可由那些受该规则保护的当事人援引，……至于那些损及财产完整性或伪造权利证书的个人则不得利用该规则规避其对受损权利持有者的责

〔1〕 参见广州海事法院［2009］广海法初字第316号，广东省高级人民法院［2010］粤高法民四终字第2号；北京市大兴区人民法院民事判决书［2013］大民初字第11769号。另外，在一起与地役权相关的纠纷中，法院也肯定了未登记的地役权对侵犯地役权的行为人的对抗力。（参见渑池县人民法院民事判决书［2013］渑民二初字第80号。）

任。”〔1〕

综上，在登记对抗主义之下，所谓善意第三人中的第三人，应仅指对当事人之间变动的物权所涉之物享有物权的人，即对同一标的物享有“依其性质”可与当事人之间变动的物权发生“竞存抗争关系”的权利的人。〔2〕只有在相对于这些权利人或“物权法律关系意义上的第三人时”，才有可能发生权利对抗问题，而一般债权人或侵权人，则因其所享有的权利与当事人之间变动的物权本就无竞存抗争关系（债权非成立于物之上，与物权本就无“竞存抗争”关系）或根本就不在公示规则的规范目的保护范围之内，理应不属于这里的第三人。〔3〕

2. 善意的含义

关于何谓善意，法律上并无明确定义，而依学者通见，善意在民法中主要有两种含义：其一是指行为人无损害他人利益之不法或不当意图；其二是指行为人对某种情况的不知情或不应当知情。在物权法中，善意一般是在后一意义上使用的，〔4〕即物权法上的善意应是指不知道或不应当知道物权在当事人之间发生了变动的心理状态。至于“行为人无损害他人利益之不

---

〔1〕［德］冯·巴尔、德罗布尼希主编：《欧洲合同法与侵权法及财产法的互动》，吴越译，法律出版社2007年版，第367页。

〔2〕参见王泽鉴：《民法学说与判例研究》（第1册），北京大学出版社2009年版，第228页。

〔3〕“前述法律规定中的所谓‘第三人’，是物权法律关系意义上的第三人，而不是本案争议所涉及的侵权法律关系意义上的第三人。”（北京市大兴区人民法院民事判决书［2013］大民初字第11769号。）“物权法上的善意第三人应是对诉争车辆享有物权的人，只有物权人才有权对抗同样为物权的抵押权行使。……协丰公司认为抵押未经登记，不得对抗第三人，该第三人应包括享有债权的当事人，无法律依据，不予采信。”（江苏省无锡市中级人民法院民事判决书［2013］锡民终字第1150号。）

〔4〕参见董学立：“物权变动中的善意、恶意”，载《中国法学》2004年第2期。

法或不当意图”的意义，则因以损害他人利益为行为意图的侵权人本就不属于这里的第三人，自当没有必要将其纳入到此处的善意的含义之中。

3. 善意第三人的界定

综上可见，在准不动产登记主义之下，所谓的“善意第三人”应是指不知道或不应当知道物权在当事人之间发生了变动的对同一标的物享有物权的人。[1]至于这种第三人的具体范围到底如何，则应依个案的具体情况来加以判断。对此，下文将予以详论。

三、登记对抗主义的适用范围

（一）登记对抗主义在适用范围上的一般限制

第24条作为准不动产物权变动规则一体化的体现，虽然在表面文义上并没有对该条所适用的准不动产物权变动的范围作出明确限制，但从体系解释的角度看，该条的适用范围事实上是非常有限的。具体说来，这种限制主要体现在以下三个方面。

首先，在客体上，正如本书导言所述，第24条原则上只能适用于依法需登记且已登记的船舶、航空器和机动车，无需登记或应登记但尚未登记的船舶、航空器和机动车原则上并不适用该条，[2]不具有法律上可转让性的船舶、航空器和机动车也

---

〔1〕 参见全国人大常委会法制工作委员会民法室：《中华人民共和国物权法条文说明、立法理由及相关规定》，北京大学出版社2007年版，第37页。

〔2〕 在以下两起未登记新造船舶和机动车买卖中，法院都没有适用《物权法》第24条，而是判定受让人可直接基于交付善意取得标的物所有权。参见“江苏开元国际集团有限公司与江苏京润航务工程有限公司船舶权属纠纷申请再审案”，最高人民法院民事裁定书［2012］民申字第1527号；“王秀娟等诉宁波市祥宁汽车贸易有限责任公司买卖合同纠纷案”，宁波市江北区人民法院民事判决书［2013］甬北商初字第628号。

不适用该条。

其次，在准不动产物权变动是非基于法律行为而生时，该条也无适用余地。因为，该条作为位于《物权法》第二章（物权的设立、变更、转让和消灭）第二节（动产交付）中的一个条文，与同节中的其他所有条文一样，也都仅适用于基于法律行为而生的物权变动，[1]而不能适用于非基于法律行为而生的物权变动。

最后，在《物权法》第188条已经就准不动产抵押权的设立规则作出了明确规定的情况下，依特别规定优先于一般规定的法理，准不动产抵押权的设立应优先适用第188条。此外，在《物权法》第212条已经就质权的设立作出了“质权自出质人交付质押财产时设立”的统一规定的情况下，能否将第24条适用于准不动产质权的设立也是一个解释上易生争议的问题，以下将就此展开详论。

（二）准不动产质权的设立是否应适用登记对抗主义

如前所述，关于准不动产质权（主要是指机动车质权和非海商船舶质权）的设立到底是应适用第212条，还是应适用第24条，解释上尚有一定争议。一种意见认为，准不动产质权的设立应适用第212条所规定的交付成立主义，即准不动产质权

〔1〕《物权法》第二章在规定“物权的设立、变更、转让和消灭”时，在体系安排上是按照基于法律行为而生的物权变动和非基于法律行为而生的物权变动来分别设置规则的。其中，第一节“不动产登记”和第二节“动产交付”主要规范的是基于法律行为而生的不动产或动产物权变动，所贯彻的是基于法律行为而生的物权变动应遵循物权变动公示原则的法理，第三节“其他规定”主要规范的是非基于法律行为而生的物权变动，所贯彻的是非基于法律行为而生的物权变动无需遵循物权变动公示原则的法理。参见崔建远：《物权：规范与学说——以中国物权法的解释论为中心》（上册），清华大学出版社2011年版，第228页。

的设立仅需以交付为要件，而无需以登记作为对抗要件。[1]另一种意见则认为，准不动产质权的设立仍应适用第24条所规定的“交付生效加登记对抗主义”。因为，在持后一意见的学者看来，“《物权法》第212条并没有独立的意义”，在与第24条相对时，“前者规定的是各种动产（交通工具只是其中一种）的质押，后者规定的是交通工具的各种物权变动（包括质权的设立），……前者的调整对象并未完全被后者包含”，而依据论者所持的“只有当一条规定的调整对象在外延上被另一条规定的调整对象包含，才能说前者是后者的特别规定”的看法，“前者并非后者的特别规定，不能作为限制后者效力范围的依据”。在与第23条相对时，“第212条……只不过在动产质押这一具体领域重申了第23条的立场而已，可以称之为‘重复性的具体规定’，而不是真正的特别规定”。既然如此，在解释上完全可以将第212条直接并入第23条；而在实现了这种并入之后，准不动产质权的设立仍应适用“第23条+第24条”的意义体系，采用自交付时设立，但未登记不得对抗善意第三人的规则。[2]

对于后一意见，笔者不能苟同，理由如下：首先，从第212条与第23、24条的体系关系来看，否定第212条的特别规定性质是不当的。因为，在《物权法》总则中，有关动产质权的设立和转让规则乃是由第23条和第24条共同构成的，在二者的规定并不完全一致的情况下，分则中的第212条的意义恰恰在于，它克服了这二者的不一致，并依据质权的基本法理重新实现了质权变动规则的统一。亦即，相对于“第23条+第24条”这一

---

〔1〕 参见汪志刚：“准不动产物权变动与对抗”，载《中外法学》2011年第5期。

〔2〕 杨代雄：“准不动产的物权变动要件——《物权法》第24条及相关条款的解释和完善”，载《法律科学》2010年第1期。

意义体系，第212条依然构成特别规定，可直接适用于所有动产质权的设立。至于论者所持的“只有当一条规定的调整对象在外延上被另一条规定的调整对象包含，才能说前者是后者的特别规定”的观点，则同样值得商榷。因为，若依此观点，则论者在同文中所持的“第24条构成第23条的特别规定”的观点也是不能成立的。因为，第23条的调整对象仅涉及动产物权的“设立和转让”，而第24条的调整对象还包括物权的“变更和消灭”，后者的调整对象在外延上也不能为前者所包含，故后者同样不能构成前者的特别规定。〔1〕

其次，从实践的角度看，“交付生效加登记对抗”这一叠床架屋的构造将非常不利于准不动产质权制度的功能发挥。因为，相对于传统上主要适用于不动产的、以登记为生效要件的抵押权，质权的优势主要在于其设立程序较为简便——仅需交付，无需登记；而抵押权的比较优势则在于它不像质权那样，易导致担保物的利用价值闲置和增加担保物权人的负担（如保管义务）。如果我们在准不动产质权设立上采用“交付生效加登记对抗”的构造，则相对于以登记为对抗要件的准不动产抵押权，准不动产质权已无任何比较优势可言，而从交易理性的角度讲，当事人显然是不愿意设立这种程序更为繁琐、成本更为高昂的质权的，而是更愿意选择设立程序更为简便、成本更为低廉的抵押权。果如此，则规定此类准不动产质权的实践意义也就很成问题了。

最后，不管是在《物权法》出台之前，还是出台之后，动

---

〔1〕依法理，一般规定和特别规定的关系并不只有在后者的调整对象已被前者的调整对象完全包含的情况下才能构成，而是还可以在二者在调整对象仅存在交叉关系——都对“同一法律事项”（构成要件或法律效果）作出了法律规定——的情况下构成。

产质权的设立仅须交付、无须登记乃是一种共同的实践。[1]若质权人在取得机动车质权后，又将质物的占有返还给了出质人，则质权人将因此丧失其质权。[2]与之相对应的是，我国的相关登记程序法上也无系统的准不动产质权的登记程序规则，唯一相关的是2008年公安部在修正《机动车登记规定》时所引入的机动车营业质权“备案”制度，但依其性质，这种备案并不属于物权公示意义上的登记或机动车质权发生对世效力变动的根据，[3]也非出质人应尽的合同义务，[4]而是仅为一种行政管理意义上的备案。

---

〔1〕 在司法实践中，法院基本上适用的都是机动车质权的设立自交付时生效，而无需登记的规则，详见浙江省义乌市人民法院民事判决书［2009］金义商初字第7271号；北京市第二中级人民法院民事判决书［2010］二中民终字第702号；浙江省磐安县人民法院民事判决书［2011］金磐民初字第1101号；杭州市萧山区人民法院民事判决书［2011］杭萧商初字第2194号；深圳市宝安区人民法院民事判决书［2011］深宝法民二初字第539号；邵阳市新宁县人民法院民事判决书［2011］宁民一初字第175号；浙江省瑞安市人民法院民事判决书［2012］温某某初字第1802号；湖南省长沙市芙蓉区人民法院民事判决书［2012］芙民初字第1451号；浙江省乐某市人民法院民事判决书［2013］温乐柳商初字第580号；桂平市人民法院民事判决书［2012］浔民初字第2486号；湖北省高级人民法院民事裁判书［2013］鄂民二终字第00086号；广东省广州市中级人民法院民事判决书［2013］穗中法民一终字第163号；浙江省慈溪市人民法院民事判决书［2013］甬慈范商初字第444号。

〔2〕 参见广东省东莞市第二人民法院民事判决书［2011］东二法民一初字第6490号；广东省东莞市第二人民法院民事判决书［2011］东二法民一初字第6491号。

〔3〕 “享有优先受偿权是享有质权当然的法律后果，法律规定机动车抵押须办理抵押登记，而未规定机动车质押须办理质押登记。虽然合同有办理登记的约定，但是质权是物权，其成立与否应当根据法律的规定，而非合同的约定。”广东省广州市中级人民法院民事判决书［2010］穗中法民二终字第1071号。

〔4〕 参见广东省深圳市中级人民法院民事判决书［2011］深中法民一终字第2119号。（该案法院认为，在当事人未约定车辆质押应办理备案登记时，出质人不负有协助办理备案登记的义务。）

第二节 准不动产登记对抗主义的法理分析

在我国法上，准不动产登记对抗主义作为一项由“交付生效加登记对抗”（《物权法》第24条）和“合同生效加登记对抗”（《物权法》第188条）共同构成的公示对抗主义，既不同于传统的公示要件主义，又与源自法国法和日本法的“不动产登记对抗主义”和“动产交付对抗主义”存在一定区别。面对这种非常特殊的立法例，要想对其制度构成的基础法理作出有效的说明，确实是一件非常困难的事情。尤其是考虑到，在日本，有关公示对抗主义的争论已经持续了上百年。不过，从合理阐明准不动产登记对抗主义是如何实现其对准不动产物权变动中的各方利益关系有效调整的角度看，这种说理任务始终是逃不开的。至少，我们必须从法理上对以下问题作出说明，即为什么法律会在此处选择登记对抗主义，登记对抗主义具有何种法理特质以及它是如何通过其运行来实现其规范目的的。

一、准不动产登记对抗主义与实践理性

准不动产登记对抗主义作为物权变动公示原则的贯彻，与其他所有贯彻公示原则的物权变动规则一样，所谋求的都是交易安全的保护。只不过，与传统的动产交付（要件或对抗）主义和不动产登记（要件或对抗）主义不同的是，在准不动产物权变动上，法律并没有完全停留在传统的以交付为动产物权变动公示方式的构造上，也没有采用传统的公示要件主义，而是通过登记这一传统上主要适用于不动产的公示方式和公示对抗主义的引入，来实现了公示原则在这里的贯彻。那么，这种既不拘泥于传统的动产交付，也不采用一般的公示要件主义的法律建构背后，到底体现了立法者的何种考虑呢？

（一）公示方式的选择：为什么是登记

1. 准不动产登记制度简史

相对于传统的不动产登记和动产交付，准不动产登记作为登记公示在动产上的运用，应属动产物权变动公示方式上的一种创造。从历史的角度看，这种创造应首先出自船舶登记，并随着汽车和飞机的出现而被逐步推广至机动车和航空器之上。据学者考证，船舶登记制度虽最早可追溯至罗马法，且曾盛行于中世纪的意大利城邦之间，[1]但其在近现代的广泛采用应始于17世纪上半叶。值此时期，随着大航海时代的发展，海上贸易的重要性日益凸显，正是为了争夺海上贸易控制权，欧洲许多海洋国家开始建立船舶登记制度，以便通过确定船舶所属国家来为贸易管制和保护本国商船提供身份辨识基础。[2]1660年，英国颁布《航海法》（Navigation Act of 1660），该法被认为是最早确立船舶登记制度的法案。正是从该法生效之后，英国开始要求外国建造的船舶必须在英国海关登记后才能获得与英国本土船舶（在英国制造且绝大多数船员为英国人的船舶）一样的贸易特权。1695年，这种登记开始被推广至在英国本土与英属殖民地之间从事贸易的英国商船。1786年，英国颁布了第一部《商船法案》（The Merchant Shipping Act 1786），要求所有15总吨以上的英国商船必须在船籍港海关登记，1854年的《商船法案》则进一步要求所有商船都必须进行登记。依据这些《商船法案》和1894年的《商船法案》的规定，船舶登记文书除可用于证明船舶国籍和所有权人身份外，也可用于抵押。其

---

〔1〕 Richard Coles and Edward Watt, *Ship Registration: Law and Practice*, Informa Maritime & Transport, 2009, p. 3.

〔2〕 船舶须悬挂所属国国旗的实践也是在此背景下出现的，甚至可以说，国旗的广泛应用本身就起源于海上霸权争夺背景下的海事用旗。

中，得设立制定法抵押权（statutory legal mortgages）仅限于已登记的英国商船，未建成船舶、外国船舶和其他未登记船舶则只能设立纯粹的衡平法抵押（purely equitable mortgage）。

以上所述表明，从历史的角度看，船舶登记起初主要是作为一种公法意义上的强制登记而出现的，其目的主要是通过船舶国籍身份的识别来实现贸易管制。只不过，由于船舶国籍登记往往与船舶所有权的身份有关，且其登记事项也必然会涉及所有权，所以此项登记制度采可以为此后的私法意义上的船舶物权登记制度的发展提供可供依赖的路径。[1]这种由公法上的登记逐步发展、扩展至私法上的物权登记的历史过程，在机动车和航空器登记制度发展上，也同样有所体现。因为，机动车和航空器作为现代工业创造的新型交通工具，不仅与船舶一样也具有运行上的高风险性，而且其应用也同样经历了一个从最初主要用于贸易和公共营运逐步发展到可为私人拥有并被广泛用于各种不同目的的过程。在此过程中，最先发展起来的是贸易管制和交通安全管理的需要，所谓的物权变动公示只有在机动车和航空器较为普及和市场交易较为发达的情况下，才会成为一种迫切需要。也是就说，在机动车和航空器之上，登记也首先是基于公法原因发展起来的，私法意义上的登记或公示则应属机动车和航空产业已获得巨大发展后的历史产物。在这方面，我国大陆的机动车登记制度发展史就是一个很好的例证。

1950 年，新中国颁布了第一部《汽车管理暂行办法》（1950 年交通部公布，1953 年政务院财政经济委员会批准修正），基于“为统一管理汽车与驾驶员，维护交通秩序，保障行车安全”（第

〔1〕 在我国，有关船舶物权登记的性质，理论上也经历了一个从主要将其视为公法上的行政管理行为，再到将其视为私法上的物权公示行为的认识发展过程。参见司玉琢：《海商法专论》（第 2 版），中国人民大学出版社 2007 年版，第 46~47 页。

1条）的目的，对“车辆管理”（内容主要涉及检验、号牌和车辆初检登记和异动登记等事项）、“驾驶员管理”和“行车管理”进行了规范，其中的所有规范基本上都是从加强管理的角度出发来设置的，唯一与所有权（办法使用的是“主权”概念）相关的是初次检验登记和因“过户：车辆转移主权时”发生的异动登记（第19条）。该办法后为1960年颁布的《机动车管理办法》取代。与旧办法相比，新办法在实质内容上并无多大的改进，只是未再使用车辆“主权”的概念，但也未使用“所有权”的概念。在新办法颁布之后的三十多年中，相关立法的发展基本上都主要是围绕机动车检验、运行安全技术条件、驾驶员培训和考试、驾驶证管理、车辆号牌管理等事项来展开，直到1997年，随着国内汽车产业和市场日益繁荣，为满足实践的需要，公安部门才颁布了第一部专门规范机动车登记的部门规章《机动车注册登记工作规范（试行）》，首次较为系统地规定了新车注册登记、过户和转籍登记、变更和改装登记、停驶和复驶登记、报废和注销登记、临时入境登记等，并明确采用了“机动车所有人”的概念，但遗憾的是，该规章并没有对1995年出台的《担保法》所规定的“车辆抵押权”的登记问题作出回应。1998年，国内贸易部发布了《旧机动车交易管理办法》，公安部、国家工商行政管理局发布了《关于加强机动车交易管理的公告》。依据这二者的规定，所有旧机动车都必须在省级政府指定的机动车交易市场进行交易，凭市场交易凭证办理过户、转籍登记。私下交易机动车辆属违法交易，由此造成的经济损失自行承担。[1]1999年，公安部、交通管理局发布了

---

〔1〕 2005年颁布的《二手车流通管理办法》第6条仍要求，二手车直接交易“应当”在二手车交易市场（依法设立的为买卖双方提供二手车集中交易和相关服务的场所）进行。

《关于人民法院判决的机动车办理转籍过户登记有关问题的答复》，依其答复，因判决取得机动车所有权的新车主可以依据《民事诉讼法》第 230 条的规定，向作出判决（裁定、调解）的人民法院申请出具《协助执行通知书》，并可凭《协助执行通知书》和法院判决（裁定、调解）书到车辆管理所直接办理转籍或过户登记。2000 年，公安部发布了《机动车登记办法》（2001 年起施行），〔1〕较为全面、系统了总结了以上历史发展成果，对机动车注册登记、过户登记、转出和转入登记、变更登记、抵押登记、停驶、复驶和临时入境登记、注销登记等事项进行了较为全面、细致的规范，并将其立法目的确定为兼含公法上的管理和私法上的权利保护。〔2〕

至此，机动车登记的私法意义和性质已经随着实践和立法的发展日显浓厚，尤其是在抵押权登记出现之后，更是如此。〔3〕但是，即便如此，机动车登记的最初公法性质依然在很大程度上左右了人们对机动车登记性质的法律认识。2000 年，公安部在给最高人民法院的两个复函中就反复指出，根据当时的机动车登记法规和有关规定，“公安机关办理的机动车登记，是准予或者不准予机动车上道路行驶的登记，不是机动车所有权登

〔1〕 该办法后被 2004 年制定的《机动车登记办法》废止，2008 年和 2012 年，公安部又对 2004 年制定的《机动车登记办法》进行了两次修正。

〔2〕 参见《机动车登记办法》第 1 条。

〔3〕 最高人民法院曾在裁判中明确指出：“不管公安部门的车辆登记是不是所有权登记，由于《担保法》将公安部门规定为车辆抵押权的登记机关，……（本案被申请人，同时也是抵押权人）只能信赖该登记，其因信赖所产生的交易利益应当得到保护。”（参见最高人民法院民事裁定书［2015］民申字第 1247 号。）该段表述已清楚表明，机动车所有权登记已经具有了作为物权变动公示方式所具有的信赖保护功能。

记”，[1]即当时的机动车所有权登记只是一种行政管理意义上的登记，而非私法意义上的物权登记。这种对机动车登记性质的认识虽然在一定程度上较为准确地反映了机动车所有权注册登记的行政管理性和强制性——船舶、航空器所有权的注册登记也具有这种性质，也与我国当时的立法并没有将登记规定为机动车物权变动的生效或对抗要件（《担保法》所规定的抵押权登记除外）有关，[2]但在2007年出台的物权法已经明确将登记规定为机动车物权变动的公示要件之后，机动车物权登记显然已不再是纯公法意义上的登记，而是已经具有了私法上的物权变动公示性质，即机动车登记已经实现了向私法性质的物权登记的发展。只不过，经此发展，包含机动车物权登记在内的准不动产物权登记发展成了一个兼具公私法属性的登记制度体系。

2. 准不动产物权登记制度发展背后的理性考量

以上历史发展表明，准不动产物权登记大致经历了一个从单纯的公法意义上的所有权登记逐步发展成为一个相对完整的具有私法性质的物权登记制度体系的过程。在此过程中，推动准不动产物权登记制度发展的主要是社会实践的需要和各种公法和私法上的理性考量。概其要者，大致有三：

首先，正如本书第一章在讨论船舶、航空器和机动车法律

---

〔1〕 参见《公安部关于确定机动车所有权人问题的复函》《公安部关于机动车财产所有权转移时间问题的复函》。

〔2〕 在物权法出台之前，机动车物权变动所适用的规则与船舶和航空器并不一样，也正是这种不一样，影响了人们对机动车登记性质的法律认识。因为，在物权法出台之前，机动车所有权变动应适用的是《民法通则》第72条所规定的财产所有权自交付时生效的规则。与之不同，船舶和航空器物权变动则分别适用的是《海商法》和《民用航空法》所规定的登记对抗主义，而在登记对抗主义之下，船舶和航空器物权登记已经具有了明显的物权变动公示性质，远非单纯的公法性质的登记所能涵盖。

属性时所述的那样，船舶、航空器和机动车作为动产，与一般动产的最大差异之一就在于其占有和使用往往具有更强的外部性，与社会公序存在较为密切的关联。正是基于这种社会公序性和存在与使用上的外部性，所以法律必须对船舶、航空器和机动车的占有和使用进行更为严格的监督和管控，以保障正常的交通秩序和公共资源的合理配置。而要实现这一点，就必须要将相关的法律义务落实到交通工具的所有人或占有和使用人身上，由此，也就催生了更为准确地识别物上权利人（同时也是公法义务的承担者）的实践需要，所谓的强制的所有权注册登记即由此发展而来。

其次，船舶、航空器和机动车除具有以上社会属性外，同时还具有另一个在私法上更具重要意义上的社会属性，即高昂的经济价值属性。这种高价值性不仅体现在其本身的价格不菲上，更体现在其使用给相关主体带来的生产和生活收益上。正是由于船舶、航空器和机动车具有高价值性和兼具生产资料和生活资料的双重属性，所以对于这些在民众的生产、生活中占有重要经济地位的动产，人们往往有着更为强烈的权利保护需求，而这显然需要一种比传统的占有和交付更为有效的权利证明和识别机制来配合。因为，单纯依赖传统的占有和交付，其证明和识别往往是不充分或不准确的。尤其是在占有与所有的分离本身就已成为一种生活常态的今天，〔1〕占有和交付已经演变成了一种中性化的、透明无色的事实和行为，本身已很难客观地、准确地反映物上权利状态——虽然占有推定技术可在一

〔1〕这种分离在船舶、航空器和机动车之上也属常态，尤其是考虑到船舶、航空器和机动车操作的专业技术性和高昂的购置费用对于促进占有和所有的分离甚至会催生相关的“动产用益物权”（“物权化”的光船租赁权和民用航空器租赁权）的作用时，更是如此。

定程度上弥补其不足。在此背景下，以往的不动产登记实践对于立法者无疑是富有启示和借鉴意义的。因为，相对于传统的占有和交付，登记作为一种由相对独立的第三方提供的权利证明和识别机制，不仅具有远高于占有和交付的可识别性和可靠性，而且具有前二者所不具有的静态稳定性和动态连续性，对于满足前述产生于公共管理和私权保护中的权利证明和识别需要具有远高于一般的占有和交付的优越性。因此，借助登记制度的引入来克服传统的占有和交付公示之不足，增强物上权利的可识别性及其公示信息的可靠性，无疑是符合实践理性的选择。

最后，在准不动产物权登记逐步实现公示方式化和体系化的发展过程中，可以体察到的一个重要现象是，有关准不动产的特别立法的发展背后，往往伴随的是准不动产的日益普及及其在社会生活中的地位的日益凸显。正是这种普及和凸显所带来的权利保护需求和交易秩序维护需求为立法者将船舶、航空器和机动车作为特别动产对待提供了现实背景。登记由起初的公法登记逐步走向公示方式化，登记种类逐步由单纯的所有权登记发展至包含所有权登记、抵押权登记和其他他项权利登记在内的体系的背后，遵循的都是立法对实践、供给对需求的积极回应逻辑。尤其是随着准不动产市场交易频率和规模的日益扩大，链条化交易中的市场主体越来越迫切地需要一个可保障其安全、高效地作出交易决策和形成稳定交易预期的制度平台。在这方面，已经以公法登记形式发展起来的准不动产登记制度无疑是一个可资利用的平台。同时，再加上物权登记公示在保障交易安全和提供稳定的交易预期方面已经经历了长期的不动产登记实践的检验，所以将不动产物权登记制度体系及其基本法理略作变通地植入原有的准不动产登记平台，应该不失为一种成本较低且容易为大众接受的立法方案。从这个角度讲，我国法将登记确定为船舶、航空器和机动车物权变动公示方式应不失为一种符合实践理性的选择，与当代私法日益重视交易安全保护的发展趋势也较为契合。〔1〕

（二）公示效力的选择：为什么是公示对抗主义

公示作为物权法为保护交易安全所作的制度安排，本质上涉及的是交易安全与自由的价值冲突和平衡问题。准不动产登记作为一种谋求比传统的动产占有和交付更为有效的权利证明和识别机制的努力，其基本落脚点显然应在于通过对交易自由的部分限制来加强交易安全的保护。而从交易安全保护的角度讲，最能贯彻这种价值追求的无疑是传统的更具强制性的登记要件主义，而非自愿登记性质的登记对抗主义。不过，让人颇感有趣的是，在立法者已经决定通过“公示形式的升格”来强化交易安全保护的同时，却又通过公示对抗主义对“公示强制的软化”来削减了这种强化的力度。个中原因，似乎不外乎学者普遍提到的“简化程序”“便利交易”和“强制登记的客观不可行”等理由。〔2〕亦即，船舶、航空器和机动车作为流动性极强的动产，往往无固定之所在，甚至可以长时间跨国流动（机动车在这方面的属性不如船舶和航空器突出）。对于此类物经常无一定之所在的动产，若在引入与不动产登记类似的登记制度

〔1〕 不过，必须承认的是，就机动车物权变动而言，将登记对抗主义推广适用至机动车所有权和抵押权变动，依然是一个对既往规则的巨大改变。因为，它不仅改变了以往的机动车所有权转让所适用的交付要件主义（《民法通则》第72条），而且改变了以往的机动车抵押权设立所适用的登记要件主义（《担保法》第41条）。这种将机动车物权变动规则“改变”为与船舶、航空器物权变动规则相一致的做法是否合适，确实值得思考，尤其是考虑到既往规则已实施多年且机动车在法律属性上与后二者所存在的差异时（参见第一章关于三者属性差异的讨论），更是如此。

〔2〕 参见梁慧星：《读条文 学民法》，人民法院出版社2014年版，第283页。

的同时，不加变通的采用传统的刚性极强的登记要件主义，将会给交易的便利、快速带来极大的妨碍，甚至会大幅提高交易成本和导致以准不动产为客体的抵押融资成为一时的不可能——抵押地与登记地不一致。因此，为兼顾交易安全和交易便利，立法者最终选择了登记对抗主义这种在“公示形式升格与公示强制软化之间”和“交易安全保护与交易便利维护之间”实现了各种复杂折中的立法体例。其用意之所在不能说不明显，其间所闪现的“等者等之，异者异之”——与所有其他动产和不动产的物权变动在规则上都保持了既同又异的关系——的复杂考量也不能说没有道理，但问题是，由此带来的法理建构和规则解释却出人意料的变得尤为复杂，甚至模糊了规则本身应有的明确性和清晰性，进而使人不得不对这种规则能否有效地实现交易安全和交易便利的兼顾表示怀疑。〔1〕

二、准不动产登记对抗主义对物权基本法理的冲击

准不动产登记对抗主义作为一种在“公示形式升格与公示强制软化之间”“交易安全保护与交易便利维护之间”实现了各种复杂折中的立法例，在跨界吸收了传统的动产交付和不动产登记制度的部分要素之后，也在某些方面实现了对一些传统的物权基本法理的冲击或突破。具体说来，这种冲击或突破主要体现在以下几个方面：

（一）交付和登记要件兼采：对公示方式单一性法理的冲击

公示原则作为一项以提高权利的可识别性为手段来实现交易安全保护的制度设计，其对物权变动公示方式的基本要求之一就是单一性，即任何一项动产或不动产物权变动的公示方式

〔1〕　参见李永军、肖思婷：“我国《物权法》登记对抗与登记生效模式并存思考”，载《北方法学》2010年第3期。

原则上都应该是单一，而不宜同时兼采两种或两种以上的公示方式。将此一法理贯彻到准不动产物权变动中，可以发现，在我国法所确立的由“交付生效加登记对抗”“合同生效加登记对抗”和“交付要件主义”共同构成的准不动产物权变动规则体系之下，登记虽然已经在准不动产所有权和抵押权变动中取得了公示方式的地位，但交付这种传统的动产物权变动公示方式并没有完全被抛弃，而是依然保有了其作为准不动产质权公示方式（交付在准不动产质权交付要件主义之下应保有其质权公示方式地位，当无异议）和决定准不动产所有权能否发生部分效力变动的生效要件地位。

这种既重视登记，又不放弃交付的法律结构，在将登记公示引入到准不动产物权变动领域的同时，也给准不动产物权的准确识别和交付法律地位的确定带来了许多困难。这种困难尤其体现在准不动产所有权变动领域中。在此领域中，若完全否定交付的“公示”地位或作用，则理论上似乎很难对交付所拥有的生效要件地位作出合理解释。反之，若肯定交付也有部分“公示”地位或作用，则又必然会形成一种交付和登记都是准不动产所有权公示方式的二元结构，而这明显有违一般法理，且会使第三人在多数情况下都难以成立善意。[1]正因如此，所以我国学者才会对二重转让中的“已交付未登记”和“已登记未交付”的所有权转让到底谁优先的问题产生持续的争议。这种争议在《最高人民法院关于审理买卖合同纠纷案件适用法律问题的解释》（以下简称《买卖合同解释》）第10条出台之后，

---

〔1〕 在交付也被认为是准不动产所有权公示方式的情况下，一旦物的所有权已通过交付发生转移，则“交付公示”的存在已足以使嗣后所有与原所有权出让人进行物权交易的第三人（如第二受让人）无法成立善意。

也同样存在。[1]

（二）物权变动效力的分割：对物债两分法理的冲击

准不动产登记对抗主义给物债两分法理所带来的冲击主要体现在其对物权效力的分割上。因为，依物债两分法理，物权作为绝对权，应具有可对抗一切他人的对世效力；而准不动产登记对抗主义却通过对物权变动效力的分割，将准不动产物权变动区分成了“不具有完全对世效力”的前登记阶段和“已具有完全对世效力”的后登记阶段。在这两个阶段中，真正给物债两分法理和物权的绝对性带来冲击的是前登记阶段。在此阶段，物权的变动虽可单依合同的成立（“合同生效加公示对抗主义”之下）或交付的完成（“交付生效加登记对抗主义”之下）而发生，但权利取得人因此所取得的却并非一项具有完全对世效力的物权或绝对权，也非一项仅具对人效力的债权或相对权，而是一项“比绝对权少一点效力，比相对权多一点效力”的介于典型物权和债权之间的“中间性权利”或“过渡性权利”。

对于此类权利，虽然理论上我们依然可以将其称之为是一种“不具有完全对世效力的物权”或“不完全物权”，[2]但这种称呼的赋予并不能改变一个基本事实，即在公示完成之前，

---

〔1〕参见王利明：“特殊动产一物数卖的物权变动规则——兼评《买卖合同司法解释》第10条”，载《法学论坛》2013年第6期；周江洪：“特殊动产多重买卖之法理——《买卖合同司法解释》第10条评析”，载《苏州大学学报》2013年第4期；刘保玉：“论多重买卖的法律规制——《买卖合同司法解释》第9、10条”，载《法学论坛》2013年第6期；戴永盛：“论特殊动产的物权变动与对抗（下）”，载《东方法学》2014年第6期；陈永强：“特殊动产多重买卖解释要素体系之再构成——以法释［2012］8号第10条为中心”，载《法学》2016年第1期。

〔2〕在所有权转让中，这种不完全物权的存在虽不符合物权绝对性法理，但并不违背一物一所有权法理，而只是说受让人在登记之前所取得的所有权存在效力瑕疵——这与可撤销合同已生效但效力存在瑕疵相类似。

我们并不能单纯依传统的物权绝对性法理或债权相对性法理来确定这种“不完全物权”的效力，也不能据此完全确定物权取得人与第三人的相对法律地位，而是只能根据具体情形下的权利取得人与第三人的法律关系或法律地位的不同来相对地加以决定——所谓的对抗问题即由此而生。这种法律地位的相对确定在部分取消了物债两分法理的形式裁断功能之后，也将我们的思维方式在一定程度上重新拉回到了物权的绝对性尚未构造完成的前物权法阶段，即法国法和英国法所处的不严格区分物权和债权的广义的财产法阶段。〔1〕毫无疑问，这对于大多数已经习惯了形式化的体系思维的我国法律人来说，无疑是相对比较陌生的。也正是这种陌生加剧了我们在形式化的体系思维和实质化的个案思维之间的思维冲突，进而使得如何确定前公示阶段的物权变动的效力问题，成了一个备受争议的复杂议题。

（三）无权处分和善意取得意义体系的有限切割：对无处分权法理的冲击

无权处分的发生会导致善意取得制度的适用，是公示要件主义之下的一项基本法理，除非其无权处分的客体并不在善意取得制度的适用范围之内。依此法理，在同一处分人先后就同一物为多重处分时（如所有权的二重让与等），若前一处分已导致处分权人丧失所有权或处分权，则对于其嗣后就同一物所为的二次处分，原则上应按无权处分处理，从而使得后一处分中的物权取得人只能依善意取得制度来取得相应物权。将此一法理贯彻到准不动产物权领域中，可以发现，在准不动产登记对

---

〔1〕 公示对抗主义本身就源于不严格区分物权和债权的财产法，在此类财产法之下，“公示在物权变动之外，恰恰是因为绝对性在物权本体之外”。详见汪志刚：“意思主义与形式主义对立的法理和历史根源”，载《法学研究》2010年第5期。

抗主义之下，即便无善意取得制度的适用，前述情形下的后一处分中的在后物权取得人仍有可能直接依公示对抗主义本身，从已丧失所有权或处分权的原权利人处取得相应物权，甚至可取得可对抗在先物权的物权。如此一来，无权处分和善意取得之间的意义关联实际上已经在一定范围内被公示对抗主义所切割。[1]这种切割在将公示对抗主义之下的因多重处分所导致的无权处分问题排除在了善意取得制度的适用范围之外[2]的同时，也凸显了公示对抗主义在无权处分问题的处理上所拥有的不同于公示要件主义的法理特质。正是这一法理特质决定了，在公示对抗主义之下，如何合理解释已丧失所有权或处分权的无权利人依然可以对物进行处分，进而使相对人取得相应的有效物权，将不可避免地构成公示对抗主义之下必须认真加以处理的核心议题和难题。

三、准不动产登记对抗主义的法理构成

由上可见，准不动产登记对抗主义作为历史经验和实践理性相互作用的产物，虽然有其存在上的合理性，但它的出现客观上也给我们带来了许多需要认真思考和处理的难题，而如何处理这些难题，恰恰构成了分析和阐述准不动产登记对抗主义

---

〔1〕 这种切割在法国、日本和意大利等国所采的公示对抗主义之下也同样存在。例如，《法国民法典》就在动产善意取得条款（第2279条）之外，专门为动产多重转让情况下的对抗问题的处理设置了相应条款（第1141条，依其规定，动产二重转让中，先取得占有且善意者应优先取得权利）。《意大利民法典》也同样如此——善意取得条款被规定在第1153条，多重转让条款被规定在第1155条。日本法在处理动产多重转让时，也同样采先具备对抗要件者权利优先的原则，而未采用善意取得。（参见［日］近江幸治：《民法讲义Ⅱ：物权法》，王茵译，北京大学出版社2006年版，第107页。）

〔2〕 这种排除并不意味着善意取得制度完全不适用于准不动产，对此，下节将予以详述。

法理构成的重点。考虑到在我国法上，登记对抗主义并非仅体现为第 24 条所规定的“交付生效加登记对抗”，还同时包含第 129 条、第 158 条、第 188 条和第 189 条所规定的分别适用于土地承包经营权、地役权、动产（含准不动产）抵押和浮动抵押的“合同生效加登记对抗”。因此，在讨论准不动产登记对抗主义的法理构成时，就不能只考虑这种登记对抗主义本身的构成及其特殊性，而是还必须同时考虑到它与其他登记对抗主义的共性，即需要做到一般与个别、普遍与特殊兼顾。有鉴于此，以下的讨论也将循此思路展开，但考虑到动产浮动抵押本身极其特殊，以下的讨论将不涉及第 189 条所规定的适用于浮动抵押的登记对抗主义，而是仅就其他登记对抗主义规则下的当事人各方的法律地位及其相互关系加以必要的理论说明。

（一）登记对抗主义的一般法理构成

不管是在比较法上，还是在国内法上，有关登记对抗主义法理构成的讨论一般都主要是围绕多重处分的情况来展开。这一方面是因为，在登记对抗主义之下，所谓的对抗问题本来就主要发生在多重处分的情况下，[1]另一方面也是因为，登记对抗主义本身就更容易诱发多重处分。有鉴于此，同时也是为了明确这里所要讨论的问题的具体指向，以下将首先就这里可能发生的多重处分情形作一简要例示，但鉴于在上述各种登记对

---

〔1〕 当然，在某些情况下，也有必要考虑未登记的生效物权与某些特别债权（如准不动产租赁权等债权性的物的利用权）的对抗关系，但一般来讲，物权与债权之间不会发生对抗关系。因为，二者的性质和所指向的客体本就不同（即二者在效力上不会发生交叉和冲突），更何况，物权法上的公示原则本就是以保护物权关系中的当事人的交易安全为规范目的的，债权的交易安全并不在其保护之列，而是应由债法上的相关制度（如债权人的抗辩权、保全权和违约责任制度等）和担保物权等制度来提供保护。

抗主义之下，唯有在第24条所规定的登记对抗主义之下才会发生“交付生效”（而非“合意生效”）与“登记对抗”的组合应如何适用于所有权二重让与的问题，故以下的讨论将暂不考虑这种特殊情况。

1. 各种登记对抗主义之下的多重处分及其处理

在以上各种登记对抗主义之下，可能发生的多重处分情形主要包括以下几种：

（1）情形1：A将一土地承包经营权以转让或互换的方式让与给了B，但未办理登记；然后A又与C达成了转让或互换同一土地承包经营权的合意，且为C办理了登记。

（2）情形2：A在自己拥有土地承包经营权或建设用地使用权的土地上为B设立了地役权，但未办理登记；然后A又将该土地之上的土地承包经营权或建设用地使用权转让给了C，且为C办理了登记（或将建设用地使用权抵押给了C且为C办理了登记）。

（3）情形3：A在自己的一台生产设备之上为B设立了抵押权，但未办理登记；然后A又在抵押期间将该生产设备转让给了C且已交付设备（或抵押给了C且已办理登记，或质押给了C且已交付设备）。

（4）情形4：A在自己的一项准不动产之上为B设立了抵押权，但未办理登记；然后A又在抵押期间将该准不动产转让给了C且已交付标的物和办理登记（或者抵押给了C且已办理登记，或质押给了C且已交付标的物）。

（5）情形5：A以交付或观念交付形式将自己的一辆机动车的所有权转让给了B，但未办理登记；然后A又将该机动车抵押给了C且已办理了登记（或质押给了C且已交付机动车）。

（6）情形6：在以上五种情形下，A在与B进行交易时，已经依法为B办理了登记，然后再就同一标的物为上述二重处分的情况。

在以上各种情形下，依据我国物权法，有关A、B、C各自的法律地位及其相互关系，可能的处理结果及相关法律依据如下：

（1）在情形1之下，依据第129条，A在与B达成转让或互换合意时已丧失土地承包经营权，土地承包经营权由B取得；[1]但由于未登记，B所取得的土地承包经营权的效力并不完全，不能对抗善意第三人；所以在B向C主张物权时，只要C具备善意，C就有权以该转让未登记来否定B的权利主张；A在与C达成转让合意时，由于已是无权利人，所以对于C能否取得土地承包经营权，只能依据第129条本身或第106条有关善意取得的规定来处理。

（2）在情形2之下，依据第158条，B在与A达成地役权设立合意时已取得地役权，但A并不因此丧失转让其土地物权或在该土地上为他人设立抵押权的权利；B取得的地役权由于未登记，不能对抗善意第三人；所以只要供役地的受让人C具备善意，C就有权以B的地役权未登记来否定B向其提出的地役权主张；[2]至于C能否从A处取得相应物权，则应通过适用

[1] 在实践中，与此相关的纠纷多见于土地承包经营权互换。在此类纠纷中，法院大多认为，在土地承包经营权互换后，即使该互换未登记，互换人也已丧失其用来交换的土地承包经营权，并可以其已取得对方用来交换的土地承包经营权来对抗对方就该土地再行提出的权利主张（一般都是为了获得土地征收补偿费、占用补偿款和种粮补贴款）。参见河南省平顶山市中级人民法院民事判决书［2011］平民二终字第56号；河南省高级人民法院民事裁定书［2012］豫法立二民申字第00705号；河南省林州市人民法院民事判决书［2012］林民二初字第99号；重庆市第三中级人民法院民事判决书［2012］渝三中法民终字第00797号；沈阳市苏家屯区人民法院民事判决书［2013］苏民四初字第00037号。

[2] 如果供役地的受让人（C）不具备善意，则地役权人（B）依然可以其已成立的未登记的地役权来对抗供役地的受让人（C）。参见湖南省湘西土家族苗族自治州中级人民法院民事裁判书［2012］州民一终字第265号；湖南省湘西土家族苗族自治州中级人民法院民事裁判书［2012］州民一终字第264号。

第129条（在受让土地承包经营权时）、第139条（在受让建设用地使用权时）或第187条（在取得土地抵押权时）来加以处理。

（3）在情形3之下，依据第188条，B在与A达成抵押权设立合意时已取得了生产设备的抵押权，但A并不因此丧失转让该设备所有权的权利（但须受到《物权法》第191条的限制），也不丧失将该设备再次抵押或质押给他人的权利；B取得的抵押权由于未登记，不能对抗善意第三人；所以只要C具备善意，C就有权以B的抵押权未登记来否定B向其提出的抵押权主张；至于C能否从A处取得相应物权，则应通过适用第191条、第106条和第23条共同构成的规则体系（在受让动产所有权时）、第188条和第199条（在取得抵押权时）或第212条（在取得质权时）来加以处理。

（4）在情形4之下，依据第188条，A、B、C的地位及其相互关系与情形3之下并无实质差别，唯一的差别是，对于情形4之下的C能否从A处有效受让准不动产所有权的问题，应适用第191条、第106和第24条（而非情形3之下的第23条）共同构成的规则体系来加以处理。[1]

（5）在情形5之下，依据第24条，A在通过交付或观念交付将机动车所有权转让给B时已丧失所有权，所有权由B取得；B所取得的所有权由于未登记，不能对抗善意第三人；所以只要C具备善意，C就有权以B的所有权未登记来否定B向其提出的所有权主张；A在与C达成抵押权或质权设立合意时，由于A已是无权利人，所以对于C能否取得相应物权，只能依据第24条、第25条（简易交付）、第26条（返还请求权的让

〔1〕有法院在判决中认为，未登记的机动车抵押权不能对抗从抵押人处善意受让抵押物且已办理了登记的受让人，而是只能请求抵押人赔偿损失。参见河南省范县人民法院民事判决书［2010］范民初字第00274号。

与）、第 27 条（占有改定）、第 188 条（取得抵押权时）和第 212 条（取得质权时）共同构成的规则体系来加以处理，或者直接适用第 106 条。[1]

（6）在情形 6 之下，可以确定的是，在第一笔处分已登记的情况下，不管第二笔处分属于何种性质的处分，B 都可以因已登记而确定地取得对世物权，并可据此对抗在后的 C 所取得的物权或使 C 不能取得物权。具体分析如下：①在情形 6 所涉的情形 1 和情形 5 之下，B 在受让土地承包经营权或准不动产所有权时已登记，故 C 嗣后受让土地承包经营权（土地承包经营权的二重让与）或取得准不动产抵押权或质权（先转后押或先转后质）时已不能构成善意，不能取得对 B 的物权的否认权，也无法依相关规定或善意取得制度从无处分权的 A 处取得相应物权。②在情形 6 所涉的情形 2 之下，已登记的地役权人 B 在 A 将需役地转让给 C 之后，B 的地役权可对抗 C。③在情形 6 所涉的情况 3 和情形 4 之下，A 在将动产或准不动产抵押给 B 且为 B 办理登记之后，如果 A 嗣后又在抵押期间转让标的物所有权的，受第 191 条的限制，A 的处分属于无权处分，但由于 B 的抵押权已登记，C 不能构成善意，无法依据第 24 条或第 106 条“善意”取得可对抗在先抵押权的所有权；[2]如果 A 嗣后所为处分

---

〔1〕在司法实践中，对于在先转让未登记、在后抵押已登记的情况，已有法院通过登记对抗主义规则的运用，判决在后已登记的抵押权可对抗在先未登记的所有权转让，而未适用善意取得。参见海南省高级人民法院民事判决书［2001］琼经终字第 28 号；浙江省温岭市人民法院民事判决书［2009］台温商初字第 1978 号。

〔2〕宁波海事法院在一系列船舶抵押合同纠纷案中，就明确肯定了已登记的船舶抵押权可对抗在后的抵押物所有权转让，即便在后的转让已登记，“原告依法登记的船舶抵押权对该轮依然具有追及力、对抗力”。参见宁波海事法院［2012］甬海法温商初字第 30 号、第 108 号、第 124 号、第 125 号、第 126 号、第 127 号和第 130 号。

是重复抵押，则C虽然可以取得抵押权，但该抵押权不管是否已登记，都不能对抗B在先的已登记抵押权；如果A嗣后所为处分是质押（主要适用于机动车），则依公示在先（成立在先）者优先的原则，C不能取得可对抗B的质权——此时不宜以C非属善意来否定C的物权取得，而是应采重复抵押时的相同法理，承认C可通过交付取得质权，但该质权不能对抗在先已登记抵押权。简言之，在情形6所涉的情形1至情形5之下，B都有权基于“登记即对抗”的规则取得对世物权，在后的C不能取得任何可对B的物权产生不利影响的权利。

2. 多重处分情形下的登记对抗主义法理

综上可见，在我国法所规定的各种登记对抗主义之下，以上各种多重处分情形下的当事人的法律地位及其相互关系并不完全相同，而是有同有异。以下将根据第一笔处分是否已登记来分别加以说明：

（1）“未登记，不对抗”规则的法理构成。在以上所列各种情形中，情形1和情形5所涉的都是第一笔处分未登记的情况，综合这些情况下的当事人的法律地位及其相互关系，可得出如下结论：

首先，就情形1至情形5中的A、B之间发生了未登记的物权变动之后的A的地位而言，A既有可能仍然拥有就同一物再为物权处分的权利（情形2、3、4），也有可能已丧失了再次处分的权利，从而使自己成为仅拥有登记名义或占有而实质无权的无权利人（情形1和情形5）。简言之，在不同的登记对抗主义之下，A的地位并不完全相同，而是需根据具体情况而定。

其次，就情形1至情形5中的A、B之间发生了未登记的物权变动之后的B的地位而言，可以确定的是，在所有不同类型的登记对抗主义之下，此时的B都只能取得一项效力不完全的物权——不能对抗善意第三人。这种效力的不完全在因 A 的多重处分而导致 C 与 B 发生物权竞存抗争关系时，就会被明显表现出来。亦即，在这种竞存抗争关系中，与 B 的物权效力不完全相对的是，C 只要具备善意，C 在所有类型的登记对抗主义之下就都有权以 B 所取得的物权未登记来否定 B 的权利主张，即善意的 C 在所有登记对抗主义之下都确定地拥有一项“未登记不对抗”的“否认权”，“未登记不对抗”所保护的就是 C 对不存在未登记的物权的一种信赖。反之，若 C 为恶意，则 C 不拥有前述可对抗 B 的“否认权”。

最后，就情形 1 至情形 5 中的 A、C 之间所进行的物权交易而言，C 虽然可以依“未经登记，不得对抗善意第三人”的本旨而取得一项针对 B 的防卫权，但单纯依赖登记对抗主义规则本身，通常并不足以为 C 能否取得相应物权提供明确法律依据。在以上各种多重处分情况下，除情形 1 所涉的土地承包经营权“二重让与”和情形 3、4 所涉的“重复抵押”会导致前后两笔处分都须受到同一登记对抗主义规则（第 129 条或第 188 条）的调整外，其他所有 8 种多重处分情形下的 C 的物权取得问题，都需要借助于其他相关条文的适用来处理。也就是说，在各种登记对抗主义之下，登记对抗主义规则通常只能为物权交易当事人能否取得其所规范的物权类型提供法律依据，在第三人（C）拟取得的物权也为该规则所调整的物权类型时（如土地承包经营权的“二重让与”和动产的“重复抵押”），该规则也可用来作为解决前后两个互为第三人的交易当事人能否取得相应物权的依据。除此之外，其他情况下的第三人 C 的物权取得问题，并非登记对抗主义规则本身所能解决。

综上可见，在我国法所规定的各种登记对抗主义之下，在物权变动未登记时，真正能够得到一以贯之的相同构造只有一个，那就是物权变动未登记时的 B 与 C 之间的“效力不完全的物权变动”与“善意第三人的否认权”的相反相成关系。其中，“效力不完全的物权变动”涉及的是当事人 B 的物权取得问题，“善意第三人的否认权”涉及的是第三人 C 的相对法律地位的保护问题，所谓的“不得对抗善意第三人”中的“对抗”所连接的就是这种 B 与 C 的这种相对法律地位。简言之“效力不完全的物权变动”与“善意第三人的否认权”应是我国法所规定的各种登记对抗主义都共同包含的法理构造，而在笔者看来，支撑这一构造的基础法理恰恰在于公示规则为善意第三人所提供的消极信赖保护，即善意第三人可基于对“未登记，不对抗”规则的信赖而受到保护。也正是为了保护这一信赖，所以未登记的物权变动才会呈现出“效力不完全的物权变动”与“善意第三人的否认权”的相对构造。

正是由于看到了第三人在登记对抗主义之下拥有“否认权”这一点，所以我国有学者认为，应将最能体现登记对抗主义本意的源自日本法的“第三人否认权说”作为我国法上的登记对抗主义的基础构造。不过，依其主张，这种源自日本的“第三人否认权说”乃是建立在“即使没有登记，A、B 间的物权变动在当事人（A、B）之间和互为第三人的人（B、C）之间也已完全生效”的基础之上。[1]对于这种既承认第三人否认权，又承认未登记的物权变动已完全生效的主张，笔者不能赞同。因为，这两种主张本身就是相互矛盾的，或者说，它很难说明为什么一个已完全生效的物权变动会因为第三人的否认而不对其生效，也很难说明对于一个已完全生效的物权变动而言，登记到底具有何种意义——既然物权变动已完全生效，登记就应该

〔1〕 参见郭志京：“也论中国物权法上的登记对抗主义”，载《比较法研究》2014 年第 3 期。

不能再为这个已完全生效的物权变动“增加”点什么，但事实是，登记恰恰是该已经完全生效的物权变动“获得”完全对抗力（对抗善意第三人）的来源。简言之，在我国法上，不宜直接采用这种源自日本的第三人否认权说，而是应将善意第三人的否认权建立在未登记的物权变动仅具不完全效力的基础之上。虽然这种肯定物权变动效力的不完全性并不完全符合物权绝对性法理，但毕竟，作为例外，这本身就是我们在引入登记对抗主义这种源自未明确区分物权和债权的财产法体系（主要指法国法和英国法的财产法体系）之下的物权变动规则时，必须加以容忍的。[1]

（2）“登记即对抗”规则的法理构成。在以上所列各种情形中，情形6所涉的是第一笔处分已登记的情况。依据前文的

---

〔1〕 日本学者在采第三人否认权说等诸说时，之所以坚持认为未公示的物权变动也已在当事人和当事人与第三人之间完全生效，其目的就在于维护物权的绝对性，以免因公示对抗主义这一物权变动基本规则的存在而给物权绝对性法理带来体系性的冲击或破坏。但在笔者看来，这种坚持并不合适，也不成功。因为，不管是从法理上看，还是从历史渊源的角度看，公示对抗主义都不是以严格遵守物权绝对性法理作为其制度构造基础的。日本学者之所以会在这里始终坚持物权绝对性法理，甚至不惜以此为由来否定一些与之不相符合的学说（如我妻荣所主张的“不完全物权变动说”），在很大程度上就根源于日本学者普遍抱有的一种矛盾心态，即一方面希望坚持其继受自德国法的物权绝对性法理和物债两分体系，另一方面又希望能够在此基础上，对其继受自法国法的公示对抗主义作出合理的学理阐释，但问题是，物债两分的立法体系与作为物权变动基本规则的公示对抗主义在体系上本身就是难以实现无缝对接的。或者说，日本法所采用的既严格区分物权和债权，又在物权变动基本规则上全面采纳公示对抗主义的做法，本身就是一种体系拼接的结果。这种体系拼接在给法律解释带来困难的同时，也使日本学者不可避免地陷入了一种矛盾心态，并因此创造出了各种令人目不暇接的学说（法国法上的相关争论远不如日本激烈的一个重要原因就在于，其立法和学理并不严格遵循物债两分法理），以至于直至今日，依然有日本学者在感叹“其结论之统一恐怕遥遥无期”。与之相对，登记对抗主义在我国法上并非基本规则，而是只是作为一种例外规则而存在的。既然是例外，自然没有必要像日本法那样，始终执着于对其作出完全符合物权绝对性的解释，甚至不惜以此为由来否定相关学说的合理性。

分析，可以看出，不管是在何种登记对抗主义之下，B都可以因为物权变动已登记确定地取得对世物权，并可据此对抗在后的C所取得的物权或使C不能取得物权，从而在B、C之间形成了一种“效力完全的物权变动”与“第三人无否认权”的基础构造。这表明，在所有登记对抗主义之下，原则上，所有物权交易中拟取得物权的人都可以基于“登记即对抗”的规则取得对世物权。当然，如果在B取得物权之前，同一处分人A已对该物之上的物权进行了与之不能相容的在先处分，则B还需要满足善意的要件才能通过登记取得对世物权。简言之，只有在物权取得人善意地信赖了“未登记不对抗”和“登记即对抗”的规则时，登记对抗主义才会为该物权取得人提供使其无瑕疵地取得对世物权的保护。本文将这种保护称之为对“公示即对抗规则的善意信赖保护”，即善意的第三人可以在其已善尽其交易上应尽之所有法定义务（含公示义务）和诚信义务时，受到公示原则所提供的保障其交易目的（取得对世物权）实现的善意信赖保护。

（二）准不动产登记对抗主义的特殊法理构成

准不动产登记对抗主义除了具有前述各种登记对抗主义都共同具有的法理构成外，是否还有其自身的特殊理论构成是一个与所有权的“二重让与”和“登记对抗主义与交付生效”的特殊组合密切相关的问题。因此，在阐释第24条所确立的“交付生效加登记对抗”的登记对抗主义可能包含的特殊法理构成时，首先必须对这里可能发生的“二重让与”[1]问题有一个明确的问题意识，示例如下：

---

〔1〕 关于准不动产登记对抗主义之下可能发生的其他多重处分情形，参见上文所列情形4、情形5和情形6。

例 1：A 以占有改定或返还请求权方式将某一已登记准不动产所有权转让给了 B，然后又在该笔转让完成登记之前将同一准不动产以现实交付（或简易交付、返还请求权让与、占有改定）方式转让给了 C，并为 C 办理了过户登记。

例 2：A 以现实交付或简易交付方式将某一已登记准不动产所有权转让给了 B，然后又以借用或租赁等名义取得了该准不动产的占有，并在前一转让完成登记之前将同一准不动产以现实交付（或观念交付）方式转让给了 C，并为 C 办理了过户登记。[1]

例 3：A 以占有改定（或返还请求权让与）方式将某一已登记准不动产所有权转让给了乙，然后又将同一准不动产以现实交付方式转让给了丙，但两笔转让都未登记。

例 4：A 将某一已登记准不动产所有权过户给了 B，但自己依然保留了该准不动产的直接占有，然后又将同一准不动产以现实交付方式转让给了 C，但未为 C 办理过户登记。

1. 依据第 24 条所作分析

在以上各种情况下，对于 A、B、C 各自的法律地位及其相互关系，可先依据第 24 条和前文所述的登记对抗主义的一般法理，作如下分析：

（1）例 1、例 2、例 3 的处理。依据第 24 条，在例 1、例 2、例 3 中，第一受让人 B 在受领交付（含观念交付）时已取得效力不完全的所有权，A 虽然依然保有登记名义，但实质已丧失

〔1〕 在“王苏芳诉裘美祥买卖合同纠纷案”中，被告将自己的一辆机动车转让给了原告，已交付但未办理过户登记，然后又借故将该车开走转卖给他人，并为后者办理了过户登记。原告为此提出了请求被告承担违约责任的请求。法院经审理后认为：“原、被告间未办理登记手续的买卖关系不得对抗之后的已过户登记的买卖关系，但原、被告间的买卖合同已依法成立，被告理应承担相应的违约责任。”参见浙江省嵊州市人民法院民事判决书［2011］绍嵊商初字第 91 号。

所有权。C 在与 A 进行交易时，如果不具备第 24 条规定的善意，则即使 C 已取得登记名义，B 都可依其所有权对抗 C，并可申请所有权更正登记——类推适用《物权法》第 19 条的结果。反之，如果 C 是善意的，C 就有权以 A、B 间的所有权转让未登记来否定 B 的权利主张——即 B 不能对抗善意的第三人 C。至于 C 自己能否从 A 处无瑕疵地取得可对抗 B 的所有权，则由于 A 在将所有权转让给 C 时已属无权处分，逻辑上应该可以导致善意取得的适用，即 C 只有在具备第 106 条规定的善意取得要件时，才能无瑕疵地取得所有权。如此一来，其结果将是：①上述例 1、例 2 中的 C 即使具备善意，也不能通过交付（含观念交付）和登记取得可对抗 B 的所有权，而是仍需满足第 106 条规定的“以合理价格受让”的要件——该要件直接否定了 C 通过接受赠与取得所有权的可能性。而且，依据《物权法解释（一）》第 18 条的规定，[1]在 C 是通过“占有改定加登记”取得所有权时，即使 C 是以合理价格受让的，C 能否在占有改定协议生效时善意取得所有权也是存在疑问的。[2]②例 3 中的 C 由于与 B 一样未取得登记，不符合第 24 条所规定的登记对抗要求，但依据《物权法解释（一）》第 20 条有关准不动产所有权的善意取得仅需以交付为要件的规定，C 只要具备善意且是以合理价格受让的，C 就可以通过交付取得可对抗 B 的所有权。

反之，如果在此不考虑善意取得的适用，而是单纯依据第 24 条本身来处理善意的 C 的所有权取得问题，则其结果应是：①例 1、例 2 中的 C 可以基于善意、交付（含观念交付）和登

---

〔1〕 依据该条的规定，作为动产善意取得要件的“交付”应仅包括第 23 条、第 25 条和第 26 条所规定的三种交付形态，但并不包含第 27 条所规定的占有改定。

〔2〕 关于善意第三人能否通过占有改定善意取得动产所有权的问题，学理上有所争议。相关讨论，参见税兵：“占有改定与善意取得——兼论民法规范漏洞的填补”，载《法学研究》2009 年第 5 期。

记要件的满足取得可对抗包含 B 在内的所有人的对世物权，而不需要像适用善意取得制度时那样需满足以合理价格受让的要件，更不会因《物权法解释（一）》第 18 条的存在而产生 C 能否通过“占有改定加登记”取得可对抗 B 的所有权的疑问。②例 3 中 C 并不能像适用善意取得制度时那样，可以通过善意、以合理价格受让要件和《物权法解释（一）》第 20 条所规定的交付要件的满足来善意取得可对抗 C 的所有权——这一结果明显有违“未登记，不得对抗善意第三人”的规则，而是会因其物权的取得与 B 一样都未登记而发生相互都不能对抗的法律效果，并得依谁先取得登记来决定谁优先取得所有权。

那么，在 C 为善意时，到底是应该依据第 24 条，还是第 106 条所规定的善意取得来解决 C 的所有权取得问题呢？对此，前文在分析公示对抗主义的一般法理特质时就已明确指出，在处理因多重处分而诱发的无权处分问题时，公示对抗主义的一个基本法理特质就在于，其已经通过对无权处分和善意取得意义体系的切割，将此种情况下的无权处分问题排除在了善意取得制度的适用范围之外。这种排除同样也适用于此处所述的准不动产二重让与问题，即此时同样应适用《物权法》第 24 条，而非第 106 条来处理 C 的物权取得问题。

首先，第 24 条作为调整准不动产所有权变动的基本规则，其规范任务就在于，一方面通过准不动产所有权变动要件的规定，来解决准不动产所有权变动的法律依据问题，另一方面又通过其要件设置，来解决准不动产所有权变动中的第三人保护问题。具体到这里所涉各例，其基本含义是，在 A-B、A-C 之间的交易都属于第 24 条所调整的准不动产所有权变动时，第 24 条应该既可以作为解决交易当事人中的物权取得人（B 和 C）的权利取得的根据，也可以作为解决第三人在相对于当事人

（B、C互为第三人）时的法律地位的根据，即在前述二重让与各例中，逻辑上应该可以导出，第24条可重复适用于发生在A-B和A-C之间的前后两笔交易。〔1〕如此一来，则意味着，第24条的规定本身就已经为二重让与情况下的各受让人的物权取得问题提供了解决方案，而其中的“善意”要件又恰恰是为了保护第三人而设的，在发生因在先物权变动未登记而诱发了登记权利人对同一准不动产为多重的无权处分的情况时，该要件应与善意取得中的善意要件一样，也可起到弥补因多重处分所带来的“无权处分”瑕疵的作用。也就是说，第24条的规范构成本身即已表明，因登记对抗主义的特殊构造所带来的二重让与中的“特殊的无权处分”（与B所取得的效力不完全的物权相关联的依然享有登记权利外观的前所有人A所为的“无权处分”）问题本身就在其规范范围和目的射程之内，而无需借助法律为了解决“通常情况下的无权处分”〔2〕而设的善意取得制度来解决当事人的物权取得问题。

---

〔1〕这一分析同样适用于其他类型的登记对抗主义，如前文在讨论土地承包经营权的二重让与和动产的重复抵押时，就曾提到，这将导致第129条和第188条对前后两笔让与或抵押的重复适用。

〔2〕在物权因交易而发生变动时，善意取得制度作为与意定物权变动基本规则相配套的“例外性”的制度设计，本身就是为了解决后者所不能解决的“非常态交易”（无权处分）情况下的物权变动问题而设。在实践中，这种无权处分的通常情形或典型表现主要有二：其一是“无物权（变动）但有公示外观”，如因虚假登记、错误登记、复原性物权变动未恢复登记而导致的登记不实等。其二是“有不必公示的物权变动但无公示外观”，如因继承等非意定原因而取得物权但未变更公示外观的情况。在以上情况下，公示不实并非因意定物权变动基本规则本身所导致，也非其本身所能解决，所以，对于这些情况下所生的无权处分问题，理应适用法律专门为此而设的善意取得制度来解决。文中所说的“通常情况下的无权处分”所指的是就是这些情况下所生的无权处分。与之相对，在登记对抗主义之下，因“有物权变动但未尽登记义务”所导致的登记名义人擅自处分他人之物的情况则属于因登记对抗主义自身构造所导致的“特殊的无权处分”。

其次，用善意取得制度来解决 C 的物权取得问题，将会在一定程度上导致对第 24 条的规范目的及其内含的利益衡平的背离。因为，登记对抗主义作为一种交易安全和交易便利的折中，一方面包含了通过登记的引入来强化交易安全保护的考虑，另一方面又包含了通过将登记设置为对抗要件来便利交易的考虑。在第一受让人 B 已经因对抗主义的设置而在登记之前提前取得了所有权利益的情况下——相对于登记要件主义而言，“未登记，不得对抗善意第三人”的设置恰恰体现了一种平衡，即法律认为，此时不应该由第三人（含第二受让人 C）来承担因 B 怠于登记而造成的登记外观与真实权利不一致所带来的不利于交易安全保护的风险，而是应由这一风险制造者并从这一风险的制造中获利（未登记即取得所有权）的第一受让人 B 来承担因这种风险的实现给其带来的不利。[1]也就是说，在发生登记名义人 A 再次处分同一物的多重处分时，作为风险制造者的 B（而非善意的 C）更有理由承担不能取得权利的风险。简言之，第 24 条的设置本身就已经内在包含了一种对当事人利益和第三人利益保护的平衡。如果在二重让与这种本身就在第 24 条的规范射程范围内的情形下引入第 106 条来解决当事人利益和第三人利益的平衡问题，就不仅会打破原有的价值平衡，损及第 24 条的规范目的的实现，而且会在体系逻辑上导致善意取得制度适用范围的不当扩张——可扩张适用于所有的因在先的物权变动未登记而诱发的多重处分问题，如因在先的物权变动未登记而诱发的准不动产二重让与、先转让后抵押、先转让后质押、先抵押后转让的情况。

---

〔1〕 先具备对抗要件者胜出的理论基础在于“得具备对抗要件而不具备者，只能承担不利益”。参见［日］近江幸治：《民法讲义Ⅱ：物权法》，王茵译，北京大学出版社 2006 年版，第 107 页。

当然，在我们已经决定通过《物权法》第 24 条，而非第 106 条来解决 C 的物权取得问题之后，此处尚有一个问题需要讨论，即在前述 3 例中，交付事实的存在（A 已将标的物交付给 B）是否足以阻却 C 的善意的成立问题。对此，我国学者讨论不多，但依本文之见，其答案应该是否定的，原因有二：第一，在“交付生效加登记对抗主义”之下，法律所应保护的应是对作为公示方式的登记的信赖，而非对交付这种即便是在交付要件主义也不足以就物权为准确公示的法律事实的信赖。第二，在交付并不享有准不动产所有权公示方式地位的情况下，交付只能被理解为是当事人意欲使所有权发生部分效力变动合意的一种表达——其生效要件的地位即根源于此。既然仅为合意的表达，自然不应于此将交付作为推定第三人 C 已明知或应知前一交易的存在的事实依据——就像交付要件主义之下那样，[1] 而是应依登记簿的记载和其他交易之常情来判断或证明 C 是否构成恶意——明知或应知前一交易的存在。若非如此，则第三人在“交付生效加登记对抗主义”已几无成立善意之可能，而这必将导致“未登记，不得对抗善意第三人”的规则成为具文。

（2）例 4 的处理。在例 4 的情况，这里首先需要解决的一个问题是，在“A 已经将准不动产所有权过户给了 B，但自己依然保留了该准不动产的直接占有”的情况下，B 是否已经取得了生效物权的问题。而要解决这一问题，就必须首先对“交付生效加登记对抗”中的“交付”作出合理的解释。依据对第 23 条至第 27 条各条的体系关系解释，第 24 条的唯一特殊之处就在其以登记对抗主义改变了第 23 条所规定的交付生效主义，但并没有在体系上排除第 23 条、第 25 条、第 26 条和第 27 条所规定

〔1〕 须注意的是，在准不动产质权交付要件主义之下，以上推定依然可以成立，即未查看准不动产占有状态的第三人应承担其权利不能对抗质权的风险。

的各种交付形态在准不动产之上的适用，即第 24 条所规定的“交付生效加登记对抗”中的“交付”并不仅指现实交付，还是还包括观念交付。〔1〕如果此一解释成立，则对于例 4 中的“A 已经将准不动产所有权过户给了 B，但自己依然保留了该准不动产的直接占有”的情况，完全可以解释为已经包含了一个占有改定，〔2〕即 A 是通过占有改定和登记将所有权转让给 B 的，B 因此可通过全部法定要件的满足而取得具有完全对世效力的所有权〔3〕——这与前文所列的情形 6 所涉的各种登记对抗主义之下的第一笔处分已登记情况下所发生的多重处分的处理结果是一样。

退一步讲，即使我们拒绝承认例 4 的情况下存在一个占有改定，我们也可以依据物权变动的基本法理对此作出 B 已经从 A 处取得了具有完全对抗力的所有权的解释。因为，依据物权

---

〔1〕《物权法解释（一）》第 18 条和第 20 条的规定已经表明，观念交付同样也可适用于准不动产。

〔2〕依据我国相关登记程序法的规定，这种解释应可成立。因为，依据《船舶登记条例》第 13 条和《民用航空器权利登记条例》第 5 条，受让人在申请所有权登记时，应向登记机关提交包括发票、买卖合同和船舶或航空器交接文件在内的所有权取得证明文件。在受让人已被登记为所有权人但标的物依然为出让人直接占有的情况下，交接文件的存在本身即已表明双方已达成了占有改定协议，从而使受让人得自该协议生效之时起取得标的物所有权。（参见广州海事法院民事判决书［2012］广海法初字第 272 号。）当然，在机动车所有权转让中，这种占有改定的认定通常是不必要的。因为，依据《机动车登记规定》第 19 条，受让人在申请登记过户时，须向登记机关交验车辆，而能交验车辆本身就足以表明受让人已取得标的物的直接占有。

〔3〕从解释论的角度看，承认占有改定的存在虽可起到满足实证法要求的作用，但其对交付要件的观念化解释也易导致“交付生效加登记对抗”最终沦为“合意生效加登记对抗”。当然，如果我们愿意换一个角度来思考这个问题，或许我们可以发现，这种解释正好可以一方面兼顾准不动产（尤其是船舶和航空器）物权交易的便利性，另一方面又可避免完全废除交付要件之不当。（这尤其体现在机动车之上，因为，早在物权法出台之前，我国就已形成通过交付转移机动车所有权的交易习惯和实践。）换言之，在立法论上，笔者实际上更倾向于在海商船舶和航空器物权变动上采合意原则加登记对抗，同时将机动车作为普通动产对待——就像比较法上的多数国家那样（参见本书第一章）。

变动法理，在公示主义之下，支撑一个具有完全对世效力的意定的物权变动的基本要素主要有二：其一是意志要素，即当事人之间的物权变动合意，其二是物上要素，即法定的公示形式。只有通过二者的结合，物权才能发生完全有效的变动。〔1〕在公示成立主义之下，这表现为物权变动合意和交付或登记的直接结合，二者互为表里，共同为一项物权变动提供法律基础。在公示对抗主义之下，虽然物权变动被分割成了“在当事人之间（以及对恶意第三人）生效”和“对善意第三人生效”两个部分，但这并没有从根本上改变物权变动的法律基础，即我们依然可以依据上述法理对“交付生效加登记对抗主义”作如下分析：①在公示对抗主义，物权变动所遵循的基本法理应是，物权变动合意是物权变动在当事人之间生效的法律基础，公示（及其必然包含的物权合意）是物权变动对善意第三人发生对抗力的法律基础。②在“合同+交付生效+登记对抗=完全的所有权转让”这一等式之下，若当事人是通过先交付、后登记来完成所有权转让的，则理论上可以认为，在交付时，构成所有权转让在当事人之间生效的法律基础的并不是（买卖等）合同——因为我国法并没有在这里采用债权意思主义，而是通过交付（含观念交付）表现出来的物权变动合意。正是基于这一合意，所有权得且仅得在当事人之间发生变动，即交付所具有的法律效力并不是根源于它对所有权转让进行了公示，而是根源于其所表达的使所有权在当事人之间发生变动的合意。待至登记时，当事人不仅已经具备了使所有权发生对世变动的合意，而且这种合意已经与法定的物上要素实现了结合，故此时的所有权可发生具有对世效力的变动。③即使存在当事人只进行了所有权

〔1〕［德］鲍尔、施蒂尔纳：《德国物权法》（上册），张双根译，法律出版社2004年版，第351页。

转移登记，但未交付标的物的情况，法律上也可以认为，若无相反约定，当事人在实施登记时已具备了使所有权发生对世变动的合意，[1]且该合意中当然包含了使所有权转让在当事人之间生效的合意，故此时的登记已经具备了使所有权发生对世变动所需的全部意志要素和物上要素，足以为所有权转让提供完备的法律基础。概言之，“合同+交付生效+登记对抗=完全的所有权转让”的等式完全可以被还原为“所有权转让合意+公示=完全的所有权转让”的等式。在后一等式之下，我们大可不必困扰于已登记，未交付的准不动产所有权转让是否具有完全效力的问题。因为，在此情况下，登记本身就是完全的所有权转让合意和公示的结合，它不仅足以为所有权转让的对世生效提供法律基础，而且吸收了交付在“先交付、后登记”情况下所具有的表达部分所有权转让合意的功能，进而使得嗣后可能的交付沦为了与物权变动无关的单纯的占有移转行为。

2. 依据《买卖合同解释》第10条所作分析

对于准不动产的二重让与如何处理的问题，2012年最高人民法院发布的《买卖合同解释》第10条也专门作出了规定。该条规定：“出卖人就同一船舶、航空器、机动车等特殊动产订立多重买卖合同，在买卖合同均有效的情况下，买受人均要求实际履行合同的，应当按照以下情形分别处理：（一）先行受领交付的买受人请求出卖人履行办理所有权转移登记手续等合同义务的，人民法院应予支持；（二）均未受领交付，先行办理所有权转移登记手续的买受人请求出卖人履行交付标的物等合同义

[1] 拒绝承认这种合意的存在不仅有悖于常识，而且有悖于相关准不动产登记程序法要求申请人递交权利取得证明文件的制度设计目的。当然，须予注意的是，目前，我国相关准不动产登记程序法在准不动产所有权转让和抵押权设立登记中并未全面采纳共同申请原则，而这实际上并不利于保证权利取得证明文件所含物权合意的真实性。

务的，人民法院应予支持；（三）均未受领交付，也未办理所有权转移登记手续，依法成立在先合同的买受人请求出卖人履行交付标的物和办理所有权转移登记手续等合同义务的，人民法院应予支持；（四）出卖人将标的物交付给买受人之一，又为其他买受人办理所有权转移登记，已受领交付的买受人请求将标的物所有权登记在自己名下的，人民法院应予支持。”

依据该规定来分析前述4例，解释上可以看出，如果将该条所规定的“交付”解释为包含所有交付形态（含现实交付和观念交付），则前述4例的前3例的处理结果都将无一例外的是“B优先取得所有权”，例4的情况如果采A、B间的交易包含了一个占有改定的推定结构，则其结果同样是“B优先取得所有权”——B先行受领交付，反之，若不采此推定，则其结果应是“C优先取得”（具体分析，见下表）。毫无疑问，这种结果看起来是非常奇怪的。除非我们认为，该条中的“交付”仅指现实交付，或者说还包含简易交付，但不包括占有改定和返还请求权的让与。但问题是，如此解释准不动产所有权转让中的“交付”的理由何在呢？难道最高人民法院在出台该解释时，是以准不动产所有权转让中的交付只能是现实交付（或者还包括简易交付），而不能是观念交付为“前见”的？[1]

退一步讲，即使我们承认该解释第10条中的交付仅含现实

---

〔1〕事实应该并非如此，因为，在实践中，包括最高人民法院在内的许多法院都已经明确承认了准不动产所有权也可以通过占有改定转移。参见最高人民法院民事裁定书［2013］民申字第1946号（该案中，最高人民法院已承认占有改定也是使船舶所有权发生有效转移的交付方式）；参见南京市建邺区人民法院民事判决书［2013］建南商初字第5号和第6号（在这两个案件中，法院都明确肯定了当事人可以通过占有改定使机动车所有权发生有效转移）；广州海事法院民事判决书［2012］广海法初字第272号（该案判决认为，船舶买卖双方在签订了书面的交接协议时，即使船舶未现实交付，买方也已通过占有改定取得了船舶所有权）。

交付和简易交付，并依此解释来处理前述各例，其结果（详见下表）依然存在诸多不合理之处：①该条所列四项规则都没有要求法院考虑《物权法》第24条所规定的“善意”要件，这显然值得商榷，也有悖于司法解释不能明显背离其所解释的法律的原则。②按照该条第（四）项的规定，前述例2、例4所述情况在文义上应该都属于“出卖人将标的物交付给买受人之一，又为其他买受人办理所有权转移登记”的情况，因此，在这二例中，受领了物的现实交付（或简易交付）的受让人都有权请求更正登记，而不管另一受让人取得登记的时间是在其受领交付之前，还是之后。如此处理，则意味着所有通过所有权转移登记受让准不动产所有权的受让人（B）如果不能“举证证明其当初取得登记所有权人名义时已经受领了标的物的直接占有”，〔1〕他就无法向其他从其前手甚至前手的前手处受领了同一标的物现实交付的受让人（C）主张任何权利，〔2〕而这不仅有

---

〔1〕 在现实中，机动车所有权受让人在举证证明这一点上似乎不存在太大的困难。因为，按照《机动车登记办法》第14条的规定，机动车所有权受让人（或其代理人）在申请过户登记时，需到登记机关交验车辆，而交验行为应该可以作为受让人已取得标的物直接占有的有力证明。但是，在船舶、航空器所有权受让中，由于船舶、航空器操作的专业技术性更强和停泊、行驶区间的特殊性，受让人在申请过户时，一般都是通过递交符合相关登记程序要求的“船舶或航空器交接文件”来证明标的物“已交付”的，这种书面的交接文件在证据法上能否作为受让人已取得标的物直接占有的有效证明，显然是有疑问的。

〔2〕 我国就有学者认为，“已登记，但未取得标的物直接占有”的受让人并未取得任何物权（如果本人对其观点的理解没有误解其本意的话）。按照其观点，在例4中，B在与A交易时，会因为没有满足第23条所规定的交付要件而根本就没有取得物权，所取得的只是一个虚假的登记名义。既然B不是物权人，C自然存在通过现实交付（或简易交付）取得生效所有权的可能（如果认为B根本未取得物权，那么B就应该只享有债权人地位，而依物权优先于债权的法理，C所取得的所有权虽然没有登记，但依然可以对抗仅享有债权的B，而不是持该论者所说的，C在取得登记之前尚不能对抗B），并得据此要求更正登记。参见崔建远：“机动车物权的变动辨析”，载《环球法律评论》2014年第2期。

悖于常人对法律的理解，而且在实践中是非常有害的，会给那些已通过所有权转移登记受让准不动产所有权但不直接占有标的物的所有权人——这在船舶和航空器交易中相对比较多见——的权利安全带来巨大威胁。

第10条的交付仅含现实交付、简易交付					第10条的交付含所有形态的交付		本文解释
	A—B	A—C	适用规定	结论	适用规定	结论	
例1	占有改定+未登记	现实交付或简易交付+登记	适用（一）	C优先	适用（一）或（四）	B优先	C善意时，已登记的C优先；恶意时，B优先
		占有改定或返还请求权让与+登记	适用（二）	C优先			
例2	现实交付或简易交付+未登记	现实交付或简易交付+登记	适用（一）或（四）	B优先	适用（一）或（四）	B优先	C善意时，已登记的C优先；恶意时，B优先
		占有改定或返还请求权让与+登记	适用（四）	B优先			
例3	占有改定+未登记	现实交付或简易交付+未登记	适用（一）	C优先	适用（一）	B优先	C善意时，BC相互不能对抗；恶意时，B优先

续表

	第10条的交付仅含现实交付、简易交付				第10条的交付含所有形态的交付		本文解释
	A—B	A—C	适用规定	结论	适用规定	结论	
例4	已登记+未现实交付或简易交付	现实交付或简易交付+未登记	适用（一）或（四）	C优先	若不能推定AB间有占有改定，适用（一）或（四）	C优先	已登记的B优先，即使C是善意的
		占有改定或返还请求权让与+未登记	适用（二）	B优先			
			BC均未受领交付，相互不对抗	？			

3. 小结

综上可见，在第24条所规定的准不动产登记对抗主义之下，对于二重让与情况下的出卖人和两个受让人的法律地位及其相互关系，可得出如下结论：

第一，仅受领了交付（含观念交付）而未登记的受让人只能取得“效力不完全的物权”，善意的第三人对该物权变动享有“善意第三人的否认权”的共同法理在此依然有效。

第二，在出卖人已经因第一笔转让丧失了所有权的情况下，对于第二受让人能否从已无处分权的出卖人处取得所有权的问题，不应适用善意取得制度来解决，而是应适用第24条本身的规定。依其规定，只要第二受让人具备善意且已经办理了登记，第二受让人即可无瑕疵地取得所有权——“效力完全的物权变动”对“无否认权的第三人”。该所有权取得的法理依据在于，一方面，受让人基于“未登记，不对抗”的规则产生了不存在未登记的物权的信赖——“善意第三人的否认权”即源自于此，也正是基于这种信赖，所以受让人才作出了与登记名义人进行交易的行为决策。另一方面，受让人又基于“登记即对抗”的规则产生了法律会保护自己通过登记取得对世物权的善意信赖，这不仅构成了第三人得权的核心依据，同时也体现了公示规则为交易主体提供稳定的行为预期——保障其交易目的的实现和交易安全——的基本功能。简言之，在准不动产登记对抗主义之下，物权取得人取得物权的真正法理依据乃在于其对“未登记不对抗”和“登记即对抗”的物权变动规则的制度性信赖。也只有在“一个本着诚信（善意）而行为且信赖公示的完成就可以使其无瑕疵地取得对世物权的交易主体”的交易目的的实现或交易安全能够得到法律有效保护时，当事人才敢放心大胆地投入交易，相关的物权变动规则的规范目的才能得到有效实现。

第三，《买卖合同解释》第 10 条由于存在规范含义模糊不清——条文中的“交付”的含义不清，放弃了《物权法》第 24 条的“善意”要件和易导致与第 24 条规范目的相悖的有害于实践的结果，理论上不能作为阐释准不动产登记对抗主义法理构成的规范基础。或者说，其所确立的规则本身就未能体现准不动产登记对抗主义的本旨，应予修正。

第四，在准不动产登记对抗主义之下，将“已登记，但未取得标的物直接占有”的受让人确定为未取得任何物权的人的理论认识或解释是不妥当的。在当事人已经以所有权让与的意思办理了所有权过户登记时，应基于当事人已经具备了使物权发生完全的对世效力的变动的合意且已经满足了所有的法定的物权变动要件（占有改定加登记），承认所有权已经在当事人之间发生了完全对世效力的变动。

（三）结论

综上，有关准不动产登记对抗主义的一般法理，可得出如下结论：第一，我国法上的准不动产登记对抗应具有分割物权变动效力，对无权处分和善意取得意义体系进行有限切割，交付和登记要件兼采和在公示方式升格和公示强制软化之间实现了复杂折中的法理特质。后两项特质作为我国法上的准不动产登记对抗主义所特有，主要根源于其对交付要件的采纳。在准不动产所有权转让中，交付仅为使物权发生部分效力变动的合意的表达，并非公示方式，也非可排除第三人善意的主要事实依据。第二，不管是在物权变动未登记时，还是在物权变动已登记时，准不动产登记对抗主义在法理构造上与其他登记对抗主义并无实质上的区别，唯一的区别就在于，其在解决多重处分情况下的对抗问题时，需对交付的法律地位和作用作出一些特别的处理。除此之外，所有登记对抗主义其实都是按照以下法理构造运行的，即在物权变动不具备登记对抗要件时，登记对抗主义是通过“效力不完全的物权变动”和“善意第三人的否认权”的构成来解决当事人与第三人之间的对抗关系的。在物权变动已具备对抗要件时，登记对抗主义是通过保护物权取得人可基于其对公示规则的善意信赖而取得“效力完全的物权”，并同时排除第三人的“否认权”来解决物权的对世变动问题的，〔1〕从而形成了登记对抗主义之下的“效力不完全的物权

---

〔1〕 我国有学者认为，应以源自日本法的“权利外观说”或“信赖保护说”作为我国法上的登记对抗主义规则的法理构成。该说认为，在出卖人将所有权转让给第一受让人后，受让人已取得所有权，出卖人已成为无权利人，以此为前提，因信赖出卖人所拥有的登记名义而与出卖人交易的第二受让人，如果是善意无过失的，且已取得登记，则可以有效取得物权。在第二受让人取得物权时，第一受让人将丧失物权。（参见龙俊：“中国物权法上的登记对抗主义”，载《法律研究》2012 年第 5 期。）该说虽然存在一定合理性，但单纯强调第三人对出卖人拥有的权利外观存在

变动”对“善意第三人的否认权”“效力完全的物权变动”对“第三人无否认权”的双重结构，而支撑这种双重结构的核心恰恰在于当事人对“未登记不对抗”和“登记即对抗”规则的制度信赖，即对“公示规则的善意信赖”。正是这一信赖保护构成了所有登记对抗主义运行的法理基础，并使之与公示要件主义在运行机理上保持了一定的共通性。

第三节　准不动产物权变动的效力

在准不动产登记对抗主义之下，物权变动的效力可根据物权变动是否已登记来分别加以确定。基于前文所述的善意第三人的含义和登记对抗主义法理构成，可对准不动产物权变动的效力作如下分析。

一、未登记的准不动产物权变动的效力

在准不动产登记对抗主义之下，未登记的物权变动虽然可以生效，但并不具有对抗善意第三人的效力。因此，在确定未登记的准不动产物权变动效力时，重点需明确的是这里所说的不得对抗的善意第三人的含义和范围。

（一）未经登记也可对抗之人

依前文所述，在准不动产登记主义之下，所谓“善意第三

（接上页）合理信赖本身并不足以说明第三人为什么最终能够取得物权。因为，若欠缺登记，第三人即便存在对出卖人拥有的权利外观的信赖这一“善意”要件，也不一定能产生物权取得效果，而是至多只能取得一项“否认权”。也就是说，能够构成第三人取得物权依据的受保护的“信赖”并不仅限于基于出卖人拥有权利外观而产生的信赖——“权利外观说”所强调的就是对这一信赖的保护，还应包括出卖人使第三人取得权利外观而产生的“登记（取得所有权或抵押权时）或交付（取得质权时）即取得对世物权”的信赖。简言之，这里所保护的核心信赖是不知情的第三人信赖自己可以通过从出卖人处取得权利外观而取得相应物权的信赖——对出卖人所拥有的权利外观的信赖已经为该信赖所吸收。

人”，是指不知道或不应当知道物权在当事人之间发生了变动的对同一标的物享有物权的人。基于此一含义，可以确定的是，除前文所述的“一般债权人”和“侵权人”非属此处所述的第三人之外，以下主体也不属于此处所述的善意第三人。

1. “先转后租”情况下的后次租赁权人

租赁权作为债权，与物权本无竞存抗争关系，因而一般说来，租赁权人并非此处所说的“第三人”（物权法律关系意义上的第三人），法律上也没有太大的必要去讨论未登记的物权与租赁权之间的“对抗”关系，但由于在现代民法中，租赁权已经被赋予了一定的物权特征，故这里仍有必要对准不动产租赁权和租赁物之上的物权变动的关系做一简要讨论。①若所有权转让在先，租赁在后，则应依物权优先于债权的法理，承认在先的转让可对抗在后的租赁，不管前者是否已经登记。②若抵押在先，租赁在后，则应适用《物权法》第 190 条关于“抵押权设立后抵押财产出租的，该租赁关系不得对抗已登记的抵押权”的规定，承认设立在先的已登记的抵押权实现将不受租赁权的影响。反之，若设立在先的抵押权未登记，则应根据对上述规定的反对解释，承认在后的租赁权不受抵押权的影响，因抵押权的实现而取得的标的物所有权仍因负担该租赁权。③若租赁在先，转让在后，则原则上应依据《合同法》第 229 条或《海商法》第 138 条所规定的“买卖不破租赁”的规则，承认租赁合同的效力不受所有权转让的影响。但依据《民用航空法》第 33 条，未经登记的民用航空器融资租赁或租期为六个月以上的其他租赁，不得对抗包含受让人在内的第三人。④若租赁在先，抵押在后，则应适用《物权法》第 190 条关于“订立抵押合同前抵押财产已出租的，原租赁关系不受该抵押权的影响”的规定，承认租赁合同的效力不受抵押权的影响。

2. 连环转让中的前所有人

在这里，所谓的连环转让中的前所有人是指以下情况下的A。例如，A通过交付将某机动车的所有权转让给了B；B在登记之前又通过交付将该车转让给了C，C即使未登记也可以其所有权对抗A，A不得以C欠缺登记为由来否定C的所有权。因为，在这里，A只是一个负有移转登记名义义务的债务人，而非一个享有与C的所有权存在竞存抗争关系的物权的权利人，故A非为登记对抗主义之下的第三人。[1]

3. 因法定物权变动而丧失物权的人

在这里，因法定物权变动而丧失物权的情况比较多样，其所涉“失权人”大致主要有：①因合同被宣告无效或撤销而丧失物权的人；②因法院判决而丧失物权的人；③因合同解除而丧失物权的人。对于这些人，未登记的物权变动依然可以具有对抗力。例如，A将某机动车所有转让给B，已交付和登记过户，后来，A、B之间的买卖合同被法院判决无效或被撤销，或被溯及地解除，所有权也因此回复给了A，但该项回复性的物权变动尚未登记；此时，若A通过指示交付将该车所有权转让给了C，则C可以其所有权对抗已丧失所有权的B。当然，如果在登记回复之前，B又将该物转让或抵押给了D，则此时应依无权处分和善意取得制度来判断D能否取得可对抗A或C的物权。

4. 恶意第三人

依前文所述，未登记的生效物权对恶意第三人具有对抗力乃是“未经登记，不得对抗善意第三人”应有之义。例如，在一车二卖中，第一买受人B已通过指示交付从A处取得了车的所有权，但尚未登记，若第二买受人C在通过现实交付取得同

[1] 参见［日］近江幸治：《民法讲义Ⅱ·物权法》，王茵译，北京大学出版社2006年版，第61页。

车所有权时，明知前一转让存在，则 B 可以其所有权对抗恶意的 C。当然，如果 C 不仅知情，而且还有侵害 B 的意图，如出于报复等非法目的故意阻止 A 将所有权过户给 B，则 B 除了可对 C 主张所有权的对抗力外，尚有依据侵权法追究 C 的侵权责任的余地。同理，对于那些“以欺诈、胁迫手段妨碍登记申请的人”和“有义务为当事人实施登记申请而不为的人（如被委托办理登记申请的代理人自己成为二重转让的受让人取得登记的场合）”，[1]也应按恶意第三人处理。

不过，这里尚须探讨的是，在上例中，若第二买受人 C 又将该车转让给了 D 且已经交付，则如何处理 B、D 之间的对抗关系，又将成为一个问题。对于此一问题，笔者认为，在物权很大程度上已被相对化的公示对抗主义之下，法律在处理上述问题时，原则上也应采取某种相对的构成，即应该根据个案所涉当事人的相对法律地位来决定谁的权利“更优”。依据这种相对构成论，法律在判断上例中的 B 的所有权和 D 的所有权哪个更优时，应就 D 相对于 B 是否构成善意进行独立判断，而不必考虑 D 的前手 C 在相对于 B 时是善意还是恶意，即 C 的善意和恶意只影响 C 能否对 B 主张其权利，而不影响处于这种相对关系之外的第三人 D。若 D 为善意，则即便 C 是恶意的，D 的善意第三人地位也不受影响。[2]反之，若 D 为恶意，则即便 C 为善意，D 也不构成善意第三人，B 的所有权仍得对抗 D。若非如此，则有可能导致恶意的 D 以善意的 C 作为权利取得中间手段的结果，而这显然有悖于诚信。

---

〔1〕参见［日］加贺山茂：“日本物权法中的对抗问题”，于敏译，载《外国法译评》2000 年第 2 期。

〔2〕当然，确认了 D 的善意，并不意味着 D 的所有权可以对抗 B，因为在 B 相对于 D 也构成善意第三人时，D 和 B 所取得的未登记的所有权之间将形成一个谁也不能对抗谁的僵局。如何破解这一僵局，涉及无权处分和善意取得法理，详见下文。

（二）未登记的物权变动与查封债权和破产债权间的“对抗”关系

未登记已生效的准不动产物权（所有权或抵押权）变动可以“对抗”（出卖人或抵押人的）一般债权人是法律承认此类物权变动已生效的必然结果，但在有关未登记已生效的准不动产物权变动能否对抗查封债权和破产债权的问题上，理论上尚有不同看法，且其争议主要是针对未登记已生效的动产（含准不动产）抵押权能否对抗查封债权人（含查封、扣押、冻结时声请参与分配的债权人）和破产债权人的平等受偿权展开的。有鉴于此，以下的讨论也将主要围绕此一争议展开，但基于举重明轻原则，其所得结论原则上也可适用于未登记已生效的准不动产所有权转让与查封债权和破产债权的关系。

1. 学说上的分歧

关于未登记的动产（含准不动产）抵押权与查封债权、破产债权间的对抗关系，学理上的争论主要是针对以下两种情形展开的。其一是A将某动产或准不动产抵押给了B但未登记，嗣后A的无担保物权的债权人C请求法院“查封、扣押、冻结”（为便于行文，以下统称为“查封”）了该动产或准不动产。〔1〕其二是A将某动产或准不动产抵押给了B但未登记，嗣后A陷入破产，A的破产债权人C要求就该动产或准不动产平

〔1〕与之相反，如果是查封在先，未登记的抵押权（或所有权转让）成立在后，则由于查封本身就具有限制标的物所有权人的处分权的效果，且查封措施一经依法公示（依据《最高人民法院关于人民法院民事执行中查封、扣押、冻结财产的规定》第8条和第9条的规定，查封、扣押、冻结动产或已登记的特定动产的公示方式一般为直接控制标的物或在相关登记机关办理查封、扣押、冻结登记）就可排除在后的抵押权人（或受让人）的善意，所以，在此情况下，原则上应肯定在先的查封可对抗在后的抵押（或转让），但如果在先的查封没有公示，则不能对抗在后的善意的抵押权人（或受让人）。（参见《最高人民法院关于人民法院民事执行中查封、扣押、冻结财产的规定》第26条。）

等受偿。[1]

在以上两种情形下，针对 B 能否以其享有的抵押权来主张就标的物优先于 A 的查封债权人或破产债权人 C 受偿的问题，以王泽鉴先生为代表的许多学者都认为，除非法律上有特别规定，否则原则上应承认 B 在以上两种情况下可以优先于 C 受偿，理由如下：

(1) 就法律性质而言，物权具有排他性，其效力恒优于债务人之一般债权人，此为一项基本原则。动产抵押权既为物权，应优先于一般债权，实为当然之理。登记与否，并不影响其优先受偿效力，否则动产抵押权是否具有物权性，将因有无登记而不同，势将混淆法律体系。

(2) 就文义而言，对抗云者，系以权利依其性质有竞存抗争关系为前提，例如在同一标的物上有动产抵押权或质权时，始生对抗的问题。动产抵押权等依其本质即优先于债权，自不发生所谓对抗问题。

(3) 就交易安全而言，论者有谓：动产抵押若未为登记，不具公示力，若承认其优先效力，则债务人之一般债权人，必遭不测之损害，殊非妥善。此为主张广义说者之主要理论根据，但详析而明辨之，亦难苟同。一般债权人之借与金钱，系信赖债务人之清偿能力，故应承担不获清偿之风险。其既与动产抵押之标的物无法律上之直接关系，实不能承认其具有对抗动产物权之效力。一般债权人如欲避免遭受不测损害，应设定担保物权。

---

[1] 与之相反，如果是在人民法院已经受理了债务人的破产申请后，债务人再将其动产或准不动产抵押（或转让）给他人，该抵押（或转让）将因已违反《企业破产法》第 16 条（该条规定：人民法院受理破产申请后，债务人对个别债权人的债务清偿无效）和《合同法》第 52 条的规定而归于无效。

(4) 再就附条件买卖言，所谓第三人不应包括买受人之一般债权人，尤为明显。出卖人既仍为所有人，则当其基此资格行使权利，一般债权人何得主张而为对抗？债权人误信债务人所有的租赁物为所有物时，不受法律保护，实无疑义。基于同样理由，一般债权人不能仅因信赖买受人所占有之物为其所有物，即应受到保护，交易上的信赖危险，仍应由自己负担。[1]

另一些学者则认为，在登记对抗主义，查封债权人和破产债权人应属于未登记的抵押权绝对不能对抗的第三人之列，并认为肯定论者所持的前述各项理由都很难成立：

(1) “就第一点理由而言，笔者认为有教条之嫌，‘以物权恒优先于债权’作为公理，没有考虑实质的利益关系。实际上，登记对抗主义对于物权与债权的效力体系就是一个冲击，即使认为未登记的抵押权优先于‘广义的一般债权’，这一冲击也是存在的，其效力仍不同于公示了的物权。而且，认为‘动产抵押权是否具有物权性，将因有无登记而不同’也是有失偏颇的。因为即使未登记的抵押权不能对抗一般债权人，也至少可以对抗侵权人，其物权性依然有所体现。既然如此，就不应该固守‘物权恒优先于债权’的教条，而应在分析当事人之间的实质利益关系的基础上进行平衡取舍。”

(2) “就第二点理由而言，笔者认为这是王泽鉴先生个人对‘对抗’的定义。从比较法上看，未登记物权与债权之间的对抗关系是对抗制度中的重要一环。例如在日本，尽管有诸多理论界定何谓‘对抗’关系，但是没有任何一个理论彻底否定了未

---

[1] 王泽鉴：《民法学说与判例研究》（第1册），北京大学出版社2009年版，第228~229页。

登记物权与债权之间的对抗关系。一般认为，区分是否具有对抗关系的关键点并非权利性质是物权还是债权，而是是否‘具有物的相争关系’。即使是债权，只要‘取得某种物的支配关系’，也属于不登记不得对抗的范畴。”

(3) 交易安全的理由“涉及了问题的本质。不登记不得对抗的第三人范围是否包含一般债权人，实质上就是一个交易安全（动的安全）与意思自治（静的安全）的冲突问题。更进一步而言，就是一个交易成本的分配问题。主张不登记不得对抗的第三人范围包含一般债权人，则意味着交易中的当事人要在更多的情形下承担登记成本；主张不登记不得对抗的第三人范围不包含一般债权人，则意味着交易中的第三人要在更多的情形下承担调查成本。王泽鉴先生认为‘一般债权人之借与金钱，系信赖债务人之清偿能力，故应承担其不获清偿之风险’，实际上就是无条件地（即不考虑善意恶意）让作为交易中第三人的金钱债权人承担交易中的调查成本。……让其承担无限调查义务显然是违背效率价值的（……金钱债权人甚至连有限度的调查义务也不应当承担）。”因此该项理由也是不成立的。

(4)“与所有权保留的类比关系，……理由本身并不强，而且被转引频率并不高，所以文中不赘。”

(5) 依据权利外观说，由于抵押权未登记，“一般债权人在交易时信赖了权利尚未变动的外观，自然应该对之加以保护。只保护物权人而不保护债权人的观点显然是偏颇的。需要讨论的问题只在于保护的介入点。当债务人资信状况良好，债权人的债权没有不能实现之虞时，债权人与未登记物权人的利益没有发生实质性冲突，自然没有道理主张物权变动没有登记。但当债务人陷入了破产，或者债务人的财产被扣押时，债权人就与未登记物权人的利益发生了实质性冲突。既然债权人当初相信了物权尚未移转的权利外观，自然应该对这种债权人加以保护。因此，除‘狭义的一般债权人’外，破产债权人、扣押债权人、参与分配债权人都应该属于不登记就不能对抗的第三人。”〔1〕

2. 分析与评论

以上二说虽各有所据，但在笔者看来，否定论者（后说）所持理由及其对肯定论（前说）的反驳并不具有很强的说服力，其所持观点与我国相关实证法的规定也存在诸多不合之处，具体分析如下。

第一，前述二说的根本分歧在于对物权和债权区分法理的不同理解和运用。依传统的物债两分法理，物权与债权的核心差别主要有二：其一是“支配”和“请求”的区别，即物权的核心内容是保护“人对物的支配”，债权的核心内容是保护“人对人的请求”；其二是“绝对”和“相对”或“对世”和“对人”的区别，即物权是具有排他效力的绝对权、对世权，债权是只能在相对人之间生效的相对权、对人权。正是以上两个方面的区别决定了，作为对物支配权的物权与作为对人请求权的债权通常并不会在物上利益归属和取得上发生所谓的“对抗”——二者所保护的利益本就不在一个层次上。即便是在一般债权人欲通过请求取得特定物上利益来实现其债权并因此与物权人的利益发生“冲突”时，这种“冲突”的本质也非物权法意义上的“对抗”问题。因为，基于债权本就不含对物支配内容及其权利效力的相对性，债权人的这种请求充其量只是一种债权行使方式，它并不能从根本上改变债权人的法律地位，

〔1〕龙俊：“中国物权法上的登记对抗主义”，载《法学研究》2012年第5期。

也不能使其债权获得超出债权本身的效力,〔1〕更不能使债权人直接取得债务人的特定财产的实体物权和优先受偿权。〔2〕因此，即便是在债权人欲通过上述请求来实现其债权时，这种债权请求的效力也不能超出其固有的相对性和平等性——不能产生排斥第三人权利或法律地位的效力，而是依然只能劣后于与之相冲突的具有排他性和优先性的物权。王泽鉴先生所说的理由（1）和理由（2）所要阐明的就是这一基础法理。

第二，物权和债权的区分并非纯概念逻辑或形式体系上的，而是内在地包含了对不同利益的价值评价和利益平衡。正是由于物权是建立在对物支配意义上的排他权，所以物权法在确定物上利益归属时，既需要确保归属于特定当事人的物上利益具有排他性，又需要为其他物上利害关系人的利益免遭这种排他性的不当损害提供保护，所谓的物权公示原则即由此而生，其目的就是为了通过公示机制的建立来保障物权当事人的交易安全（对抗他人权利和免受他人权利排斥），从而实现不同物上利益归属主体之间的利益平衡——通过限制当事人的交易自由来实现对第三人交易安全的更严格的保护。至于债权，则因其本

〔1〕“一般债权人即使进行查封或加入分配，其债权效力并未特别增强。”[日] 近江幸治:《民法讲义Ⅱ：物权法》，王茵译，北京大学出版社 2006 年版，第 60 页。

〔2〕“查封债权人……申请法院查封债务人……名下的财产，只是在法律规定的范围内行使自己的诉讼权利；原审法院查封涉案机动车并不代表……（申请人）对涉案机动车享有实体权利。……故其并非法律意义上的‘善意第三人’。”（参见广东省广州市中级人民法院民事判决书［2010］穗中法民一终字第 6078 号。）“物权法上的善意第三人应是对诉争车辆享有物权的人，只有物权人才有权对抗同样为物权的抵押权行使。诉争车辆虽曾先后三次因其他债权人诉讼被法院查封，但法院查封行为目的是为了保证案件判决结果的顺利执行，仅是限制物权变动，本身不产生任何新的物权，故法院查封行为不会创设享有物权的善意第三人。”（参见江苏省无锡市中级人民法院民事判决书［2013］锡民终字第 1150 号。）

身并不具备对物支配内容，与特定物上利益归属也无直接法律关联，故债权的安全并不在公示原则的保护范围或规范目的射程之内，而是只能由其他法律制度提供保护。也就是说，公示原则作为物权法上的一项以保护交易安全为目的的制度设计，其制度功能主要是为了给物权交易领域中的第三人提供交易安全保护，而一般债权人由于根本未进入物权交易领域，未落入第 24 条后半部分的涵摄范围，自当不应被纳入此处所述的第三人范畴。《物权法司法解释（一）》第 6 条将准不动产所有权出让人的一般债权人排除在《物权法》第 24 条所规定的“善意第三人”的范畴之外，所贯彻的就是此一法理。《海商法》第 22 条和《民用航空法》第 19 条等相关法律有关特定债权可依据法律的特别规定享有可优先于物权实现的特别优先权（船舶优先权或民用航空器优先权等）的规定也从另一个方面反证了，若无法律的特别规定，债权通常并不具有可对抗物权或优先于物权实现的效力。当然，如果债权人希望通过获得对特定物上利益的排他性支配来保障其债权安全，债权人完全可以要求债务人为其提供物的担保。简言之，对于债权这种仅具对人请求意义的相对权，法律会赋予当事人以更大的交易自由——无须以保护第三人的交易安全为由来限制其交易自由，但同时也会让其对自己的选择承担更多的自己责任，而不会通过一般性地赋予其可对抗物权的效力来实现其债权安全的保障。王泽鉴先生所述的理由（3）和理由（4）所要重点阐明的就是这种物债两分体系下法律就物权人和债权人的交易安全所做的不同安排，其核心要点就在于，在以协调不同物权法律关系主体的利益为规范目的的公示原则之下，债权人并不享有受该原则所保护的“信赖利益”（“债权人误信债务人所有的租赁物为所有物时，不受法律保护，实无疑义。基于同样理由，一般债权人不能仅因信赖买受人所占有之物为其所有物，即应受到保护，交易上的信赖危险，仍应由自己负担”），债权人在交易时所形成的对“债务人之清偿能力”的信赖与债务人对特定物是否拥有物权并“无法律上之直接关系”，故“不能承认其具有对抗动产物权之效力”，[1]而是应由债权人自担交易上的信赖风险，但债权人可通过选择设立担保来防范这种风险。

第三，将“物权恒优先于债权”的法理在登记对抗主义之下的运用视为“教条”，并认为应将问题的解决之道系于“当事人之间的实质利益关系”的分析和平衡取舍的立论，虽然看似有一定道理，但其分析和平衡取舍实质上已经在很大程度上偏离了整个物权法和债法体系设计的内在逻辑和基本价值原则。

（1）以“登记对抗主义对于物权与债权的效力体系本身就是一个冲击”来论证“物权恒优先于债权”于此的运用属于固守教条难以令人信服。诚然，登记对抗主义将物权的变动分割为“不具有完全对抗力”和“具有完全对抗力”的两个阶段确实会给物权的绝对性带来冲击，但若认为在这种冲击之下，法理上就应完全放弃物权对与之相争的一般债权的优先性或对抗力，则其结果将必然导致王泽鉴先生所说的“混淆法律体系”，即这种放弃会导致已取得未公示物权的权利人的地位与一般债权人的地位无实质差异——二者地位平等，从而使得登记对抗主义在很大程度上已被还原为登记要件主义。至于论者所持的“未登记的抵押权不能对抗一般债权人，也至少可以对抗侵权人，其物权性依然有所体现”的说法，则同样存在未能正确理解“物权性”的嫌疑。因为，“物权性”本身就是相对于“债权性”而

[1] “公示规则而产生的不得对抗的抗辩仅可由那些受该规则保护的当事人援引。”［德］冯·巴尔、德罗布尼希编：《欧洲合同法与侵权法及财产法的互动》，吴越等译，法律出版社 2007 年版，第 367 页。

言，与能否“对抗侵权人”无关。例如，承租人和承运人就不属于物权人，但在第三人损毁租赁物或承运货物时，二者依然可以其法律地位来“对抗侵权人”——请求后者承担侵权责任。

（2）以是否“具有物的相争关系”而非权利依其性质是否存在“竞存抗争关系”来定义登记对抗主义之下的“对抗”，虽然有日本法的做法为辅证，但问题是，按照论者所说的“即使是债权，只要‘取得某种物的支配关系’，也属于不登记不得对抗的范畴”的观点，论者至少应在理论上阐明程序法上的查封或破产债权申报为何可在实体法上使债权人取得“某种物的支配关系”，从而使得原本无权主张登记欠缺者转换成了有权提出此类主张的“第三人”；这种由程序法创造的“某种物的支配关系”到底是何种意义上的物的支配关系，其具体效力如何等。对于这些问题，论者并没有给出必要的论证，而是仅仅以“在日本，……没有任何一个理论彻底否定了未登记物权与债权之间的对抗关系”为据做了一个简单说明，但即便是这种说明，其本身也是很不全面的，因为在日本法上，同样存在“查封本非对抗问题”的观点，甚至存在“在查封阶段登记是不必要的”的有力说。〔1〕

（3）反对论者在对“当事人之间的实质利益关系”进行判断和平衡取舍时，将此处所涉的安全（动的安全和静的安全）问题定义为“交易成本的分配问题”，并基于其对“效率价值”的尊奉来论证债权人在交易时对权利外观的信赖也应受到公示原则（未登记不对抗规则）保护的观点，已经在很大程度上脱离了相关法律制度的整体设计理念。首先，交易安全的保护问题虽然与交易成本的分配问题有关，但交易成本的分配问题本

〔1〕 参见［日］近江幸治：《民法讲义Ⅱ：物权法》，王茵译，北京大学出版社2006年版，第61页。

质上是一个效率问题，与交易安全保护问题非属同一问题，甚至在价值上会发生一定的冲突。所以，单纯以某项制度安排不符合“效率价值”来否认其正当性是有欠妥当的——法律上的正当从来就是不同价值的平衡。其次，即便从交易成本分配的角度看，肯定未登记的物权可对抗一般债权人也不违背效率价值。因为，在现行法之下，一般债权人在与债务人进行交易时，完全可以通过设立担保物权或其他担保来保障其债权安全，从而使之免于承担论者所谓的不符合效率价值的交易成本——调查债务人是否拥有某些标的物的物权。当然，如果债权人更愿意选择相信债务人的清偿能力，而不要求债务人提供任何担保，债权人自当应为其更加追求效率的选择承担更高的交易风险。最后，论者对王泽鉴先生所提出的理由（4）的忽略，并主张与之相反的“公示原则应为一般债权人在交易时对权利尚未变动的外观的信赖提供保护”的观点，明显有悖物权公示法理。因为，债权人在与债务人进行交易时，所谓的信赖乃是建立在对债务人的一般责任财产状况和清偿能力的基础之上，而非建立在对特定物的物权归属的信赖之上。当然，债权人也可以选择信赖债务人拥有权利外观的物即为其所有物，但必须明确的是，这种信赖在法律上并无任何意义，也不可能得到公示原则的保护。因为，如果公示原则所保护的第三人范围也保护债权人的话，则公示原则的信赖保护范围将得到极大的扩张，甚至可以使信赖了权利外观的债权人“善意取得”某种物上支配利益。王泽鉴先生在理由（4）中反复强调债权人不能因“误信债务人所有的租赁物为所有物”或“仅因信赖买受人所占有之物为其所有物，即应受到保护”的原因即在于此。甚至我们可以进一步说，单纯基于债务人拥有特定的物权外观就形成了对债务人清偿能力的信赖而投入交易的债权人，不是欠缺交易常识，就是对自身利益欠缺足够的关心或注意。若法律对此类信赖也提供可对抗“物权”的保护，则不仅会使得担保物权这一制度设计变得有点多余，而且有为并未尽到适度谨慎的债权人提供过度保护的“法律家长主义”之嫌。

第四，在查封和破产情况下，真正与信赖保护相关的并非“一般债权人在交易时信赖了权利尚未变动的外观”（这种信赖并无任何法律意义），而是在查封和破产阶段，债权人和相关机关可否基于债务人拥有的物权外观而信赖其为物的所有人，并据此查封该物或将该物纳入了破产财产。于此，基于程序法系服务于实体法的基本法理，原则上仍应承认实体法原则于此的优位性——执行异议之诉和破产法中的取回权制度设计就是为了保障实体正义而设的，但理论上并不能完全排除相关程序法为了实现其自身理念和目的而对实体法原则作一定程度上的修正。对此，相关程序法学者多有研究，[1]但从目前我国相关程序法的整体规定来看，“物权优先于债权”和“一般债权人在实体上并不受公示原则或权利外观法理保护”的法理依然得到了较为全面的贯彻。《最高人民法院关于人民法院民事执行中查封、扣押、冻结财产的规定》（以下简称《查封规定》）第18条有关法院不能查封、扣押、冻结被执行人所占有的第三人所有或保留了所有权的物的规定，《破产法》第38条、《最高人民法院〈关于审理企业破产案件若干问题的规定〉》（以下简称《破产规定》）第71条和《最高人民法院关于适用〈中华人民共和国企业破产法〉若干问题的规定（二）》第2条有关债务人所占有的他人财产或在所有权保留买卖中尚未取得所有权的财产不能被纳入破产财产的规定都体现了这一法理。《查封规

〔1〕参见肖建国：“执行标的实体权属的判断标准——以案外人异议的审查为中心的研究”，载《政法论坛》2010年第3期。

定》第17条有关“被执行人将其所有的需要办理过户登记的财产出卖给第三人，……第三人已经支付全部价款并实际占有，但未办理过户登记手续的，如果第三人对此没有过错，人民法院不得查封、扣押、冻结”的规定，以及《破产规定》第71条有关“尚未办理……产权过户手续但已向买方交付的财产”不属于破产财产的规定，都在很大程度上肯定了未登记的物权变动对查封债权和破产债权的对抗力。

3. 结论

综上，笔者认为，在我国法所规定的登记对抗主义之下，应承认未登记的动产（含准不动产）抵押权可对抗查封债权[1]和破产债权；而对于未登记的准不动产所有权转让与查封债权和破产债权的关系，则应适用《查封规定》第17条和《破产规定》第71条的规定。依据后二者的规定，未登记的准不动产所有权转让应具有对抗破产债权的效力，但在面对查封债权时，这种对抗力的发生应以满足《查封规定》第17条所规定的“受让人已支付全部价款并实际占有标的物”且“对未办理过户登记无过错”的要件为前提。[2]

---

〔1〕实践中，就有法院基于查封本身不产生任何新的物权，不会创设享有物权的善意第三人的理由，判决未登记的机动车抵押权人可依法对查封物行使其抵押权。参见江苏省无锡市中级人民法院民事判决书［2013］锡民终字第1150号。

〔2〕在实践，许多法院在判决中都支持了在先的对未登记并无过错的机动车所有权受让人可以其所有权对抗在后的查封、扣押、冻结。（参见广东省广州市中级人民法院民事判决书［2010］穗中法民一终字第6078号；上海市浦东新区人民法院民事判决书［2012］浦民一民初字第29418号；湖南省长沙县人民法院民事判决书［2013］长县民初字第1319号；杭州市萧山区人民法院民事判决书［2012］杭萧商初字第1575号。）另外，也有法院在判决中认为，受让人在交付机动车之后的一年乃至两年多的时间内都未办理过户登记，应被认定为对未办理过户登记具有过错，故受让人不得以其未登记的所有权对抗法院嗣后针对该车所采取的查封措施、扣押、冻结措施。（参见广东省广州市中级人民法院民事判决书［2010］穗中法民二终字第379号；浙江省慈溪市人民法院民事判决书［2013］甬慈执异初字第4号。）

（三）未登记生效物权与并存物权间的对抗关系

在登记对抗主义之下，物权可以在无登记外观的情况下发生有效变动，这无疑增加了一物之上发生多重欠缺登记外观的物权变动的可能性。作为其结果，如何解决登记对抗主义之下的一物之上并存的多项物权（变动）的效力关系，也就变得更为复杂。就此，登记对抗主义虽然提供了一个基本解决原则，即“先具备对抗要件者权利优先”的原则，但从理论和实践的情况来看，单纯依赖该原则并不足以完全解决“已生效未登记的物权”与其他并存物权之间的效力关系，而是需同时考虑到登记对抗主义规则与其他相关条文的体系关系。有鉴于此，以下将在结合前述登记对抗主义法理基础上对此间所涉的多重处分和并存物权间的对抗关系加以讨论和总结：

1. 二重让与时的并存所有权转让间的对抗关系

关于二重让与时的并存所有权转让间的对抗关系，前文在讨论准不动产登记对抗主义的法理构成时，已经作了较为细致的分析和讨论，此处不赘，而是仅就其处理结果作一总结：

第一，在第一笔转让已生效未登记，第二笔转让已登记的情况下，第二受让人只要具备善意要件，即可依据第 24 条取得对世物权；反之，恶意的第二受让人不能取得可对抗第一受让人的物权。

第二，在第一笔转让已登记，第二笔转让已生效但未登记的情况下，第一受让人可基于登记取得对世物权（在第一笔转让未现实交付或简易交付时，推定包括一个占有改定），第二受让人不能取得可对抗第一受让人的物权，而不管其是否具备善意。

第三，两笔转让都已生效且都未登记时，只要第二受让人在取得生效物权时具备善意，第一受让人和第二受让人就相互不能对抗，而是只能依谁先取得登记来取得可对抗对方的物权。反之，若第二受让人不具备善意，则第一受让人可以其物权对抗第二受让人。

2. 在先的未登记的所有权转让与并存抵押权间的对抗关系

在先的未登记的所有权转让与抵押权并存的情况主要有两种：其一是在先的未登记的所有权转让与在后的已登记抵押权并存的情况。在此情况下，基于在先的转让未登记，不能对抗善意第三人的规则，只要在后的抵押权人在取得抵押权时是善意的，则在后的已登记抵押权可对抗在先的所有权转让，所有权受让人不能以其所有权来对抗在后的已登记抵押权的行使。[1]同时，基于《物权法》第191条第2款有关“抵押期间，抵押人未经抵押权人同意，不得转让抵押财产，但受让人代为清偿债务消灭抵押权的除外”的规定，未经在后的已登记抵押权人的同意，抵押人在抵押期间不得再为在先的所有权转让办理过户登记。[2]其二是在先的未登记的所有权转让与在后的未登记的抵押权并存的情况。在此情况下，依据《物权法》第24条和第188条，只要在后的抵押权人在取得抵押权时是善意的，则在先的所有权转让和在后的抵押权设立都将因为没有登记且互为善意第三人，相互不能对抗，而是只能依谁先取得登记来决定其效力的优先性。

3. 擅自转让抵押物时的并存物权间的对抗关系

依前文所述，所有权人在将自己的物抵押给他人之后，原则上并未丧失对该物进行法律处分的权利，因而所有权人再行将抵押物转让或在该物之上为他人设立抵押权或质权的行为，原则上并不构成无权处分。但是，《物权法》第191条第2款并

---

〔1〕 参见海南省高级人民法院民事判决书［2001］琼经终字第28号。

〔2〕 参见浙江省温岭市人民法院民事判决书［2009］台温商初字第1978号。

不是这样规定的，而是规定："抵押期间，抵押人未经抵押权人同意，不得转让抵押财产，但受让人代为清偿债务消灭抵押权的除外。"依据该规定，未经抵押权人同意，抵押人擅自转让抵押物的行为将构成无权处分，由此也就导出了受让人能否"善意"取得抵押物所有权的问题。

关于该问题如何处理，目前并无统一意见，但依前文所述的多重处分中的准不动产所有权转让本就在《物权法》第24条的规范范围之内的见解，此时应适用同为登记对抗主义——与第188条一样——的第24条来解决受让人能否取得所有权的问题。依据第24条，有一点可以确定的是，只要在先的抵押权已经登记，该抵押权即可对抗在后的所有权转让，即该物之上的抵押权将不会因抵押物的转让而受到任何不利影响。[1]因此，在这里，真正构成问题的是，在已生效的抵押权未登记的情况下，受让人能否从擅自出让抵押物的抵押人处取得抵押物所有权的问题。

对于以上问题，学界看法不一，但从全国人大法工委对第191条的立法理由所作阐述来看，该条的立法目的之一似乎就是要排除善意受让人取得抵押物所有权的可能。[2]但客观地讲，如果仅就第191条第2款规定本身来讲，对该规定作相反解释也是可能的，理由如下：第一，从文义上讲，"未经抵押权人同意，不得转让抵押财产"这一表述本身并不包含"未经抵押权人同意的抵押物转让当然无效"之意，而是仅具"未经抵押权同意，抵押人无转让抵押财产的权利"之意。至于后面的但书，即"但受让人代为清偿债务消灭抵押权的除外"的规定，则属

---

〔1〕 参见宁波海事法院民事判决书［2012］甬海法温商初字第30号、第108号、第124号、第125号、第126号、第127号和第130号。

〔2〕 全国人大常委会法制工作委员会民法室：《中华人民共和国物权法条文说明、立法理由及相关规定》，北京大学出版社2007年版，第350页。

于一项特别的涤除制度，其效力主要在于可使抵押人无处分权的瑕疵得以补正。简言之，第191条第2款只是对抵押人转让抵押财产的处分权进行了限制，但未明确否定违反该规定的转让行为的效力。这与《担保法》第49条已明确否定了违反其规定的转让行为的效力——“抵押人未通知抵押权人或者未告知受让人的，转让行为无效”——显然不同。第二，依据最高人民法院对《合同法》第52条第（五）项规定所作的解释，合同只有在其所违反的强制性规定属于“效力性强制规定”时［《合同法司法解释》（二）第14条］，才能被认定为无效。其中，所谓的“效力性强制规定”是指法律或行政法规明确规定违反此类规定将导致合同无效的规定，或者虽未明文规定违反之后将导致合同无效，但若使合同继续有效将损害国家利益及社会公共利益的规范。〔1〕将此法理类推适用于这里的擅自转让抵押物的物权变动行为——该行为并非债权性质的合同，解释上应可得出，由于第191条第2款并没有明确规定违反该规定的转让无效，而承认违反该规定的转让继续有效一般也不会损及国家利益和社会公共利益，故该规定并不属于效力性强制规定。违反该规定的转让行为也并不因此当然无效，在该行为之下，受让人依然有“善意”取得抵押物所有权的可能。第三，在抵押权未登记时，若承认该项抵押权可对抗在后的抵押物的善意受让人，则不仅有违未经登记，不得对抗善意第三人的规定和公示原则本身，而且会给交易安全带来潜在的危害，甚至会为出让人在转让所有权之后，通过虚构一项未登记的抵押权来否定此前的所有权转让的效力提供法律上的便利。

基于以上理由，笔者认为，在准不动产抵押权未登记的情

---

〔1〕 冯文生编：《最高人民法院关于适用〈合同法〉若干问题的解释（二）：原理精解·案例与适用》，中国法制出版社2010年版，第88页。

况下，如果在后的抵押物所有权的受让人具备善意且未登记的，则二者相互不能对抗，但如果在后的善意受让人已经办理了所有权过户登记，则受让人可以基于第24条的规定“善意”取得可对抗包括抵押权人在内的对世物权。[1]

4. 未登记的所有权转让与并存质权间的对抗关系

未登记的所有权转让与质权并存的情况也主要有两种：一是未登记但已通过占有改定或指示交付进行的所有权转让与通过现实交付进行的质权并存的情况。在此情况下，依据未登记的所有权转让不能对抗善意第三人的法理，在后的质权取得人只要具备善意，在先的所有权受让人就不能以其所有权来对抗在后的质权，即在后的质权人可基于善意和交付取得可对抗在先的所有权受让人的质权。[2]二是质权成立在先，所有权转让在后。对于这种情况，应按成立在先者优先的原则，承认质权优先，不管嗣后发生的所有权转让是否已登记。

5. 多个抵押权并存时的对抗关系

关于如何处理同一物之上并存的多个抵押权之间的效力关系问题，《物权法》第199条已明确规定：①抵押权都已登记的，按照登记的先后顺序清偿；顺序相同的，按照债权比例清偿；②抵押权已登记的先于未登记的受偿；③抵押权都未登记的，按照债权比例清偿。[3]将以上规定与第188条相联系，解

---

〔1〕参见河南省范县人民法院民事判决书［2010］范民初字第00274号。（案件涉及抵押人未经抵押权人同意擅自在抵押期间将作为抵押物的机动车转让过户给他人，法院经审理后认为，由于在先的抵押权未登记，依法不能对抗在后的受让人，因此给抵押权人造成的损失，只能由抵押人承担赔偿责任。）

〔2〕参见河南省濮阳县人民法院民事判决书［2012］濮民再初字第03号。

〔3〕该规定与《担保法》第54条的规定并不完全一致（在同一动产之上并存多个未登记的抵押权时，《物权法》第199条规定的是按债权比例平等受偿，而《担保法》第54条规定的是合同成立在先者优先），而依据《物权法》第178的规定（“担保法与本法的规定不一致的，适用本法”），应优先适用物权法。

释上应可看出，与第188条一样，该规定同样也可适用于多个抵押权并存于同一准不动产之上的情况，由此也就产生了在同一准不动产之上并存多个抵押权时，到底是应该适用第188条，还是第199条来处理各抵押权之间的效力关系的问题。

就此，学界主要存在两种意见，一种意见认为，此时应优先适用第188条，〔1〕另一种意见则认为，应优先适用第199条。〔2〕笔者赞同第二种意见，理由有二：其一是从体系关系上看，《物权法》第199条的规定实际上已经在体系上排除了第188条于此的适用，即体系上可以将前者看成是后者的特别规定——就多个抵押权并存于同一动产（含准不动产）之上的对抗关系的处理所作特别规定。正是这种体系关系决定了，此时应优先适用第199条。反之，若优先适用第188条，则必将导致第199条第二项和第三项有关"抵押权已登记的先于未登记的受偿"，"抵押权未登记的，按照债权比例清偿"的规定成为具文——因为这两项规定实际上只能适用于第188条所规定的动产抵押（含准不动产抵押），即只能适用于多个动产抵押并存于同一动产之上的情况。其二，在多重动产抵押的情况下，如果同意也要考虑第188条所规定的抵押权人设定抵押时是否具备"善意"的问题，则必将引发逻辑上的悖论。以下略举两例：①若所有权人在其准不动产之上为甲设立了一项抵押权，但未登记；其后又在同一准动产之上依次为乙、丙设立了抵押权，均进行了登记；乙知道在自己的抵押权设定之前甲设定了一项未登记的抵押权，但是丙不知道甲抵押权的存在。在这种情形下，乙对

〔1〕 参见董学立："如何理解物权法第199条"，载《法学论坛》2009年第2期。

〔2〕 参见王洪亮："动产抵押登记效力规则的独立性解析"，载《法学》2009年第11期。

于甲而言属于恶意第三人，故甲的权利应优先于乙的权利；丙对于甲而言属于善意第三人，故丙的权利应优先于甲的权利。因此丙的权利应该优先于乙的权利。但是根据抵押权登记顺位效力规则，乙的抵押权先于丙的抵押权登记，因此乙的权利应该优先于丙的权利，和之前的推论形成了矛盾。②若所有权人在其准不动产之上先后为甲、乙、丙依次设立了抵押权，均未登记；乙知道甲抵押权的存在，丙不知道甲抵押权的存在但是知道乙抵押权的存在。在这种情形下，乙对于甲而言属于恶意第三人，故甲的权利应优先于乙的权利；丙对于甲而言属于善意第三人，故丙的权利应同于甲的权利。因此丙的权利应该优先于乙的权利。但是因为丙知道乙的权利存在，故丙对于乙而言属于恶意第三人，乙的权利应当优先于丙的权利，与前面的推论相矛盾。[1]

简言之，在准不动产重复抵押的情况下，第 199 条的规定实际上已经从体系上排除了第 188 条于此的适用（同时也排除了其对第三人“善意”的要求），故在多个抵押权并存于同一准不动产之上时，依直接第 199 条的规定来决定各抵押权之间的受偿顺序，而无需考虑各抵押权人在取得抵押权时是否知悉或应当知悉其他抵押权的存在。当然，如果在各抵押权有效存在期间发生了抵押权顺位或所担保的债权数额变更的情况，则应依据《物权法》第 194 条的规定加以处理，即未经其他抵押权人的书面同意，抵押权顺位或所担保的债权数额的变更不得对其他抵押权人产生不利影响。

6. 未登记的抵押权与并存质权间的对抗关系

未登记的抵押权与质权并存的情况可分为先押后质、先质

〔1〕 参见龙俊：“动产抵押对抗规则研究”，载《法学家》2016 年第 3 期。

后押两种情况。依据《物权法》第188条，解释上应认为，在先押后质时，若质权人为善意，则未登记的抵押权不能对抗质权，[1]反之，则相反。在先质后押时，依成立在先者优先的原则，质权可对抗在后的未登记抵押权。

7. 未登记的法定物权变动与并存意定物权变动间的对抗关系

这里所要讨论的未登记的法定物权变动与意定物权变动并存的情况主要是指，因法定物权变动而丧失物权的人在该项物权变动完成登记之前，又将登记在其名下的准不动产的所有权转让给他人或为他人设立担保物权的情况。例如，在财产分割之诉中，法院判决登记在B名义的某机动车应归A所有，在判决生效之后，所有权登记过户给A之前，B又将该车转让或抵押给了C的情况。又例如，A将某机动车转让给了B，已交付且登记过户，后来，A、B间的买卖合同被法院判决无效，或被撤销，或被溯及地解除，所有权也因此自动回复给了A。在该项回复性的物权变动完成登记之前，已丧失物权的B又将该车转让或抵押给了C的情况。

对于以上情况，笔者认为，在法律无特别规定时，原则上应承认因法定原因而生的物权变动与已公示的意定物权变动具有同等效力，故在上文所述的车辆所有权已经因法定原因而转移给了A的情况下，B嗣后将该车转让或抵押给C的行为已属无权处分，对于此类情况下的C能否取得相应物权的问题，应依C是否符合第106条规定的善意取得要件来加以确定——这种情况下的无权处分本就在善意取得制度的规范范围内，下文将对此予以详述。

---

[1] 参见王泽鉴：《民法学说与判例研究》，北京大学出版社2009年版，第227页。

二、公示要件完备的准不动产物权变动的效力

在这里，所谓公示要件完备的准不动产物权变动，是指已登记的所有权或抵押权变动和已交付质物的质权。依据上文的解释，这些物权变动已具备完全的对世效力当无疑问。因此，这里需要重点讨论的是，在这些已具备公示要件的物权变动并存于同一准不动产之上时，应如何处理它们之间的效力关系。

对于以上问题，依据物权绝对性法理及相关法律的规定，原则上应适用成立在先或先具备公示要件者优先的原则（这里可能涉及的无权处分问题，已如上述），但在个别情况下也存在例外，这种例外主要有：

（一）已登记的抵押权与质权并存的情况

在已登记的抵押权和质权并存于同一准不动产之上时，按公示在先者优先的原则，若抵押权登记在先，则抵押权优先；〔1〕若质物交付在先，则质权优先。〔2〕不过，须注意的是，最高人民法院《关于适用〈担保法〉若干问题的解释》第79条第1款的规定并未严格遵守以上原则，而是规定，只要是已登记的抵押权与质权并存的，不管何者成立在先，都一律适用抵押权优先于质权的规则。对于这一规定，笔者认为，在物权法生效之后，应排除该规定在准不动产之上的适用，理由有二：

首先，依据《物权法》第212条、第2条第3款共同构成的意义体系，质权人在取得质权之后，即对质物享有第2条第3款规定的“排他的权利”。《担保法解释》的上述规定否定在先质权对嗣后设立的抵押权的排他效力，有违这一意义体系，故

〔1〕参见连云港市新浦区人民法院民事判决书［2013］新民初字第2851号。

〔2〕王泽鉴：《民法学说与判例研究》（第1册），北京大学出版社2009年版，第227页。

此时应依据“担保法与本法的规定不一致的，适用本法”的规定（《物权法》第178条），排除前述规定的适用。

其次，从立法论的角度讲，《担保法解释》的以上规定不仅有违“登记的对抗力，仅能向后发生”〔1〕之法理，而且违背了公示原则本身。因为，在先设立的质权已经通过交付进行公示后，抵押权人在取得抵押权时，理应推定其对质权的存在是明知或应知的——这是公示原则应有之义。更何况，在设立抵押权时，查验标的物，并对标的物价值进行评估，本身就是一种交易常态。在此状态之下，若抵押权人仍自愿选择在同物之上设立抵押，应属自愿承担后于质权清偿的后果，法律自当没有必要强行改变这一结果，更不应对同为法定公示方式的交付和登记的对抗力作优劣之分，并因此作出厚抵押权人而薄质权人的选择。

（二）转抵押或转质的情况

在抵押权或质权有效成立之后，若抵押权人或质权人经抵押人或出质人同意，为担保自己的债务而在同一准不动产上再行为他人设立抵押权或质权的，则此时不适用成立在先者优先的原则。因为，若适用该原则，则通过“转抵押”或“转质”取得抵押权或质权的债权人的债权依然不能优先于其债务人的债权得到清偿，从而使得这种担保对其变得并无实际意义。因此，此时应基于“债务人的权利不应优于债权人的权利”的法理来修正以上原则，转而适用（在转质时）或类推适用（在转抵押时）《担保法解释》第94条第1款的规定，承认转抵押权或转质权的效力优于原抵押权或原质权。

〔1〕王泽鉴：《民法学说与判例研究》（第1册），北京大学出版社2009年版，第227页。

（三）抵押权或质权与留置权并存的情况

依据《物权法》第239条，在同一动产（含准不动产）上已设立抵押权或质权，该动产又被留置的，留置权人优先受偿，此为留置权优先原则。唯在这里需要注意的一种特殊情况是，在留置权成立之后，若留置权人经所有权人同意，为担保自己的债务，又在该动产之上为第三人设立抵押权。在此情况下，基于上文所述债务人的权利不应优于债权人的权利的法理，应承认在后的抵押权优先。

（四）典型担保物权与船舶优先权或航空器优先权并存的情况

依据《海商法》第25条和《民用航空法》第22条的规定，海商船舶优先权应先于船舶留置权和船舶抵押权受偿，民用航空器优先权应先于民用航空器抵押权受偿。

第四节　准不动产物权的善意取得

与动产和不动产物权的善意取得问题较受学者关注不同，有关准不动产物权的善意取得问题，学者讨论不多。但不管是在物权法出台之前，还是在物权法出台之后，理论上始终对此存在一定的争议，其争议所涉问题主要有三：其一是准不动产物权能否适用善意取得；其二是在肯定论之下，应如何理清准不动产善意取得与登记对抗主义规则在适用上的体系关系；其三是在肯定论之下，应如何确定准不动产物权的善意取得要件。

一、准不动产物权能否适用善意取得

（一）否定论的观点

受较早采用登记对抗主义立法的日本法并未明确承认不动产善意取得和登记公信力的影响，我国有一些学者认为，登记对抗主义之下的准不动产也无适用善意取得的余地和必要，理

由主要有二：

第一，善意取得是以占有或登记的公信力为基础，而登记对抗主义之下的准不动产占有和登记又都不具有公信力，故准不动产不适用善意取得。因为，在登记已取代占有成为准不动产物权的公示方式之后，占有已非准不动产物权的权利外观，“交易中不至误认为占有人为所有人”，〔1〕“自不能任凭占有而赋予公信力”，〔2〕进而使第三人得基于占有信赖而从无处分权人处善意取得准不动产物权。另一方面，在登记对抗主义之下，登记并非物权变动的生效要件，而只是一种将已经生效的物权变动彰显出来并使之对善意第三人发生对抗力的手段。因而，登记所表彰的权利状态不一定是真实的权利状态。对于登记对抗主义之下的登记所表彰的权利状态，第三人仅能信赖不存在与公示所表现出的权利相反的权利，而不能信赖存在与公示一致的权利。亦即，对于准不动产登记只能作不存在与登记相反物权的推定，而不能作已登记物权真实存在的推定，故登记不具有权利正确推定效力，因而也就不具有为善意第三人提供信赖登记物权为真的积极信赖保护的公信力。〔3〕此外，准不动产登记不具公信力也被认为与这种登记系采形式审查有关。因为，在形式审查之下，登记很难确保登记权利与真实权利的一致性。而且，从目前的情况来看，我国的登记机关也还难做到对准不动产物权登记进行实质审查。故赋予登记以公信力，要求登记机关对登记进行实质审查并就其审查过错承担责任是不

〔1〕 梁慧星：《中国物权法研究》，法律出版社 1998 年版，第 491 页。

〔2〕 谢在全：《民法物权论》（修订第 5 版 · 上册），中国政法大学出版社 2011 年版，第 275 页。

〔3〕 参见王轶：《物权变动论》，中国人民大学出版社 2001 年版，第 121 ~ 122 页；司玉琢：《海商法专论》（第 2 版），中国人民大学出版社 2009 年版，第 47 页。

现实的。〔1〕

第二，“采登记对抗主义的动产，对于善意第三人有其特殊的保护策略，不需要借助于善意取得制度来实现保护善意第三人的目的。这是由于，对于已经进行登记的动产，由于登记具有公示的效力，此时自然就不存在所谓的善意第三人的问题。对于未进行登记的此类动产，由于所有权人的权利在未进行登记时，不具有对抗善意第三人的效力，因而当无权处分人擅自向善意的第三人转让此类动产时，所有权人自然不得以其未登记的物权来对抗善意第三人，即所有权人所享有的所有权自身效力不足，此时，善意受让人自可取得动产的所有权。可见，……它不是将……公信力作为善意受让人取得动产权利的逻辑依据，而是将不具有对抗善意第三人效力的所有权作为善意受让人取得动产权利的逻辑依据。”〔2〕

（二）肯定论的证成

从否定论所持上述理由可以看出，该论在论证时虽然非常重视对登记对抗主义固有的特殊性的分析，所提看法也有一定道理，但仅仅据此并不能得出准不动产物权无法适用也没有必要适用善意取得制度的结论，具体分析如下。

1. 公示的准确率与公信力

在准不动产登记对抗主义之下，虽然法律上已无法通过赋予已丧失权利外观地位的占有以公信力来建立准不动产物权善意取得制度，但依物权变动公示法理，登记作为准不动产物权变动公示方式依然需要像一般动产占有和不动产登记一样，承担起物权变动公示方式所应承担的为当事人进行物权交易建立

〔1〕 参见司玉琢：《海商法专论》（第2版），中国人民大学出版社2009年版，第47页。

〔2〕 王轶：《物权变动论》，中国人民大学出版社2001年版，第277~278页。

可供依赖的物权信息识别途径，进而实现交易安全保障和降低交易信息成本的基本功能。就此而言，承认准不动产登记的公信力或准不动产物权的善意取得[1]无疑是最有利于实现这一基本功能的。不过，按照否定论的观点，这种公信力的建立将由于缺乏经验事实的支持而成为规范上的不可能或不可行。因为，在登记对抗主义的规范结构和登记的形式审查之下，客观上必然存在大量未公示或未正确公示的准不动产物权，从而导致准不动产登记客观上已难以准确反映物权的真实状态。故对于此类登记，“第三人仅能信赖不存在与公示所表现出的权利相反的权利，而不能信赖存在与公示一致的权利”，即法律上不应赋予此类客观上已难以取信于人的公示方式以公信力，不应承认准不动产物权的善意取得。

这种以特定公示方式的准确率不高的理由来否认其公信力或善意取得制度于此运用的论证虽然由来已久，但不管是从法理上看，还是从比较法上的做法来看，这种论证都不具有很强的说服力，也不足以构成反对善意取得制度于此运用的决定性依据。因为，在法理上，决定特定物权变动领域能否或应否适用善意取得制度的核心依据从来就不是某种单纯的经验事实，而是实践的需要和法律规范对这种需要的应然评价。在这方面，比较法上的一些做法已经为我们做了一个很好的说明。首先，

---

〔1〕 虽然严格来讲，公信力和善意取得制度并非同一概念，有关二者的关系，学理上也向来就有“区分论”和“一体两面论”的不同理解。[参见孙宪忠：《论物权法》（修订版），法律出版社2008年版，第31页；朱广新：“不动产适用善意取得的制度的限度”，载《法学研究》2009年第4期；程啸：“论不动产登记簿公信力与动产善意取得的区分”，载《中外法学》2010年第4期；叶金强：“物权法第106条解释论之基础”，载《法学研究》2010年第6期。] 但出于本书写作目的和讨论的方便，此处将不对二者关系作过多的讨论和细致的区分，而是拟直接将二者作为对“法律为善意第三人所提供的信赖公示物权为真的信赖保护”的不同表达。

在现代法之下，占有对动产物权的公示准确率虽然不高，但这并没有妨碍各国对动产善意取得的普遍承认。甚至我们可以说，正是由于占有公示的准确率不高或缺乏客观的公信力，所以各国法才会为了加强对交易安全的保护而普遍承认了动产善意取得。[1]只不过，考虑到占有公示准确率不高的现实，各国法在确立动产善意取得制度时，往往会对这里善意的构成提出更高的要求，即在动产善意取得中，受让人只有在“非明知且非因重大过失而不知出让人无处分权”时才能构成善意。而在不动产物权变动中，由于不动产登记往往具有更高的准确率和公信度，所以不动产善意取得中的善意的认定会更加倾向于“客观化”，[2]即只要受让人不知道登记簿存在错误且登记簿上无异议登记即可认定其为善意——“非明知出让人无处分权”，而无须在此之外再要求受让人负担更高的注意义务。[3]简言之，在这里，公示准确率的高低只会影响到善意取得制度的构成或法律为善意第三人所提供的积极信赖保护程度，但并不能决定后者的存废或有无。其次，在德国法上，虽然让与已登记的海洋船舶可依纯合意原则进行，但“即使在所有权取得仅仅依据所有权让与合意，而无登记簿中的登记行为……时，船舶登记簿在其正确性与完整性上，仍具有公信力”。[4]这表明，德国法在这

〔1〕 笔者并不赞成以占有的公信力作为动产善意取得的法理基础，详见汪志刚：“动产善意取得的法理基础”，载《法学研究》2009年第3期。

〔2〕 在不动产登记簿的公信力中，“信赖保护的思想”已被强烈地“形式化和客观化”了。Vgl. Marcus Lutter, “Die Grenzen des sogenannten Gutglaubensschutzes im Grundbuch”, AcP 164（1964）, 123.

〔3〕 参见程啸：“论不动产登记簿公信力与动产善意取得的区分”，载《中外法学》2010年第4期；叶金强：“物权法第106条解释论之基础”，载《法学研究》2010年第6期。

〔4〕［德］鲍尔、施蒂尔纳：《德国物权法》（上），张双根译，法律出版社2004年版，第688~689页。

里并没有采纳所谓的“登记对抗主义之下的登记无公信力”的主张，而是依然出于保护交易安全的考虑，承认了海洋船舶物权的善意取得。最后，即便是在起初并不承认登记对抗主义之下的不动产登记公信力的日本，随着实践的发展，其学理和判例也逐步承认了，在无权处分他人不动产系发生在因法定物权变动而导致登记物权与真实物权不一致的场合，司法上仍可通过类推适用《民法典》第94条第2款或第96条第3款〔1〕来实现对善意第三人的保护，进而在实质上达到与承认不动产善意取得类似的效果。〔2〕也正因如此，才会有越来越多的日本学者开始主张，应该将“权利外观说”或“信赖保护说”作为日本法上的登记对抗主义之下的对抗的基本法律构成。〔3〕

2. 登记对抗主义与善意第三人保护

登记对抗主义作为对物权变动公示原则的贯彻，也需要为交易中的善意第三人提供交易安全保护。依据否定论的观点，这种保护将仅限于为第三人提供消极信赖保护，即只保护第三人对不存在与公示外观相反物权的信赖，而不保护第三人对公示物权真实存在的积极信赖保护。如此一来，则意味着所有欲通过交易取得准不动产物权的当事人，都不能信赖其通过法定的物权信息公示渠道所获得的物权信息，也不能因此获得保护，而是只能得到“未登记不对抗”规则所提供的不使其权利受到未登记物权的不测损害的消极保护。在他人在先的物权变动未登记时，善意第三人甚至可以基于在先物权变动的“效力不足”

---

〔1〕 依据二者的规定，通谋的虚伪意思表示的无效或因欺诈而进行的意思表示的撤销，不得对抗善意第三人。

〔2〕 参见［日］近江幸治：《民法讲义Ⅱ：物权法》，王茵译，北京大学出版社2006年版，第69~79页

〔3〕 参见［日］近江幸治：《民法讲义Ⅱ：物权法》，王茵译，北京大学出版社2006年版，第52页。

而获得从无处分权人处取得相应物权的保护，即否定论者所说的“将不具有对抗善意第三人效力的所有权作为善意受让人取得动产权利的逻辑依据”。但问题是，仅仅依靠这种登记对抗主义为善意第三人所提供的“特殊的保护策略”，并不足以为第三人提供足够的保护，也不足以为这里可能发生的各种无权处分问题提供妥当的解决方案。

因为，在准不动产物权变动领域，除可能发生因在先的物权变动未登记而导致同一处分人就同一标的物为二重处分的无权处分情形外，还有可能发生其他各种因登记不实（如因错误登记、虚假登记和无须登记的法定物权变动未登记而导致的登记不实）而诱发的无权处分情形。在以上各种情形下，除二重处分情形下的无权处分问题可以通过借助登记对抗主义本身为善意第三人所提供的“特殊的保护策略”来加以解决外——以在先的未登记物权不具有对抗在后的善意第三人所取得的已登记物权的效力作为解决方案，其他情况下的无权处分问题并不能单单依靠登记对抗主义本身来解决。例如，在 B 已经因判决而取得了登记在 A 名下的准不动产时，如果发生了 A 在该项法定物权变动登记之前又将该准不动产出卖给了 C 的情况，法律上就不能以第 24 条所确立的仅适用于意定物权变动的“未登记不得对抗善意第三人”的规则来否定 A 基于判决所取得的物权对善意第三人的对抗力。亦即，此时已不能适用否定论所说的“将（B）不具有对抗善意第三人效力的所有权作为善意受让人（C）取得动产权利的逻辑依据”。同理，在准不动产物权登记错误是因登记机关的过错所致时，法律上也不能以“未登记不得对抗善意第三人”的规则来否定真实权利人所拥有的物权对善意第三人的对抗力，即善意第三人不能基于“未登记不对抗”的规则来否认真正权利人的权利，并以此为“逻辑依据”来获得可对抗真实权利人的物权。

那么，对于上述非发生在二重处分或多重处分情况下的无权处分问题，到底应该依何种规则来加以处理呢？毫无疑问，按照无权处分和善意取得之间的体系关联，此时自然应以适用善意取得制度来解决第三人的物权取得或信赖保护问题为较优选择，除非法律上有坚强的理由认为，此处的善意第三人已完全不值得保护，即此处的第三人不能善意取得相应物权，而是只能承担不能取得物权的风险。但问题是，如此处理在法理上是有欠正当的。因为，如果在此完全否定了善意取得的可能性，则当事人为了避免发生不能取得相应物权的风险，只能选择不交易或者为了进行交易而投入更高的物权信息调查成本。但即便如此，当事人仍有可能需要承担不能确定地取得无瑕疵的物权的风险——因为其调查所得信息也可能非真。如此一来，则不仅准不动产物权交易安全堪忧，其交易成本也将大幅增高，而这显然与法律将登记这一公示方式引入准不动产物权变动领域的初衷是相悖的。因为，法律之所以在这里引入登记公示，其目的就主要是为了补救单纯的“动产占有不能就物权内容为完全公示之缺点”，从而更好地维护这些“具有重要价值之动产”的交易安全。[1]如果在此否定了准不动产物权善意取得的可能性，则实践中必然会导致法律在准不动产物权变动领域为善意第三人所提供的保护反倒不如一般的动产物权变动领域(后一领域的交易安全可受善意取得制度的保护)，从而使得前述加强交易安全保护的规范目的难以得到实现，同时也不利于激励当事人尽早完成登记以避免其权利为善意第三人所排斥。

---

〔1〕 参见谢在全：《民法物权论》(修订第5版·上册)，中国政法大学出版社2011年版，第48、90页。

3. 准不动产物权善意取得的其他解释论依据

在我国法之下，肯定准不动产物权的善意取得除具有以上法理和实践根据外，还可以从以下几个方面获得解释论上的支持。

首先，《物权法》第106条在规定善意取得时，并没有从文义上将船舶、航空器和机动车这些特殊动产或准不动产排除在外。而且，从该条所采用的“转让的不动产或者动产依照法律规定应当登记的已经登记，不需要登记的已经交付给受让人”的表述来看，其中所述的“不动产”和“动产”应不仅仅是指适用公示要件主义的不动产或动产（物权），而是还包括适用登记对抗主义的不动产或动产（物权），〔1〕如土地承包经营权、动产抵押权和准不动产物权等。因为，如果不考虑这些适用登记对抗主义的不动产或动产（物权）的善意取得问题，物权法的立法者在作出上述规定时，完全可以基于公示要件主义，直接将前述规定表述为“转让的不动产已经登记，动产已经交付给受让人”，而不必采用现在这种比较拗口的表述方式。换言之，立法者之所以会采用现有表述，根本原因就在于，在我国法上，除存在须经登记或交付才能发生物权变动的不动产和动产外，还存在以登记为对抗要件的不动产和特殊动产，正是后者的存在造就了上述特殊表述。

其次，在物权法体系之下，适用于动产或不动产物权变动的基本规则与善意取得制度乃是一种一般与特别、原则与例外的关系。前者主要调整的是正常情况下的物权变动问题，奉行的是“任何人不得将大于自己的权利让与他人”的原则；后者主要处理的是无权处分这种病态情况下的物权变动问题，创设的是“从无权利人处取得权利”的例外，二者的规范任务和目

---

〔1〕 类似见解，参见叶金强：“登记物与非登记物之区分的法律意义”，载《现代法学》2010年第7期。

的本就不同。[1]正是这种不同决定了，在立法层面，有关特定类型的动产或不动产是否适用善意取得的规范设计，通常并不以适用于此类动产或不动产的物权变动基本规则为表达形式，而是须通过其他特别规定或例外规定来表达。若立法上已设有此类特别规定，则相关解释原则上就应该以该规定为主要解释对象来展开；反之，若立法上并未设有此类规定，则依据“无特别规定时适用一般规定”或“无例外从原则”的法律适用或解释规则，原则上应否定此类动产或不动产的善意取得。至于立法上为何设有或未设有此类规定，则属于立法理由或根据的阐明范畴，与对既有法律条文的解释分属两个不同层面的论理操作。

以此观之，在我国法上，要就特定类型的动产或不动产是否适用善意取得作出妥当解释，原则上就应该以《物权法》第106条有关善意取得的规定为解释对象（在物权法出台之前，应以《民通意见》第89条为解释对象），而不能单纯依据该法第9条、第23条或第24条（或《民法通则》第72条）来推论其是否适用善意取得。亦即，在我国法上，决定准不动产物权能否适用善意取得制度的根本问题是如何解释物权法第106条（或物权法出台之前的《民通意见》第89条），单纯依据物权法第24条（或《海商法》第9条和《民用航空法》第14条），是无法得出准不动产物权（或海商船舶所有权和民用航空器所有权）能否适用善意取得的妥当结论的，而否定论似乎正是这样做的。

最后，从已登记的准不动产的交易实践情况来看，在船舶、航空器和机动车登记制度已在我国实施多年的情况下，通过准

---

〔1〕王泽鉴先生在讨论动产抵押权能否善意取得时曾明确指出：“‘动产担保交易法’设有非经登记不得对抗善意第三人之规定，与此所讨论的第三人善意取得，系属二事，不能以其作为否定第三人善意取得的依据。”参见王泽鉴：《民法学说与判例研究》（第8册），中国政法大学出版社2005年版，第274页。

不动产登记簿或登记证书来认识准不动产之上的物权状况已成为许多市场交易主体的共同习惯和经验。尤其是在这种交易是通过专业的交易服务机构进行时，更是如此。这种交易习惯背后所体现的是市场主体对登记作为权利依据的一种制度性信赖。在此背景下，法律所要做的应是通过不断完善相关登记制度来强化对市场交易安全和秩序的保护，而不是弱化甚至否定交易主体对这种登记及与之相关的物权交易制度的信赖，更不应该放弃对这种信赖的保护。就此，最高人民法院曾在一起有关机动车抵押权善意取得案中明确指出："在社会交易活动中，平等主体之间的车辆交易均是到公安部门查询车辆权属，办理过户和相关权利登记手续。""《担保法》将公安部门规定为车辆抵押权的登记机关，……（被申请人）只能信赖该登记，其因信赖所产生的交易利益应当得到保护。"〔1〕这种对准不动产物权也可适用善意取得制度的理解，也为我国许多地方法院所采。〔2〕

（三）小结

综上，笔者认为，以准不动产物权变动适用登记对抗主义为由来否定准不动产物权的善意取得是不合适的，因为登记有无公信力或能否作为善意取得的信赖基础与登记是对抗要件还

---

〔1〕 最高人民法院民事裁定书［2015］民申字第1247号。

〔2〕 参见辽宁省高级人民法院民事判决书［2014］辽民三终字第212号（该案判决支持了机动车抵押权的善意取得）；深圳市南山区人民法院民事判决书［2008］深南法民一初字第794号（该案判决支持了虚假登记情况下机动车所有权的善意取得）；河南省安阳市中级人民法院民事判决书［2011］安民三终字第22号（该案判决支持了虚假登记情况下机动车所有权的善意取得）；上海海事法院民事判决书［2010］沪海法商初字第1104号（该案判决支持了船舶所有权的善意取得，但由于案件事实发生在物权法出台之前，所以法院是适用民法通则来认定善意取得的）；北海海事法院［2006］海事初字第024号（该案以受让人对共有人无处分权为明知且未登记为由，否定了船舶所有权的善意取得）；上海市虹口区人民法院民事判决书［2010］虹民一（民）初字第1048号（该案以受让人虽已取得登记，但未支付任何对价为由否定了机动车所有权的善意取得）。

是生效要件并无逻辑上的必然关联。[1]在这里，起决定作用的应是实践的需要和规范上的应然评价及正当性。肯定准不动产物权的善意取得不仅符合物权变动公示法理和交易安全保护的实践需要，而且符合物权法将登记引入准不动产物权变动领域的规范目的，其解释结论也能为《物权法》第106条的文义所涵盖，故应为我国学理和司法实践所采。

二、准不动产善意取得的适用范围

（一）无权处分他人准不动产的基本类型

在明确了准不动产物权也可适用善意取得的前提下，解释上本没有必要对准不动产善意取得的适用范围进行讨论。因为，依据《物权法》第106条有关善意取得制度的规定，只要发生了无权处分他人准不动产的情况，逻辑上就可以导致该条的适用。但问题是，不管是从理论上，还是从实践上来看，在准不动产登记对抗主义之下，可能发生的无权处分问题及其处理依据依然有其特殊性。具体说来，这里可能发生的无权处分类型大致主要有以下几种。

类型1：无登记不实时，实质无权的占有人或部分共有人擅自处分准不动产的无权处分类型。前者如承租人A将其占有的登记在出租人B名下的准不动产擅自转让、抵押和质押给了C；后者如登记共有人A未经其他登记共有人B同意，擅自超越处分权限将共有物转让、抵押和质押给了C。

类型2：登记不实不可归因于真实权利人时，实质无权的登记名义人擅自处分他人准不动产的无权处分类型。这种类型又

[1] 参见韩强："我国船舶物权变动的公示方法与善意取得"，载《法学》2008年第11期；叶金强："登记物与非登记物之区分的法律意义"，载《现代法学》2010年第7期。

可被细分为三个子类型：①通过虚构登记材料取得登记名义的假权利人就标的物为无权处分，如 A 通过虚构登记材料将 B 的准不动产登记在自己名下，然后将该准不动产转让、抵押或质押给了 C。②因登记机关的错误导致登记不实时所发生的无权处分，如登记机关错误地将 B 的准不动产或 A、B 共有的准不动产登记在了 A 的名下，然后 A 擅自将该准不动产转让、抵押或质押了给 C。③因无须登记的法定物权变动未登记而导致登记不实时所发生的无权处分，如因买卖合同被法院宣告无效或被撤销而丧失准不动产所有权的原买受人 A 在该项回复性的物权变动回复登记给原出卖人 B 之前，擅自将该准不动产转让、抵押或质押给了 C；又如，A 在法院已在共有物分割之诉中将登记在其名下的准不动产判给 B 但尚未过户给 B 时，擅自将该准不动产转让、抵押或质押给了 C。

类型 3：登记不实可归因于真实权利人（自愿不为登记或有意不为真实登记）时，实质无权的登记名义人擅自处分他人准不动产的无权处分类型。这种类型也可被细分为两个子类型：①真实权利人 B 基于特定目的自愿将自己的准不动产登记（如挂靠）在 A 的名下，从而导致 A 擅自将该准不动产转让、抵押或质押给了 C。②实质共有人 B 自愿未为共有权登记从而导致登记权利人仅为 A 时，A 擅自将该准不动产转让、抵押或质押给了 C。

类型 4：同一处分人就同一准不动产为多重处分时发生的无权处分类型。依前文所述，这种类型也可被细分为两个子类型：①所有权人 A 在通过交付（含观念交付）将准不动产所有权转让给 B 之后，又在该笔转让完成登记之前将同一准不动产转让、抵押或质押给了 C。②所有权人 A 在将准不动产抵押给了 B 但未登记之后，又在抵押期间未经抵押权人 B 的同意擅自将抵押物转让给了C。

（二）不同类型的无权处分问题的法律适用

在以上各种无权处分类型下，针对第三人C的物权取得问题到底是应该依据善意取得制度，还是应该依据登记对抗主义规则本身来解决的问题，解释上尚有一定争议。而导致这种争议的根源就在于，善意取得制度和登记对抗主义规则都包含有为“善意”第三人提供信赖保护的规范内容，从而使得二者在事涉无权处分问题时，会发生适用范围上的交叉或重叠。

面对这种交叉和重叠，笔者认为，从真实权利人和善意第三人之间的利益衡平角度看，此处应首先基于意思自治原则和物权变动公示的规范目的，对“未经登记不得对抗善意第三人”的规则作如下解释，即在该规则之下，权利人只有在依法负有“登记公示义务”却自愿未为登记或未为真实登记时，才需要基于自己责任原则承担不能取得或享有可对抗善意第三人的物权的风险；反之，若权利人依法并不负有“登记公示义务”或登记不实并非因其“未善尽（真实）登记义务”所致时，法律自当不能单单依据“未经登记不得对抗善意第三人”的规则将不能取得或享有可对抗善意第三人的物权的风险分配给他。

依据此一解释来分析以上所述的无权处分类型，我们可以发现，这里真正构成问题的其实是类型3和类型4，而类型1和类型2的处理依据是相对比较明确的。因为，在类型1所涉的“无登记不实时，实质无权的占有人或部分共有人擅自处分准不动产的无权处分”情形下，由于权利人已善尽登记义务，其权利效力并不受“未经登记不得对抗善意第三人”规则的限制，故依法律适用的逻辑，此时应通过适用善意取得制度来解决B、C之间的利益冲突，即此时应依据善意取得制度而非登记对抗主义来否定C的善意和物权取得〔1〕——虽然依登记对抗主义，C也不能成立善意。当然，在A的行为已符合表见代理的构成要件时，C仍能够正常取得（而非善意取得）相应物权。〔2〕其次，在类型2所涉的“因不可归因于真实权利人的原因而导致登记不实时所发生的无权处分”情形下，依前文所述，在真实权利人B已善尽（子类型①和②）或无须承担（子类型③）登记对抗主义课予给他的登记义务时，法律上不能单单依据登记对抗主义规则来要求B承担不能取得或享有可对抗善意第三人C的物权的风险，即此时已不宜适用“未经登记不得对抗善意第三人”的规则来处理真实权利人与善意第三人之间的对抗关系，而是应将这种关系交由善意取得制度来调整。最后，在类型3所涉的“因可归因于真实权利人的原因而导致登记不实时所发生的无权处分”和类型4所涉的“同一处分人就同一准不动产为多重处分时发生的无权处分”的情形下，由于这里既存在真实权利人或在先物权取得人B“未经登记（未为真实登记或未登记）”这一在一定程度上已充分实现了登记对抗主义规

---

〔1〕 参见河南省济源市人民法院民事判决书［2012］济民一初字第2476号（该案涉及无处分权人擅自将登记在他人名下的汽车抵押给第三人的情况，法院以第三人不具备善意否定了其抵押权）；邵阳市双清区法院民事判决书［2011］双法民初字第329号（该案涉及无处分权人擅自将登记在他人名下的汽车质押给第三人的情况，法院以第三人不具备善意否定了其质权）。

〔2〕 参见河南省商丘市睢阳区人民法院民事判决书［2012］商睢区民初字第889号（该案法院认定了不享有登记名义但持有原告身份证件的被告出卖登记在原告名下机动车的行为已构成表见代理，并据此肯定了第三人的物权取得）；上海市浦东新区人民法院民事判决书［2013］浦民一（民）初字第1539号（该案涉及哥哥擅自出卖登记在弟弟名下的机动车的情况，法院肯定了第三人的善意取得，但该案案情实际上更适合按表见代理来裁判）；江苏省淮安市清河区人民法院民事判决书［2012］河民初字第1866号（该案涉及丈夫擅自出卖登记在妻子名下的机动车的情况，法院肯定了第三人可善意取得所有权，但该案案情实际上更适合按表见代理来裁判）。

则适用前提的法律事实，又存在无权利人 A 将标的物“无权处分”给 C 这一已充分实现了善意取得制度适用前提的法律事实，所以逻辑上会导致登记对抗主义与善意取得制度在这里发生适用范围上的交叉。也正是这种交叉，给这两种类型下的无权处分问题带来了处理困难。

面对这种困难，解释上虽然容易发生一定的争议，但依前文在讨论“准不动产登记对抗主义的法理构成”时就同一处分人对同一标的物为多重处分时的法律适用问题所做讨论，对于类型 4 所涉的无权处分情形下的 B 与 C 的对抗关系，基于这种因在先物权变动未登记而诱发的无权处分问题本身就是因登记对抗主义规则本身的特殊构造所造就，且其所涉事项本就在“未登记不得对抗善意第三人”规则的适用范围和目的射程之内，所以对于这种只有在登记对抗主义之下才会发生的“特殊的无权处分问题”——与 B 所取得的效力不完全的物权相关联的依然享有登记权利外观的前所有人所为的“无权处分”，理应通过登记对抗主义规则本身的适用来加以处理，而不应通过善意取得制度的“扩张”适用来“压缩”登记对抗主义规则所固有的适用范围和破坏其已有的利益和风险分配格局。简言之，对于类型 4 所涉的多重处分情形下的无权处分问题，应通过适用登记对抗主义规则本身来处理，而不应通过善意取得制度的适用来处理。

对于类型 3 所涉的无权处分及其规则适用上的交叉问题，虽然逻辑上很难轻易得出何者具有规则适用上的优先性的结论，但基于对二者体系关系及其与整个物权法的内在意义关联的如下理解，笔者还是倾向于以适用善意取得制度来解决此处所涉的无权处分问题为更优选择。首先，适用登记对抗主义来处理类型 3 情形下的 B 与 C 的权利对抗关系，与适用善意取得制度来解决该问题的最大的一个结果上的差异就在于，在登记对抗主义之下，第三人C只需满足“善意”和“已公示”的要件即可取得对抗B的物权；而在善意取得制度之下，C除需满足以上要件外，尚需满足“以合理价格受让”的要件。亦即，在类型3之下，C在登记对抗主义规则之下所受到的保护要高于善意取得制度为其提供的保护，与之相对的是，B在前一规则下需要比在后一规则下承担更高的失权风险。其次，将这种适用不同规则所产生的结果差异与登记要件主义之下的不动产善意取得相比较，可以发现，这在结果上将导致在同样的情形下，第三人C在登记对抗主义之下所受到的保护反倒要高于登记要件主义之下其所受到的保护。因为，类型3所涉的因“真实权利人自愿为虚假登记”和“共有人未为登记”而诱发的无权处分问题在不动产物权变动领域同样有可能发生，而依据《物权法》的规定，即便是在不动产所有权变动系采登记要件主义，这种给物权取得人赋予了更严格的公示义务，同时也是为了给第三人提供更严格的信赖保护的立法例之下，第三人要取得可对抗未登记或未为真实登记的不动产所有权人的物权，依然需要依据第106条的规定，满足善意、已公示和以合理价格受让的要件。毫无疑问，这种使登记对抗主义之下的第三人可以得到超出登记要件主义之下的第三人所受到的保护的结果是非常奇怪的，同时也有悖于公示法理和利益衡平的原则。最后，在实践中，前述情况下的未为真实登记的权利人所享有的“事实物权”未必一定都是基于法律行为取得，而是也有可能是非基于法律行为取得。而依法理，“未经登记不得对抗善意第三人”的规则对非基于法律行为的物权变动原则上并不适用，即一概以登记对抗主义规则来处理类似3的情况，在法律适用逻辑有时难免会发生一定的困难，而在适用善意取得时，就不会发生以上情况。另外，在我国的准不动产登记制度尚不十分完善且准不动产交易自由依然受到诸多不合理限制的情况下（实践中很多以挂靠名义或因限购、限牌照而导致的虚假登记即与此相关），许多现实中可归因于真实权利人的虚假登记在法律上未必真正“可归责”于权利人。因此，用善意取得这种比登记对抗主义“更有利于”真实权利人的制度来保护类似3情形下的真实权利人，似乎也有其更符合社会现实的一面。

（三）小结

综上，笔者认为，除类型4所涉的同一处分人就同一准不动产为多重处分时发生的无权处分情形应适用登记对抗主义本身来解决外，其他情形下的无权处分问题原则上应通过适用善意取得制度来解决。

三、准不动产善意取得的构成要件

依据《物权法》第106条的规定，善意取得不动产或动产所有权应满足“受让人受让该不动产或者动产时是善意的”“以合理的价格转让”和“应当登记的已经登记，不需要登记的已经交付”的要件。其中，“受让人受让该不动产或者动产时是善意的”是指受让人在完成不动产所有权转移登记或者动产交付之时不知或非因重大过失而不知出让人无处分权。“以合理的价格转让”是指受让人在与出让人交易时已支付了合理的价格，至于何谓“合理的价格”，则应根据标的物的性质、付款方式和转让时同类性质标的物的当地市场价格等因素综合加以确定。[1]“应当登记的已经登记，不需要登记的已经交付”是指不动产已经办理了所有权转移登记，动产已经交付。唯在有关准不动产所有权的善意取得到底是应以登记为要件，还是应以交付为要

---

〔1〕在准不动产担保物权的善意取得中，只要被担保的主债权有效存在，即可认定该项要件已被充分。

件的问题上，解释上尚有不同看法。对此，笔者在此前撰写的相关论文中曾有过讨论，并形成了以下基本看法："在善意取得的对象是以登记为公示要件的准不动产所有权或抵押权时，应以登记为善意取得要件；在善意取得的对象是以交付为公示要件的准不动产质权时，应以交付为善意取得要件。"〔1〕在此，笔者仍坚持这一看法，其核心理由就在于，善意取得作为一项以无权处分为适用前提的制度，本身就是要解决真正所有权人和善意第三人的权利何者更优的问题，即哪一方的权利可对抗另一方的权利的问题。第106条在解决这一问题时，之所以将登记或交付要件规定进来，出发点仍是为了贯彻通过法律行为的物权变动应以公示为其对世效力来源的法理，即善意取得也应与公示原则保持一致。换言之，公示不仅是有权处分情况下取得可对抗善意第三人的准不动产物权的要件，而且是无权处分情况下善意取得可对抗包含真正所有权人在内的其他人的物权的要件。上述基本看法就是这种善意取得准不动产物权的公示要件应与正常取得情况下保持一致的观点的体现。

唯此处须注意的是，依据《物权法》第188条，普通动产抵押权的设立规则与准不动产抵押权的设立规则并无区别，即二者都适用的是同一登记对抗主义规则。因此，即便是按普通动产抵押权的善意取得规则来处理未登记准不动产抵押权的善意取得，登记也是这种善意取得的必备要件。至于部分学者所主张的登记对抗主义之下的动产抵押权的善意取得无需以登记为要件，而是可以自抵押合同生效时即生善意取得效果的观点，〔2〕

---

〔1〕 汪志刚："准不动产物权变动与对抗"，载《中外法学》2011年第5期。

〔2〕 叶金强："动产他物权的善意取得探析"，载《现代法学》2004年第2期；张庆华、徐丽红："动产抵押权善意取得的条件与效力"，载《河南科技大学学报（社科版）》2005年第4期。

则不足为采。因为，该说不仅有违善意取得作为一项物权的公示要件应与正常取得该项物权的公示要件保持一致的法理，而且客观上易导致同一无权处分人可以在同一动产之上为他人设立多个无需公示即可对抗真正所有权的抵押权的荒谬结果。无论如何，这种允许对他人所有权进行无声无息的多重“谋杀”的结果都是有悖于法律设立公示原则的初衷的，同时也是令人无法接受的。[1]

四、结论

综上可见，在我国法之下，否定准不动产物权的善意取得是有欠妥当的。依据对《物权法》第 24 条和第 106 条的体系解释和目的解释以及相关实践的考量，解释上应对准不动产物权的善意取得作出肯定。这种善意取得除不可适用于同一所有人对已登记同一准不动产为多重处分时所发生的“无权处分”情形下，原则上可适用于其他所有无权处分他人准不动产的情形。善意取得准不动产物权原则上应满足《物权法》第 106 条规定的各项要件，唯在适用“应当登记的已经登记，不需要登记的已经交付”这一善意取得要件时，应依准不动产物权取得人拟取得物权类型的不同而有所不同。

---

〔1〕 德国学者穆勒认为，如果所有权人在没有获得能够了解对外公示的事实的变化的可能性之前，就失去其所拥有的所有权，显然不是法律设立公示原则的动机所能接受的。Vgl. Müller，AcP 137（1933），S. 86.

第三章
CHAPTER 03
非意定的准不动产物权变动

第一节　因法律文书导致的准不动产物权变动

一、解释上的一个基本问题

《物权法》第 28 条规定，因人民法院、仲裁委员会的法律文书导致物权变动时，物权变动自法律文书生效时发生效力。在将该规定适用于准不动产时，解释上需要解决的一个基本问题就是，该条所述的“法律文书”到底是指哪些法律文书，即哪些法律文书才属于该条所规定的能导致准不动产物权变动的法律文书。

就此，解释上首先可以明确的是，该条所述的法律文书显然并不像其表面文义所示的那样，可包括所有由人民法院或仲裁委员会制作的法律文书。而是只包括那些依其宣告就可在当事人之间引起物权变动的法律文书，即只有在实体法上具有在当事人之间形成或创设某种物权变动效果的法律文书才属于该条所属的法律文书，不具有上述形成力的法律文书并不属于该条所述的法律文书。

那么，到底何种法律文书才属于该条所述的具有物权变动形成力的法律文书呢？对此，显然需要结合相关实体法和程序法来加以判断。但从学理和实践的发展情况来看，这里真正构成难题或争议焦点的主要还是那些具有民事性质的判决书、裁决书、调解书和裁定书。非民事性质的法律文书和决定、命令、通知等与特定主体间的私权分配和设定无关的法律文书，则被一致认为并不属于这里所述的法律文书。[1]也正是基于以上理解，所以最高人民法院才会在《物权法解释（一）》第7条中明确规定："人民法院、仲裁委员会在分割共有不动产或者动产等案件中作出并依法生效的改变原有物权关系的判决书、裁决书、调解书，以及人民法院在执行程序中作出的拍卖成交裁定书、以物抵债裁定书，应当认定为物权法第二十八条所称导致物权设立、变更、转让或者消灭的人民法院、仲裁委员会的法律文书。"依据该规定，可导致准不动产物权变动的法律文书应主要包括以下几种不同类型的法律文书。

二、可导致物权变动的判决书

依诉讼法理，具有形成力的判决一般都作成于"请求法院变更当事人之间既存民事法律关系"的形成之诉中。在此类以形成权为诉讼标的的形成之诉中，若法院作出了原告胜诉的判决，则该判决就属于具有直接"变更当事人之间既存法律关系形成力"的形成判决。当该形成力指向的是在当事人之间形成或创设某种物权变动效果时，该形成判决就属于《物权法》第28条意义上的法律文书。[2]据此，同时结合相关法律规定，理

---

〔1〕 最高人民法院物权法研究小组编：《〈中华人民共和国物权法〉条文理解和适用》，人民法院出版社2007版，第124页。

〔2〕 参见梁慧星、陈华彬：《物权法》（第4版），法律出版社2007年版，第86页。

论上应可认定，以下形成判决应属于《物权法》第28条意义上可导致准不动产物权变动的法律文书。

其一是分割共有准不动产的判决，即在共有准不动产分割之诉中，法院所作出的按特定方法分割当事人共有的船舶、航空器和机动车的判决。例如，在离婚之诉中，如果法院判决当事人甲乙离婚，并将登记在甲乙名下的汽车判给乙所有，则自该判决生效之时起，案件所涉汽车的所有权就应归属于乙，即使该汽车仍登记为甲乙共有，也不影响乙自判决生效之时起即可单独取得可对抗一切他人的所有权。

其二是可导致准不动产物权自动回复或消灭的撤销合同的判决。具体说来，此类判决主要包含以下两种：第一，在当事人已经依据买卖合同、赠与合同或其他类似合同将特定准不动产所有权转让给受让人之后，法院在当事人所提起的合同撤销之诉中所作出的撤销合同的判决。因为，基于要因原则，在作为原因行为的买卖合同或赠与合同被撤销后，当事人为履行该合同所为的物权变动行为也将溯及地归于无效，从而使得受让人此前基于该行为所取得的所有权也将自判决生效之时起自动回复于出让人。〔1〕当然，在标的物的所有权已经为第三人合法取得或已无回复可能时，法院嗣后所作出的撤销合同的判决并不具有前述可导致标的物所有权自动回复的效力。第二，在当事人已经依据抵押或质押合同在特定准不动产之上为他人设立了一个有效的抵押权或质权之后，若该抵押或质押合同被法院判决撤销，则抵押权人或质权人所取得的抵押权或质权也应自

〔1〕 在采物权行为无因性原则的法制下，具有此处所述的形成判决性质的判决原则上应是指撤销物权合同或物权变动行为的判决。在我国台湾地区，这种判决主要是指因暴利行为而对不动产物权行为为撤销或因诈害债权对不动产物权行为为撤销的判决。参见王泽鉴：《民法物权——通则·所有权》，中国政法大学出版社2001年版，第114页。

该判决生效之时起自动归于消灭。不过，此处须需注意的是，虽然基于担保物权的附从性，主债权债务合同的撤销或被宣告无效客观上也会导致债务人或第三人为担保主债权人的实现而设的担保物权归于消灭，但此类消灭性质上并不属于基于法院的判决书（法律文书）而导致的物权变动，而是应属于直接基于法律的规定（《物权法》第172条和第177条）而导致的物权变动。

其三是可导致准不动产物权自动回复或消灭的撤销债务人诈害债权行为的形成判决。依据《合同法》第74条的规定，在债权人的债权因债务人放弃到期债权、无偿转让财产或将其全部财产抵押给某一债权人等诈害行为而受到损害时，债权人有权请求人民法院撤销债务人的行为。而一旦人民法院在债权人行使此类撤销权的诉讼中，作出了宣告债务人向第三人转让特定准不动产所有权或在自己所有的准不动产之上为第三人设定抵押权的行为无效的判决，则该判决就属于可导致物权自动回复（第三人取得的所有权将自判决生效之时起自动回复于债务人）或消灭（第三人所取得的抵押权自判决生效之时起归于消灭）的形成判决。

除以上三类判决外，其他判决都不属于可直接导致物权变动的形成判决，如宣告已履行的买卖合同或赠与合同等类似合同无效或解除的判决就不属于此处所述的可直接导致物权变动的判决。因为，首先，就宣告此类合同无效的判决而言，不管此类判决是法院在诉讼中直接依当事人的请求（请求宣告合同无效之诉属于确认之诉）而作出，还是直接依其职权（法院在合同纠纷中有权对合同是否有效进行审查）而作出，其判决性质上都属于确认判决，而非形成判决，即此类判决并不具有变更当事人之间既存法律关系的形成力，而是只是对当事人所签订的合同以及其为履行该合同所实施的物权行为的无效性的一种确认。而且，由于这种无效乃是一种自始无效、当然无效和绝对无效，故就当事人拟变动的物权而言，这种物权变动实际上自始即未发生过，更不会因法院作出了宣告合同无效的判决而再次发生变动。其次，就解除此类合同的判决而言，虽然单方解除合同的权利（含约定解除权和法定解除权）属于形成权，但由于依据我国《合同法》第 96 条第 1 款的规定，此类解除权的行使并不需要以诉讼或仲裁的形式进行，而是可以直接在单方（解除权人）的意思表示到达相对人时即可发生合同解除的效力。[1]故在合同解除之诉（不管其是由解除权人提起，还是由其相对人提起），即使法院最终作成了合同解除的判决，该判决也不属于形成判决，而是仍属于确认判决，即它只是对此前即已发生的合同已被解除的事实的一种确认。

三、可导致物权变动的裁决书

与人民法院的判决书一样，在仲裁委员会制作的裁决书中，能在当事人之间直接引起物权变动的裁决书原则上也仅限于以上所述的形成之诉中所作成的仲裁书，即能在当事人之间形成或创设某种准不动产物权变动效果的仲裁裁决书应仅限于上文所述的分割共有物之诉、合同撤销之诉和债权人行使撤销权之

---

〔1〕 在解除权人于诉讼（或仲裁）之前即已将其解除合同的意思表示通知相对人时，合同应自该意思表示到达相对人时解除，当事人也应于此时起负有将其基于该合同取得的物权返还给对方的义务，且这种返还应适用基于法律行为（行使形成权的行为属于法律行为）而生的物权变动应以公示为（生效或对抗）要件的规则。反之，若解除权人在诉讼（或仲裁）之前并未将其解除合同的意思表示通知相对人，而是直接以诉（或仲裁）的形式来行使其解除权的，则合同应自载有解除合同请求的起诉书（或仲裁申请书）送达相对人时解除，且这种合同解除所生的法律效果与前一情况下的合同解除并无实质的不同。

诉中所作成的支持原告诉求的裁决书。[1]

四、可导致物权变动的调解书

关于《物权法》第28条所述的法律文书是否也包括人民法院和仲裁委员会制作的调解书，《物权法解释（一）》虽然作出了肯定的回答，但在学理上，有关人民法院和仲裁委员会制作的调解书是否也可以直接导致物权变动的问题，实际上是具有一定争议的。考虑到在实践中，最容易引发争议的主要是那些包含了“以物抵债”内容的调解书，故以下所做讨论将首先围绕此类调解书是否具有可直接导致物权变动的效力展开，兹举例如下。

甲因人身损害赔偿纠纷将乙诉至法院，经法院审理，判决乙赔偿甲各项损失10万余元。在该人身损害赔偿案件审理期间，丙以乙欠其借款为由将乙诉至法院，要求乙偿还借款15万元。在法院主持下，乙丙二人达成调解协议，内容为：“乙用自有奥迪轿车一辆折价抵偿欠丙的15万元借款，奥迪轿车归丙所有，双方债权债务一次性归于清结”。法院以调解书的形式对该调解协议进行了确认。但乙丙二人嗣后没有办理车辆过户登记。后甲持生效判决申请执行，法院对乙名下的奥迪轿车的登记底档进行了冻结。在法院冻结了登记底档之后，乙丙二人持调解书向执行法院提出异议，认为作为执行标的的轿车已经因抵债抵给了丙，丙是该轿车现在的所有权人，法院无权就该轿车采取强制执行措施。在此情况下，法律上首先需要回答的问题就是，在确认以物抵债协议的调解书生效之后，被用来抵债的轿车的所有权是否会因此自动归属于丙，进而使丙有权排除其他

[1] 依据《仲裁法》第57条关于“裁决书自作出之日起发生法律效力”的规定，因此类裁决书而引起的物权变动的生效时间应为裁决书作出之日。

债权人的强制执行。

关于以上问题，实践中主要有两种意见。一种意见认为，生效的调解书与判决书具有同等法律效力，既然调解书已明确载明轿车所有权归丙所有，则依据《物权法》第 28 条的规定，该车所有权应自调解书生效之时起归属于丙，故法院应裁定丙对强制执行该车提出的异议成立，此为肯定论。另一种意见则认为，调解书只是当事人合意的产物，不能与法院行使审判权后制作的判决书相提并论。所谓的调解书与判决书具有同一效力应仅指拘束力、确定力和执行力，而不包含形成力。因此，就物权变动事项所作的调解书，尚无与形成判决同一的形成力，并不能直接在当事人之间引起物权变动，而是仍须完成登记或交付才能使物权发生有效变动，此为否定论。[1]

面对以上分歧，笔者认为，这里所涉的争议问题实际上主要有二：其一是调解书是否也可以和判决书一样具有形成力的问题；其二是以物抵债的调解书是否具有可直接导致抵债物所有权发生转移的效力问题。对于第一个问题，肯定论的答案是肯定的，并以此为前提得出了以物抵债的调解书具有可直接导致抵债物所有权发生变动的结论。对此，笔者不能苟同。因为，即便是在承认调解书可以和判决书一样具有形成力的前提之下，也不是所有的调解书都具有形成力，而是只有那些在形成之诉中作成的支持原告诉求的调解书才可能具有形成力。这就像前文在讨论判决书时曾指出的那样，具有形成力的形成判决一般都作成于形成之诉之中。而肯定论的不当之处恰恰在于，它在肯定调解书可以与判决书一样具有形成力时，却忽略了该案中丙所提起的诉讼的性质，进而导致了对该诉中的调解书的性质

---

〔1〕 参见谢在全：《民法物权论》（修订第 5 版 · 上册），中国政法大学出版社 2011 年版，第 75 页。

和效力发生了误判。因为，从诉的性质上讲，“丙要求乙偿还借款 15 万元”的诉讼只是一个请求对方当事人为一定给付的给付之诉，而非形成之诉。既然是给付之诉，原告所请求的只是为一定给付，那么法院所需裁判的事项也应仅限于被告是否应为一定给付，法院就此所作的判决或调解原则上也只能在该事项上发生相应的实体法效果。亦即，不管法院的判决书或调解书所载内容是被告应向原告支付一定的款项，还是被告应以特定物来抵偿债务，该项判决书或调解书在实体上都仅与给付有关，即仅具给付判决或“给付调解”的性质，而不具有可直接导致特定款项或抵债物所有权发生转移的形成力。〔1〕换言之，对于该案调解书中所载的“乙用自有奥迪轿车一辆折价抵偿欠丙的 15 万元借款，奥迪轿车归丙所有，双方债权债务一次性归于清结”这部分内容，总体上应将其理解为是当事人在法院主持下就“是否应清偿以及如何清偿债务”所达成的调解协议的一部分，本质上依然解决的是债权意义上的“应否给付及如何给付”的问题，而非物权归属或变动的问题。既然解决的只是给付问题，自然只能产生实体法上的债的约束力，而不能直接引起物权的变动。〔2〕

在对“以物抵债的调解书是否具有直接引起抵债物所有权

---

〔1〕 在实践中，也可能会出现法院以判决形式确认以物抵债协议有效的情况。例如，法院查封了登记在甲公司名下的房屋，乙公司对此提出异议，称该房屋已抵债给自己。法院通知乙公司诉讼，乙公司和甲公司在诉讼中“彼此配合”，达成了以该房屋抵债的协议，法院判决确认了该协议，并判决甲公司为乙公司办理过户手续。出于文中所述理由，此类判决书并不具有直接引起被抵债之物的所有权转移的效力。

〔2〕 这种在调解协议中所达成的“以物抵债”协议性质上有点类似于《德国民法典》第 925 条所规定的“在一份法院和解中声明协议让与”的情况，而依据《德国民法典》第 873 条的规定，此类协议让与（土地所有权）并不具有直接导致物权变动的效力，而是仍须登记才能导致物权发生相应的变动。

转移的效力”问题作出了否定回答之后，接下来要处理的就是前文所述的第一个问题，即调解书是否可以和判决书一样具有形成力的问题。对此，学理上向来就争议颇多（上述肯定论和否定论对此持相反意见），而这种争议很大程度上又与不同学者对诉讼调解的性质有不同认识密切相关，所谓的“私法行为说”“诉讼行为说”和“折中说”等不同学说即为其具体体现。[1]有鉴于此，同时考虑到本书研究之主旨，此处将不对诉讼调解的性质展开详细讨论，而仅拟就此提出以下见解：

第一，单纯以诉讼上的调解或调解书主要是当事人合意的产物为依据来否定调解书的形成力是不充分的。因为，这不仅容易导致诉讼调解和当事人自行达成的和解的法律性质混淆，而且难以有效地说明为什么相关诉讼法会赋予诉讼调解书以等同于法院判决书或仲裁裁决书的效力，而这些效力恰恰是纯粹的私法契约所不具备的。

第二，调解书和判决书或裁决书具有同一效力不仅是我国通行法理，而且在实证法中也有明确的法律依据（参见《仲裁法》第51条）。因此，在法律没有明确否定调解书的形成力之前，或者在学理上尚未就此形成统一的否定意见之前，实务上应以承认调解书的形成力为宜。更何况，调解书是否具有形成力的问题，不仅会出现在此处所述的与物权变动有关的情况下，而且会出现在其他与物权变动无关的情况下。而在其他一些与物权变动无关的情况下，我国法上已经在一定范围内明确承认了调解书的形成力。例如，最高人民法院在《关于旅蒙华侨持我国法院离婚调解书向我国使馆申请结婚登记的复函》中，就基于“人民法院制发的离婚调解书与离婚判决书具有同等的法

---

〔1〕 陈桂明、李仕春：“诉讼契约论”，载《清华法学评论》1999年第2期。

律效力”的理由，明确承认了离婚调解书具有自生效之时起可导致当事人之间婚姻关系解除的形成力。[1]这表明，在无相反规定或坚强的学理理由支持的情况下，承认调解书的形成力乃是调解书与判决书具有同一效力的应有之义。

第三，在承认调解书可以与判决书一样具有形成力的前提下，解释上应认为，能直接导致物权变动的调解书应仅包括法院或仲裁委员会在上文所述的分割共有物之诉、合同撤销之诉、债权人行使撤销权之诉中所作成的支持原告诉求的调解书，而不包括其他调解书。

五、可导致物权变动的裁定书

关于人民法院和仲裁委员会在诉讼或仲裁程序中作出的裁定是否也可以直接导致物权变动的问题，学理上有一定的争议，且其争议主要是围绕人民法院在执行程序中作出的拍卖成交裁定书和以物抵债裁定书是否具有物权变动效力问题展开的。具体说来，这里所涉的争议观点主要有三：

一种观点认为，人民法院在强制执行过程中作出的所有动产（含准不动产）、不动产拍卖成交裁定书或以物抵债裁定书都具有可直接导致物权变动的效力，即这些裁定书都可自生效之时——文书送达受让人或接受抵债物的债权人时——起直接导致物权的变动。[2]2014年发布的最高人民法院《关于适用〈中华人民共和国民事诉讼法〉的解释》第493条[3]和2016年发

---

〔1〕 参见《最高人民法院关于旅蒙华侨持我国法院离婚调解书向我国使馆申请结婚登记的复函》。

〔2〕 参见房绍坤：“法院判决外之法律文书的物权变动效力问题研究”，载《法商研究》2015年第3期。

〔3〕 该条规定：“拍卖成交或者依法定程序裁定以物抵债的，标的物所有权自拍卖成交裁定或者抵债裁定送达买受人或者接受抵债物的债权人时转移。”

布的《物权法解释（一）》第7条所采用的就是这一观点。

另一种观点则认为，可直接导致物权变动的拍卖成交裁定书或以物抵债裁定书应仅限于人民法院在强制执行过程中作出的不动产、有登记的动产拍卖成交裁定书或以物抵债裁定书，一般的动产拍卖成交裁定书或以物抵债裁定书并不具有这种效力。2005年发布的最高人民法院《关于人民法院民事执行中拍卖、变卖财产的规定》第29条所采用的就是这一观点。该条规定："动产拍卖成交或者抵债后，其所有权自该动产交付时起转移给买受人或者承受人。不动产、有登记的特定动产或者其他财产权拍卖成交或者抵债后，该不动产、特定动产的所有权、其他财产权自拍卖成交或者抵债裁定送达买受人或者承受人时起转移。"

与前述两种观点相反的是，有的观点则认为，直接赋予人民法院在强制执行过程中作出的拍卖成交裁定书或以物抵债裁定书以物权变动效力并不合理。因为，一方面，拍卖乃是一种法律行为，因拍卖而生的物权变动也是一种基于法律行为的物权变动。故对于因拍卖而生的物权变动，同样应适用基于法律行为而生的物权变动规则——自交付或登记时生效的规则，而不应适用自拍卖成交裁定书生效时生效的规则，否则即有违公示原则。[1]另一方面，以物抵债的裁定性质上属于给付裁定，而非形成裁定，故对于此类给付裁定，同样不应赋予其以直接的物权变动效力，否则就不符合可直接导致物权变动的判决应仅限于形成判决的基本观点。[2]

---

〔1〕参见张永会："房地产民事执行与行政管理的权力协调"，载《人民司法·应用》2007年第21期。

〔2〕参见崔建远：《物权法》（第2版），中国人民大学出版社2011年版，第65页。

对于以上不同观点，笔者认为，在我国现行法之下，较为可采的应是第一种观点，具体分析如下：首先，法院在强制执行过程中所进行的拍卖并非一般意义上的拍卖（自愿拍卖），而是一种强制拍卖，是执行机关对被执行人的财产所采取的一种强制执行措施，其目的是为了通过国家公权力（强制执行权）的运用来实现对被执行人财产的强制处分，进而实现相关债务的清偿。故对于强制拍卖，不宜将其理解为是一般意义上的私法行为或民事法律行为，而是应将其理解为是一种可产生私法上的权利处分效果的公法行为。〔1〕既然是公法行为，自然就不应该将基于这种公法行为而生的物权变动作为基于法律行为而生的物权变动来对待，而是应该将其作为非基于法律行为的物权变动来对待。而按照一般的诉讼法理，法院在诉讼过程中作出的生效法律文书一般都具有确定的、终局的法律效力，故在强制执行中，将法院作出的拍卖成交裁定书的生效时点确定为被拍卖之物的所有权转移时点应是符合法理的，同时也有利于贯彻《物权法》第1条所规定的“明确物的归属……保护权利人的物权”的立法目的。〔2〕《瑞士民法典》第656条、〔3〕《韩国民法典》第187条〔4〕和我国台湾地区“民法”第759条〔5〕之所以将因强制执行取得的不动产物权规定为不以登记为要件的

---

〔1〕 参见肖建国主编：《民事执行法》，中国人民大学出版社2014年版，第235~236页。

〔2〕 参见程啸：“因法律文书导致的物权变动”，载《法学》2013年第1期。

〔3〕 该条规定：“（1）取得土地所有权，须在不动产登记簿登记。（2）取得人在先占、继承、征收、强制执行或法院判决等情况下，得在登记前，先取得所有权。但是，非在不动产登记簿上登记，不得处分土地。”

〔4〕 该条规定：“因继承、公用征收、判决、拍卖及其他根据法律规定所发生的不动产物权的取得，无须登记。但未经登记的，不得处分。”

〔5〕 该条规定：“因继承、强制执行、征收、法院之判决或其他非因法律行为，于登记前已取得不动产物权者，应经登记，始得处分其物权。”

法定物权变动，其根本原因也在于此。当然，如果法院在强制执行过程中对被执行人的财产所采取的强制措施并非强制拍卖，而是强制变卖，那么依上述法理，法院所作出的变卖成交裁定书也应与拍卖成交裁定书一样，具有自生效之时起直接导致物权变动的效力。〔1〕

其次，与人民法院在强制执行过程中对被执行人的财产所采取的拍卖或变卖措施一样，发生在强制执行过程中的以物抵债也非一般意义上的以物抵债，而是法院在征得当事人同意之后对被执行人的财产所采取的一种强制执行措施，体现的是国家公权力的运用和法院对被执行人财产的强制处分。故以物抵债的裁定与当事人自愿达成的以物抵债协议和人民法院制作的以物抵债调解书性质上并不相同，即前者性质上应属于一种公法上的具有权利处分性质的强制执行措施，〔2〕其一经生效，即可产生相应的权利处分效果；而后二者要么属于单纯的私法上的合意，要么属于对当事人之间的合意的一种司法确认，依理都不具有可直接导致物权变动的效力。简言之，以物抵债的裁定并非给付裁定，而是一种具有权利处分效果的形成裁定，〔3〕其一经生效，即可在当事人之间形成某种物权变动的法律效果。

---

〔1〕 参见谭兵、李浩主编：《民事诉讼法学》，法律出版社 2009 年版，第 492 页；房绍坤："法院判决外之法律文书的物权变动效力问题研究"，载《法商研究》2015 年第 3 期。

〔2〕 依诉讼法理，人民法院在民事执行过程中对被执行人的财产所采取的强制执行措施可依其性质的不同而被区分为控制性的强制执行措施和处分性的强制执行措施。其中，前者是指以防止被执行人转移、隐藏、变卖、毁损财产为目的的执行措施，主要包括查封、扣押、扣留和冻结等；后者是指通过将被执行人的财产予以变价来实现债务清偿的执行措施，主要包括拍卖、变卖和以物抵债等。参见张卫平：《民事诉讼法》，中国人民大学出版社 2013 年版，第 366~367 页。

〔3〕 参见房绍坤："法院判决外之法律文书的物权变动效力问题研究"，载《法商研究》2015 年第 3 期。

最后，将人民法院在强制执行过程中作出的“动产拍卖成交裁定书或以物抵债裁定书”与“不动产、有登记的动产拍卖成交裁定书或以物抵债裁定书”加以区别对待，并将前者排除在可直接导致物权变动的法律文书之外，不仅有违上述法理，而且与《物权法》第28条规定本身也不相符。因为，该条在规定基于法律文书而生的物权变动规则时，并没有将动产物权的变动排除在其适用范围之外，而是一体承认了其规则对不动产、有登记的动产和一般动产的可适用性。简言之，将“动产拍卖成交裁定书或以物抵债裁定书”排除在可直接导致物权变动的法律文书之外是欠缺合理性的。也正因如此，所以2014年的《关于适用〈中华人民共和国民事诉讼法〉的解释》第493条和2016年发布的《物权法解释（一）》第7条都没有继续沿用2005年《关于人民法院民事执行中拍卖、变卖财产的规定》第29条的规定，而是在效力上对“动产拍卖成交裁定书或以物抵债裁定书”与“不动产、有登记的动产拍卖成交裁定书或以物抵债裁定书”作出了同一的对待。〔1〕

除以上裁定书可直接导致物权变动外，人民法院作出的撤销仲裁裁决书的裁定也应具有可直接导致物权变动的效力。因为，依据《仲裁法》的规定，在人民法院依当事人申请作出了撤销特定仲裁裁决书的裁定之后，该被撤销的裁决书将自法院裁定生效之日起失效。将此项规定应用至前文所述的可直接导致物权变动的各种裁决书之上，理论上应可得出，因这些裁决

〔1〕实际上，从交易安全保护的角度讲，将交付（或登记）公示作为动产（或不动产）被强制拍卖或抵债后的所有权变动要件是没有太大必要的。因为，在强制执行过程中，人民法院在对被执行人的动产（或不动产）采取强制拍卖或抵债的执行措施之前，通常都会对该动产（或不动产）进行查封或扣押。这种查封或扣押在限制了权利人的处分权的同时，客观上也可以起到对外公示物上权利受限状态的作用，从而使第三人或交易相对人的交易安全得到相应的保护。

书而导致的物权变动也应自撤销该裁决书的裁定生效之日起再次发生回复效果。

第二节　因继承或受遗赠取得准不动产物权

《物权法》第29条规定，因继承或者受遗赠取得物权的，自继承或者受遗赠开始时发生效力。关于该规定，解释上需要明确且有一定争议的问题主要有二：其一是因继承或受遗赠而取得物权的物权变动性质问题，即因继承或受遗赠而取得物权是否都属于非基于法律行为的法定物权变动；其二是因继承或受遗赠而取得物权的生效时间的问题，即该条所规定的“自继承或者受遗赠开始时”具体到底是指哪一个时间。考虑到在该条中，继承和受遗赠是作为两个并列的物权变动原因而被规定在一起，故以下关于上述两个问题的讨论，将分别针对继承和受遗赠而展开。

一、因继承取得准不动产物权

《继承法》第2条规定：“继承从被继承人死亡时开始。”依据该规定，一旦被继承人死亡，其遗产即应自被继承人死亡时开始自动转由其继承人取得，而无需具备任何法律形式，也不需要继承人提出任何权利主张，甚至连继承人是否知悉被继承人死亡都在所不问。[1]此即学理上通常所谓的“当然继承主义”。正是由于这种“当然继承主义”的存在，所以《物权法》第29条才将因继承而取得的物权规定为一种无需履行任何公示形式的法定的物权取得，并将其生效时间确定为“继承开始时”

---

〔1〕《继承法》第25条规定：“继承开始后，继承人放弃继承的，应当在遗产处理前，作出放弃继承的表示，没有表示，视为接受继承。”

即被继承人死亡时。

这种将因继承而取得的物权规定为一种法定的物权取得虽然为许多国家立法所采，[1]但在该立法体例之下，解释上尚有一个问题需要明确，即在死者继承人为多人时，各继承人在依“当然继承主义”取得死者遗产共有权[2]之后，再对遗产进行分割而引发的物权二次变动（物权在各继承人之间发生的变动）是否也应适用自继承开始时生效的法律规则问题。

就此，目前我国法上并无特别明确的规定，学理上的看法也不尽一致。其中，多数学者都倾向于依“宣示主义”或“溯及主义”[3]来对此加以处理。即各继承人在遗产分割之后因遗产分割所得之财产，应被视为是自继承开始时即已归诸各继承

---

〔1〕 参见《德国民法典》第1922条第1款，《日本民法典》第896条，我国台湾地区“民法”第1148条，《韩国民法典》第1005条。

〔2〕《民法意见》第177条规定：“继承的诉讼时效按继承法的规定执行。但继承开始后，继承人未明确表示放弃继承的，视为接受继承，遗产未分割的，即为共同共有。诉讼时效的中止、中断、延长，均适用民法通则的有关规定。”2008年，依据《最高人民法院关于废止2007年底以前发布的有关司法解释（第七批）的决定》，该条已被废止，但由于该条的废止主要是其中有关诉讼时效的规定与物权法所内含的物权的保护不受诉讼时效限制的法理相违背而导致，所以即便是在该条被废止之后，该条所包含的“遗产未分割的，即为共同共有”的规则依然为我国学界和实务界广为接受和采用。

〔3〕 法国、日本、意大利、葡萄牙和我国澳门地区即采此主义。其中，《法国民法典》第883条规定：“每一共同继承人均视为单独地并直接地承受其分配的财产，或单独地并直接地承受经拍卖而归属于自己的财产，并视为对遗产中的其他财产从未享有所有权。”《日本民法典》第909条规定：“遗产分割，溯及继承开始时发生效力。但不得侵害第三人的权利。”《意人利民法典》第757条规定：“每个共同继承人，对包括在自己应继份中的全部财产，即使是在拍卖中取得的财产，均视为单独并且直接取得因继承而归属于他的全部则产，对于其他遗产则视为从未享有过所有权。”《葡萄牙民法典》第2119条规定：“遗产分割后，各继承人即被视为自继承开始时起其获分配之财产之唯一继受人，但不影响有关孳息之规定。”《澳门民法典》第1959条规定：“遗产分割后，各继承人即被视为自继承开始时起其获分配之财产之唯一继受人，但不影响有关孳息之规定。”

人单独所有，遗产的分割只是对遗产已归各继承人单独所有的一种事实上的宣示，本身并非独立的物权变动原因。故各继承人就其因遗产分割所得物权无须为相应公示，也无须对其所取得的债权的债务人为相应通知。〔1〕另一些学者则倾向于采“移转主义”或“不溯及主义”，〔2〕即应将遗产分割视为各继承人应有部分所有权之互相移转而发生的新的所有关系，故各继承人只有在遗产分割之后，始能就其分得之财产取得单独所有权。亦即，遗产分割应具有创设物权变动或移转物权的效力，其物权变动的生效时间应为遗产分割完成时，而非继承开始或被继承人死亡时。〔3〕有的学者则倾向于持折中的见解，即在现物分割时，应承认因分割而生的物权变动可溯及继承开始时生效，但各继承人应就此互负担保责任；在遗产分割系采折价分割的情形下，无论继承人是取得价金，还是因未取得价金而对其他继承人取得债权，这种价金或债权的取得都不具有溯及力，而是应自分割完成时始得发生相应的权利取得效力。〔4〕

---

〔1〕 参见梁慧星主编：《中国民法典草案建议稿附理由：继承编》，法律出版社2013年版，第202页；杨立新、杨震：“《中华人民共和国继承法》修正草案建议稿”，载《河南财经政法大学学报》2012年第5期；郭明瑞、房绍坤、关涛：《继承法研究》，中国人民大学出版社2003年版，第174页；陈苇：《外国继承法比较与中国民法典继承编制定研究》，北京大学出版社2013年版，第633页。

〔2〕 德国民法、瑞士民法、西班牙民法及我国台湾地区“民法”即采此主义。值得注意的是，我国台湾地区“民法”原第1167条所规定的也是宣示主义（该条规定，“遗产之分割，溯及继承开始时发生效力”），但该规定已于1985年修法时被删除，被删除的主要原因就在于，该规定与共同继承时未分割的遗产应为所有继承人共同共有的原则相抵触。参见刘耀东：“论基于继承与遗赠发生的不动产物权变动——以《物权法》第29条为中心”，载《现代法学》2015年第1期。

〔3〕 参见王利明：《中国民法典学者建议稿及立法理由（人格权编、婚姻家庭编、继承编）》，法律出版社2005年版，第620页；刘耀东：“论基于继承与遗赠发生的不动产物权变动——以《物权法》第29条为中心”，载《现代法学》2015年第1期。

〔4〕 马俊驹、余延满：《民法原论》，法律出版社2007年版，第966~967页。

针对以上意见分歧，笔者认为，在继承是通过先由所有继承人概括继受被继承人的所有遗产，然后再通过遗产的分割来确定死者生前所享有的各项财产权利和义务的具体归属时，解释上应认为，在被继承人死亡时，各继承人得自继承开始时共同取得对遗产的共有权应无疑问，唯对于嗣后因遗产分割所导致的各继承人对其应继份的物权取得（这种取得既可能是单独取得，也可能是将全体继承人共有的物权变更为由部分继承人共有）到底是应采上述何种主义，解释上颇费思量。但考虑到以下几点，笔者认为，折中说应更为符合我国现行法的规定和相关法理，理由有四：

其一，依法理，宣示主义只能适用于实物分割的情形，而不能适用于遗产分割通过变卖分割或作价补偿等形式进行分割的情况。因为，在后一情况下，各继承人通过价值分割所取得的权利只能是自分割完成时发生效力——只能采移转主义，而无法依宣示主义适用自继承开始时生效的规则，即在宣示主义之下，也必须例外地承认移转主义的适用余地。

其二，在实物分割的情况下，依宣示主义将因分割而生的物权变动拟制为可溯及继承开始时生效，并承认各继承人应互负担保责任，不仅符合《物权法》第 29 条有关“因继承取得物权，自继承开始时生效”的规定，而且与《物权法》第 100 条第 2 款有关“共有人分割所得的不动产或者动产有瑕疵的，其他共有人应当分担损失”的规定也保持了体系上的一致。反之，若采移转主义，则逻辑上必然会导致裁判分割以外的遗产分割（主要指依遗嘱进行的分割和依继承人所达成的遗产分割协议进行的分割）形式下的分割所得物权也应适用基于法律行为而生的物权变动规则——因为遗嘱和遗赠分割协议性质上应属于法律行为。而这不仅会与《物权法》第 29 条和第 31 条的规定发生矛盾（依据这两条的规定，因继承而取得的物权并不需要以公示为要件，只不过，未经登记，继承人不能对其因继承所取得的不动产物权进行有效的处分而已），导致单独继承和共同继承时的物权取得时间和条件的不统一，同时也会给继承人带来不必要的公示负累——虽然这样更有利于交易安全的保护。

其三，在实物分割的情况下，承认因继承而取得的物权可自继承开始时生效，不仅可使继承人免于公示的负累，而且一般也不会给交易安全带来威胁。因为，在被继承人已死亡时，只要各继承人未将遗产处分给继承人之外的第三人（在发生此类处分时，第三人应受公示原则的保护乃是自然之理，《物权法》第31条已对此作出了规定），这里通常就不存在需要通过物权公示来加以保护的第三人，即宣示主义并不存在不利于交易安全保护的弊端。

其四，移转主义虽然更有利于交易安全的保护，但客观上也有悖于继承的法理本质。因为，依移转主义，各继承人因遗产分割所得财产并非如宣示主义之下那样系直接自被继承人处继受取得，而是自其他继承人（原共同共有人）处通过共有物的分割而继受取得。而这并不符合继承应属于继承人直接从被继承人处继受取得相应权利的本质，也与法律将遗产分割之前的遗产确定为各继承人共有的目的不相符合。因为，在共同继承的情况下，法律之所以将分割之前的遗产规定为各继承人共有，其目的主要为了避免死者死亡之后、遗产分割之前其遗产之上出现权利义务的主体真空，也正是为了避免这一权利真空的出现，所以法律才会将被继承人死亡时的继承人“拟制”为一个具有准主体地位的共同体，并通过法定的概括继承方式将死者生前所享有的全部财产或遗产作为一个“拟制的财团或财产集合体”转归由各继承人共有。也就是说，这种由法律直接创设的继承人的共有本身就是一种高度“拟制”的法律产物，其目的并不是要将这种“拟制”的共有确定为一种实实在在的以维持特定共同体对特定物的共有关系为目的共同共有，而只是为了解决特定情况下的特殊问题所作的一种特殊安排。即这种共有只是法律在当事人的意志尚不足以直接、及时地解决私人权利义务关系变动问题时所作的一种暂时的、过渡性的制度安排，以便各继承人得以在此基础之上通过遗产的分割来取得其应继份的物权或权利。一旦此一过渡性制度安排的规范目的得以实现，则这种“拟制的共有”的历史任务即已完成，法律上即可将其视为从未存在过，以便恢复继承原有的继受取得本质。也就是说，移转主义将这种拟制的、暂时性的共有转化成一种“实实在在的共有”，已经在一定程度背离了法律设立这种暂时性的共有制度的目的和继承的本质。

综上，笔者认为，在继承的情况下，《物权法》第29条所规定的“因继承取得物权的，自继承开始时生效”应既可适用于单独继承时的物权取得，也可适用于共同继承时的物权取得。在单独继承时，该继承人得于继承开始时直接单独取得被继承人生前所享有的物权；而在共同继承时，各继承人首先得于继承开始时共同取得被继承人生前所享有的物权的共有权，然后再通过遗产分割而单独取得其应继份的物权。在遗产分割是通过实物分割的形式进行时，各继承人因分割所取得的物权应溯及继承开始时生效，但在遗产分割是以先变卖后分割或以作价补偿形式进行时，其物权的取得应自遗产分割完成时生效。

二、因受遗赠取得准不动产物权

关于因受遗赠而取得的物权应适用何种法律规则的问题，《物权法》第29条虽然已经明确规定了，因受遗赠而取得的物权，应自受遗赠开始时发生效力，但是，关于该规定，解释尚有一定的争议，其争议的核心焦点主要有二：其一是遗赠能否直接导致物权变动的问题，即直接赋予遗赠以物权变动效力在立法上到底是否妥当的问题；其二是到底应该如何解释《物权法》第29条所规定的“受遗赠开始时”的问题，即应如何确定因遗赠而生的物权变动的生效时间问题。以下将针对以上两个方面的问题分而述之。

（一）遗赠能否直接导致物权的变动？

关于遗赠能否直接导致物权变动的问题，早在《物权法》出台之前，我国学界就有所争议，并由此形成了遗赠可直接导致物权变动的“遗赠物权变动效力说”，〔1〕遗赠不能直接导致物权变动而是只能产生债权的“遗赠债权效力说”〔2〕和遗赠只能产生既非物权也非债权的受遗赠权的“遗赠独立效力说”。〔3〕在《物权法》出台之后，虽然该法第29条有关“因继承或者受遗赠取得物权的，自继承或者受遗赠开始时发生效力”的规定本身已足以表明，该条实际上已采用了遗赠物权变动效力说，〔4〕

---

〔1〕参见梁慧星：《中国物权法草案建议稿：条文、理由、说明与参考立法例》，社会科学文献出版社2000年版，第189页；秦伟：《继承法》，上海人民出版社2001年版，第219页；王丽萍：《婚姻家庭继承法学》，北京大学出版社2004年版，第451页。

〔2〕参见马俊驹、余延满：《民法原论》，法律出版社1998年版，第956页；杨立新、朱呈义：《继承法专论》，高等教育出版社2006年版，第200页。

〔3〕参见刘春茂：《中国民法学·财产继承》，中国人民公安大学出版社1990年版，第486~487页；郭明瑞、房绍坤、关涛：《继承法研究》，中国人民大学出版社2003年版，第144页；刘文：《继承法比较研究》，中国人民公安大学出版社2004年版，第277页。

〔4〕该条将因遗赠而生的物权变动与因继承而生的物权变动合并规定在一起，并被安排在专门用来调整非基于法律行为而生的物权变动的第二章第三节“其他规定”中，本身就已经表明，在物权法的意义脉络中，因遗赠而生的物权变动应属于非基于法律行为的物权变动的一种。

即因遗赠而生的物权变动并不适用基于法律行为而生的物权变动应自交付或登记时生效的一般规则，而是应适用该条所确定的“自受遗赠开始时发生效力”的特别规则，但在部分始终坚持遗赠物权变动效力否定论的学者看来，该条的做法在立法论上仍是有欠正当的，将来应予以纠正。而在这种立法不当被纠正之前，解释论上只能暂且承认“恶法亦法”，并在现行制度的解释上作出一些妥协。[1]个别持否定论的学者甚至认为，即便是在第29条已经作出了上述规定的情况下，解释上也“没有任何证据表明立法者要将遗赠原先的债权效力变更为物权效力”，故对于该条的规定，解释上依然可以或应当将其解释为对遗赠仅具债法效力的坚持，而没有承认遗赠的物权变动效力。[2]有鉴于此，以下将分别从立法论和解释论的角度对此一争议问题作一探讨。

1. 遗赠物权变动效力否定论的基本观点

遗赠物权变动效力否定论认为，在立法论上，直接赋予遗赠以物权变动效力至少存在以下几个方面的不当：

首先，这与比较法上的通行做法不符。因为，在比较法上，承认遗赠具有物权变动效力的一般多见于“不区分遗赠与遗嘱继承”且在物权变动上采意思主义立法的国家，如法国、日本和意大利。而在“区分遗赠与遗嘱继承”且在物权变动上采形式主义立法的国家，如德国和瑞士等，遗赠通常仅具债法效力，

〔1〕 参见房绍坤：“遗赠能够引起物权变动吗?”，载《当代法学》2012年第6期；刘耀东：“论基于继承与遗赠发生的不动产物权变动——以《物权法》第29条为中心”，载《现代法学》2015年第1期。

〔2〕 参见庄加园：“试论遗赠的债物二分效力”，载《法学家》2015年第5期。

而不能直接导致物权的变动。〔1〕我国《继承法》在规定遗赠时，也区分了遗赠和遗嘱继承。依其区分，遗赠与遗嘱继承的不同主要在于，受遗赠人只能是法定继承人以外的人，而遗嘱继承人必须是法定继承人，且前者只承受遗产权利，而后者需同时承受遗产权利和遗产债务。这种区分虽然在其所规定的受遗赠人范围上与德国、瑞士等国所采用的区分模式〔2〕有所不同，但在其他方面与后者并无本质上的不同。再加上，我国法在物权变动上也采用的是以形式主义为原则的立法，故"就比较法上的依据来看，遗赠似不宜具有导致物权变动的效力"。〔3〕

其次，赋予遗赠以物权变动效力与我国现行法所采用的遗赠立法模式和物权变动模式存在冲突，其具体表现主要有：第一，在《继承法》第34条已明确规定了"执行遗赠不得妨碍清偿遗赠人依法应当缴纳的税款和债务"的情况下，若承认遗赠能够直接导致物权变动，使受遗赠人得于受遗赠开始时取得遗赠物物权，则一旦发生用遗赠物清偿遗产债务的情况，就等于是在"用受遗赠人的财产清偿遗产债务"或者"使受遗赠人负有清偿遗产债务的义务"，并且会造成一种"遗产债权人的债权优先于受遗赠人所享有的物权"的"怪象"，而这显然与我国法所规定的遗赠性质不符，同时也有违物权的优先效力。〔4〕

---

〔1〕 参见房绍坤："遗赠能够引起物权变动吗?"，载《当代法学》2012年第6期；刘耀东："论基于继承与遗赠发生的不动产物权变动——以《物权法》第29条为中心"，载《现代法学》2015年第1期。

〔2〕 在该立法模式之下，若遗嘱中指定的遗产承受人只承受遗产权利，而不承受遗产债务，则该遗产承受为遗赠；反之，若遗嘱中指定的遗产承受人既承受遗产权利，也承受遗产债务，则该遗产承受为遗嘱继承。

〔3〕 参见房绍坤："遗赠能够引起物权变动吗?"，载《当代法学》2012年第6期。

〔4〕 参见房绍坤："遗赠能够引起物权变动吗?"，载《当代法学》2012年第6期；刘耀东："论基于继承与遗赠发生的不动产物权变动——以《物权法》第29条为中心"，载《现代法学》2015年第1期。

第二，赋予遗赠以直接的物权变动效力会导致遗赠效力的不统一，即会导致特定物遗赠和非特定物遗赠中的物权变动时间的不统一。[1]第三，在我国法所采用的以形式主义为原则的物权变动模式之下，单纯的意思表示并不能直接导致物权变动，而遗赠是通过遗嘱所作出的不具有公开性的意思表示，第三人对此无法知晓。在此情况下，若直接赋予遗赠以物权变动效力，则“与公示原则的精神相距甚远”。[2]

最后，在我国现行法所规定的遗产继承程序和相关配套规则并不完善的情况下，直接赋予遗赠以物权变动效力，将会给第三人尤其是遗赠人的债权人的利益带来各种可能的危害，进而造成各种实体上的不公正。[3]

2. 赋予遗赠以物权变动效力真的是“恶法”吗？

对于否定论者所提出的以上批评，本文认为，这些批评虽看似有一定道理，但依据本文以下的分析，这些批评其实并不是很有说服力，也不能充分证明《物权法》第 29 条有关遗赠的规定就是一项“恶法”。

（1）以死亡为原因的物权变动的立法考量。众所周知，在我国法上，依物权变动公示法理，决定一项物权变动是否应适用公示原则的根本因素并非当事人的身份，也非当事人在取得物权时是否需同时承担一定的义务，而是导致该项物权变动的原因事实的性质，即凡是以法律行为为原因的物权变动，原则上

---

〔1〕 参见庄加园：“试论遗赠的债物二分效力”，载《法学家》2015 年第 5 期。

〔2〕 参见房绍坤：“遗赠能够引起物权变动吗？”，载《当代法学》2012 年第 6 期；刘耀东：“论基于继承与遗赠发生的不动产物权变动——以《物权法》第 29 条为中心”，载《现代法学》2015 年第 1 期。

〔3〕 参见庄加园：“试论遗赠的债物二分效力”，载《法学家》2015 年第 5 期。

都应适用公示原则；反之，则相反。〔1〕以此观之，在遗赠中，虽然导致物权变动的原因事实在构成上也包含了遗赠的法律行为，〔2〕但该法律行为并非导致物权变动的唯一原因，而是需同时与遗赠人已死亡的事实相结合，才有可能引发物权的变动。也就是说，在因遗赠而生的物权变动中，导致物权变动的原因事实至少应包括一个法律行为（遗赠的法律行为）和一个事件（遗赠人死亡）。正是这种原因事实构成上的复合性，决定了在如何处理因遗赠而生的物权变动上，法律有必要对其作出一些特殊的考量和安排，以便使死亡的法律意义和当事人所为意思表示的法律意义能在我国法律体系之下保持相对的协调。

在这方面，比较法上的做法已经表明，在如何协调死亡和当事人的意思表示在遗赠中的法律意义上，各国的做法并不完全一致。其中，较具代表性的且对我国学者影响较大的主要是德国法所采用的遗赠仅具债权效力的做法和法国法所采用的遗赠也具有物权变动效力的做法。这两种做法的区别虽然在否定论者看来可归因于这两个国家所采用的遗赠立法模式和物权变动模式的不同，但在笔者看来，造成这种差异的根本原因仍在于立法者在特定物权变动模式之下对此间所涉物权变动原因的性质及其法律意义的考量。也就是说，如果立法者更看重意思表示在遗赠中的法律意义和作用，则其一般会倾向于将因遗赠而生的物权变动处理成须以交付或登记为要件的意定的物权变动。反之，如果立法者更看重死亡在这里所起的作用或法律意义，则其一般会倾向于将因遗赠而生的物权变动处理成法定的

〔1〕　我国《物权法》第9条和第23条以及该法第二章将“不动产登记”“动产交付”和“其他规定”分列于该章的一、二、三节就很好地体现了这一法理。

〔2〕　依后文所述，此处所述的遗赠法律行为并非仅指遗赠人所作出的遗赠的意思表示，而是还同时包括了受遗赠人所作出的接受遗赠的意思表示，即此处所述的遗赠的法律行为应该包括两个意思表示。

物权变动。对此，我国不妨首先从另一个同样是以死亡为原因的物权变动——因继承而生的物权变动——入手来予以观察。

首先，在继承中，为了避免因被继承人死亡而导致遗产之上出现权利主体真空，德、法等国一般都会就此作出上文所述的当然继承主义的规定，即除法律另有规定外，被继承人的所有遗产都应自被继承人死亡时开始自动转归其继承人享有或承受，而无需具备其他任何条件。〔1〕这种当然继承主义虽然可以通过将死者的所有遗产（含积极财产和消极财产）拟制成一个财团，并以法定的方式将其概括移转于死者继承人，但在死者继承人为多人时，这种概括移转并不能最终解决死者的各项遗产的具体归属问题，而是只能使各继承人（此时已被视为是一个具有共同关系的共同体）共同取得对遗产财团的共有权。也就是说，要最终解决死者的各项遗产的具体归属问题，法律上还需要进行一次遗产权利的变动或二次变动——遗产分割。正是在这一“遗产权利的二次变动”上，德、法等国的做法产生了分歧。其中，德国、瑞士和我国台湾地区所采用的是移转主义，〔2〕而法国、日本和意大利所采用的是宣示主义或溯及主义。〔3〕

依移转主义，遗产的分割在法律上应该被作为一种处分行

〔1〕 参见《德国民法典》第1922条，《法国民法典》第724条和我国《继承法》第25条第1款。

〔2〕 参见刘春茂：《中国民法学·财产继承》，中国人民公安大学出版社1990年版，第597页；谢在全：《民法物权论》（修订第5版·上册），中国政法大学出版社2011年版，第79页。

〔3〕 《法国民法典》第883条第1款规定：“每一共同继承人均视为单独继承，并视为立即接受归入其分配分内的全部财产或经拍卖而归其所得的全部财产，同时视为对遗产的其他财产从未享有所有权。”《意大利民法典》第757条规定：“每个共同继承人，对包括在自己应继份中的全部财产，即使是在拍卖中取得的财产，均视为单独并且直接取得因继承而归属于他的全部财产；对于其他遗产则视为从未享有过所有权。”《日本民法典》第909条规定：“遗产分割溯及于继承开始时发生效力。但不得侵害第三人的权利。”

为来对待，即这种分割性质上应属于各继承人（共有人）相互交换和移转其各自应有部分，从而将原有的共有关系变更为各继承人单独所有的处分行为。在各继承人相互移转的应有部分为物权时，此一移转就具有了处分物权的性质，故对于因此而生的物权在各继承人之间的变动，除应适用“因继承而取得的不动产物权，非经登记不得处分其物权”的规定外，[1]在其他方面与一般的共有物分割并无实质上的差异，所适用的物权变动规则也是一样的。亦即，在遗产的分割是通过协议分割或指定分割进行时，基于分割协议和遗嘱所具有的法律行为性质，法律上自当应将此类因分割所生的物权变动作为意定的物权变动对待，从而使之得适用自交付或登记时生效的规则；与之相对，若遗产的分割是通过裁判分割进行的，则应适用法律对此所作的特别规定。而且，不管遗产的分割是通过何种形式进行的，只要被分割的遗产是不动产，各继承人在分割该不动产时，就必须先依据“因继承而取得的不动产物权，非经登记不得处分其物权”的规定办理“继承登记”（将被继承人的不动产登记为各继承人共有），然后才能通过“移转登记”来实现该不动产的二次物权变动。[2]简言之，在移转主义之下，因遗产分割所生的物权的二次变动已经具有了独立的法律性质和意义，且原则上是被作为意定的物权变动来对待的——因裁判分割所导致的物权变动除外。

与之相对，若依宣示主义，则各继承人因遗产分割所得之遗产应被视为自继承开始时直接继受于被继承人，即继承人所分得之遗产应被视为在继承开始时即已归诸各继承人单独所有，

---

〔1〕参见《瑞士民法典》第656条第2款，我国台湾地区“民法”第759条。

〔2〕参见谢在全：《民法物权论》（修订第5版·上册），中国政法大学出版社2011年版，第79页。

而此前因当然继承主义而生的遗产共有关系则将被视为自始即未存在过。也就是说，在宣示主义之下，遗产（共有财产）的分割并没有被作为一项独立的权利处分行为来对待，因此而生的物权变动也没有被看成是一项具有独立意义的物权变动，而是仅被看成是对遗产自继承开始时起即已归属于各继承人单独所有的宣示，即不管遗产的分割是通过何种形式进行的，分割的效力都应溯及继承开始时生效。

将德、法等国的以上两种不同做法相比较，可以发现，在如何处理因继承而生的物权变动问题上，以德国法为代表的国家和地区所采取的实际上是一种严格区分死亡和法律行为的法律意义，并以此为基础将前后两次或两个阶段的物权变动都分别予以“做实”的做法。亦即，在此做法之下，死亡的法律意义仅限于可于被继承人死亡时直接导致物权由死者转移给其继承人。而在此后的因遗产分割而导致的物权二次变动中，起决定作用的已非死亡的法律事实，而是作为遗产分割法律基础（导致物权二次变动的原因）的法律事实到底是法律行为（分割协议、遗嘱或遗赠），还是法院的裁判。与之相对，以法国法为代表的国家和地区所采取的则是一种更为看重死亡的法律意义，并通过一种“双重拟制”（先拟制出一个继承人对遗产的共有，然后再通过溯及主义的拟制消灭前一个拟制）的方式消灭了因继承而生的物权变动的二次性的做法。亦即，在此做法之下，死亡不仅具有可直接导致物权由死者移转给其继承人的法律效果，而且在遗产分割中，各继承人和受遗赠人所取得的物权也被视为基于死亡而直接承受自被继承人，即应溯及于被继承人死亡时生效。至于遗嘱（遗赠）、遗产分割协议和相关的裁判文书，虽然可以作为遗产分割或确定遗产归属的依据，但整体上依然属于因死亡所导致的物权变动的一部分，其意义仅是辅助性的和过程性的，具有决定意义和贯穿始终的是死亡的法律意义。

德、法等国的以上做法虽差异明显，但若将其与这些国家或地区在因遗赠而生的物权变动变动上所采取的做法相比较，可以发现，这些国家或地区在遗赠问题上所采取的做法与其在遗产分割问题上所采取的做法实际上是一致的。亦即，以德国法为代表的国家或地区所采取的遗赠仅具债权效力的做法所贯彻的实际上仍是其在共有遗产分割上所采取的移转主义——各继承人或受遗赠人因遗产分割所取得的物权原则上应自移转公示完成时生效；而以法国法为代表的国家和地区所采取的遗赠可直接导致物权变动的做法同样贯彻的是其在共有遗产分割上所采取的宣示主义——各继承人或受遗赠人所取得的遗产应溯及继承开始时生效。这表明，在比较法上，将因遗赠而生的物权变动与因共有遗产的分割而生的物权变动作相对同一的处理——执行遗赠本身就是遗产分割的一部分，应属较为共通的法理或做法。即如果立法者在后一问题的处理上采取的是移转主义，则其在前一问题的处理上一般都不会直接赋予遗赠以物权变动效力，而是会将其处理成意定的物权变动；反之，如果立法者在后一问题的处理上采取的是宣示主义，则其在前一问题的处理上一般都会直接赋予遗赠以物权变动效力。

以此观之，我国《物权法》第 29 条将因遗赠而生的物权变动与因继承而生的物权变动合并规定在一起，并将前者也处理成与后者一样的法定物权变动并不违背此一法理。因为，依据该条“因继承取得物权的，自继承开始时发生效力”的规定，“因继承取得物权”在文义上不仅可包含因继承而取得的对遗产物权的共有权，而且可包含因遗产分割而取得的各应继部分的单独所有权。故在解释上，该条应该可以被解释为各继承人因遗产分割所取得的物权都应自继承开始时生效——但通过变价分割或作价补偿所取得的货币所有权除外，即该条可作溯及主义的解释——这与我国多数学者在遗产分割问题上都主张采溯及主义的立法论观点是一致的。[1]既然如此，那么依据上文所述的法理或“就比较法上的依据来看”，《物权法》第29条将因遗赠而生的物权变动处理成法定的物权变动并非毫无根据，而是恰恰体现了遗赠的法律效力原则上应与共有遗产分割的法律效力保持一致的“公认法理”。或者反过来说，如果我们一方面在继承问题上坚持当然继承主义和宣示主义，另一方面又在遗赠问题上坚持遗赠不能直接导致物权的变动，则反倒会使这种立法或解释成为有违法理的“恶法”。

（2）区分遗赠与遗嘱继承的物权法意义。依据我国《继承法》第16条的规定，区分遗赠与遗嘱继承的标准主要在于遗产承受人是否是被继承人的法定继承人。这种区分虽然被否定论者赋予了诸多法律意义，但依本文之见，否定论者据此所提出的赋予遗赠以物权变动效力会与我国现行法所采用的遗赠立法模式和物权变动模式发生冲突的观点，同样是值得商榷的，具体分析如下。

首先，赋予遗赠以物权变动效力并不会改变我国法所规定的遗赠的性质，也没有违背物权优先于债权的基本法理。因为，在《继承法》第34条已明确规定“执行遗赠不得妨碍清偿遗赠人依法应当缴纳的税款和债务”的情况下，即便物权法不承认遗赠的物权变动效力，否定论所说的“用受遗赠人的财产清偿遗产债务”和“遗产债权人的债权优先于受遗赠人的物权”的“怪象”同样也有可能发生。例如，在遗产已被分割而遗产债务

---

〔1〕参见刘春茂：《中国民法学·财产继承》，中国人民公安大学出版社1990年版，第596页。梁慧星教授主持起草的《中国民法典草案建议稿》第1991条，杨立新、杨震教授主持起草的《中国继承法修正草案建议稿》第89条，陈苇教授主持起草的《中国继承法修正案建议稿》第79条也都采纳了溯及主义。

尚未清偿的情况下，依据《最高人民法院关于贯彻执行〈中华人民共和国继承法〉若干问题的意见》第62条，受遗赠人同样可能需要用其所得遗产来清偿遗产债务，而这同样属于否定论者所说的“怪象”。也就是说，在我国法之下，导致以上“怪象”发生的根本原因并不在于《物权法》第29条，而是《继承法》第34条。正是该条的存在决定了，在某些情况下，受遗赠人也需要像继承人一样，必须在一定范围内负担起遗产债务的清偿义务，〔1〕即受遗赠人的物权取得在一定意义上是“附负担的物权取得”。这种附负担的物权取得虽然与否定论者所理解的遗赠性质有所不符，但并不违背物权法理，也没有改变遗赠所具有的“无偿赠与他人遗产”的性质。因为，依赠与法理，用所得遗产清偿遗产债务并不属于支付赠与所得的对价，也不意味着受遗赠人是有偿取得财产的，而是仅意味着这种取得是一种附负担的取得。简言之，以上所谓的“怪象”其实并非“怪象”，而是只是因死亡（遗赠和继承）而生的物权变动的特殊性的一种表现，是立法者基于其特殊性所为的立法考量的一种反映。

其次，依前文所述，在《物权法》第29条可作溯及主义的解释的情况下，由于各继承人或受遗赠人因遗产分割而取得的物权都可溯及被继承人死亡时生效，〔2〕故否定论者所说的赋予遗赠以物权变动效力会导致特定物遗赠和非特定物遗赠的物权变动时间不统一的现象将不复存在。也就是说，在因遗赠而生

〔1〕 正因如此，所以我国才有学者明确指出，那种认为受遗赠人只承受遗产权利，而不负担遗产债务的观点是不符合我国继承法的精神的。参见刘春茂：《中国民法学·财产继承》，中国人民公安大学出版社1990年版，第468页。

〔2〕 从这个意义上讲，有的学者所提出的物权法第29条在“继承开始”之外，增加规定所谓“受遗赠开始时”属于易导致混淆的“立法失误”的观点是值得肯定的。参见梁慧星：《读条文 学民法》，人民法院出版社2014年版，第287~288页。

的物权变动中，虽然作为法律行为的遗赠的生效时间可能会因标的物是否已特定或是否附条件或期限而有所不同，但因此而生的物权变动的生效时间则是统一的，即都是溯及被继承人（遗赠人）死亡时生效。

最后，否定论者所提出的赋予遗赠以物权变动效力“与公示原则的精神相距甚远”的看法，同样是基于未能充分认识到因遗赠而生的物权变动的法律原因的复合性而产生的。因为，依前文所述，因遗赠而生的物权变动并非单纯基于法律行为而生的物权变动，而是同时也是基于事件（死亡）而生的物权变动，故对于此类基于复合的原因而生的物权变动，法律上本身就存在着对其作出不同于一般的单纯基于法律行为而生的物权变动的处理的可能。或者说，在这里，重要的并不是法律的处理到底是“距基于法律行为而生的物权变动应以公示为要件的法理甚远”——这可以用来“批评”遗赠物权变动效力论，还是“距基于事件（死亡）而生的物权变动无需公示的法理甚远”——这可以用来“批评”遗赠债权效力论，而是法律的这种处理在利益衡量上是否有失公正，而这正是下文所要重点讨论的问题。

（3）赋予遗赠以物权变动效力与交易安全保护。关于赋予遗赠以物权变动效力是否会有失公正的问题，否定论的基本观点是，这会给第三人尤其是遗赠人的债权人的利益带来各种可能的危害，因而是有失公正的。对此，笔者并不赞同。因为，否定论者在提出该项批评时，实际上主要是以我国现行法所规定的遗产继承程序和配套规则不完善为前提的，〔1〕而依论者所述，

---

〔1〕 这一逻辑在持该论的学者所提出的以下解释论意见中同样有所体现：“考虑到物权效力的遗赠可能会影响遗产债务的清偿，势必需要相应的复杂规则与之配套。而立法未曾提及这样的规则，学界也罕见相关讨论。有鉴于此，遗赠的物权变动不应解释为扬弃现有的债权效力的遗赠，转为遗赠直接导致物权发生变动的结论。”参见庄加园：“试论遗赠的债物二分效力”，载《法学家》2015 年第 5 期。

这种不完善本身就不利于遗产债权人的利益保护，而赋予遗赠以物权变动效力只不过是有可能会加剧这种不利而已。〔1〕既然如此，那么我们不禁要问，这种不利到底应该是主要由论者所说的制度不完善所造成的——这种不完善同样可能会给继承人和受遗赠人的利益带来不利，还是应该主要由《物权法》第29条来承担责任呢？或者说，依笔者之见，论者在提出该项批评时，其批评对象其实并不明确。

退一步讲，即便如论者所言，赋予遗赠以物权变动效力会给遗产债权人造成不利，这种不利也不足以证成该做法的不公正。因为，依物权法理，物权公示原则作为一项旨在保护交易安全的制度设计，其主要规范目的并不在于维护一般债权人的利益或其交易安全，〔2〕而是为了保护身处物权交易中的第三人的交易安全。正如学者所言，一般债权人在与债务人进行交易时，所信赖的是债务人的信用和清偿能力。这种信赖既非建立在债务人享有特定物的物权外观上，也与特定物的物权归属无法律上的直接关系，故债权人通常应自担债权不能获得清偿的风险。一般债权人如欲避免遭受不测损害，应设定担保物权。也就是说，债权人基于特定的物权外观而产生的对债务人享有或不享有某项物权的信赖，原则上并不在物权变动公示原则的保护范围之内，交易上的信赖危险，仍应由其自己承担。〔3〕既然如此，那么以不利于遗产债权人的保护来批评赋予遗赠以物

〔1〕 庄加园："试论遗赠的债物二分效力"，载《法学家》2015年第5期。

〔2〕《物权法司法解释（一）》第6条的规定就体现了这一法理。该条规定："转让人转移船舶、航空器和机动车等所有权，受让人已经支付对价并取得占有，虽未经登记，但转让人的债权人主张其为物权法第二十四条所称的'善意第三人'的，不予支持，法律另有规定的除外。"

〔3〕 参见王泽鉴：《民法学说与判例研究》（第1册），中国政法大学出版社2005年版，第228~229页。

权变动效力的做法有失公正就不是很有说服力了。

进一步而言，在《继承法》第 33 条和第 34 条已经就遗产债权人的利益保护作出了相应规定的情况下，关于因遗赠而生的物权变动与交易安全保护的关系，立法上需要重点考量的并非债权人的利益，而是其规则设置本身是否会给物权公示原则所保护的第三人的利益或交易安全带来明显不利。在这方面，笔者的基本看法是，在《物权法》第 31 条的规定已经明确了非基于法律行为而取得不动产物权的物权人在处分该物权时应遵守公示原则的情况下，基于继承或受遗赠的本质只是对被继承人（遗赠人）生前所享有的权利的一种“原封不动”地继受，其既没有改变原有的物权法律关系的种类和内容，也没有创设新的物权，且遗产承受人在受领交付或登记之前又不能对其所得遗产物权进行有效处分（不含遗产分割），故从交易安全保护的角度讲，此处通常并不会产生新的需要通过公示原则来加以保护的第三人。也就是说，在无明显的第三人保护需求的情况下，直接赋予遗赠以变动物权效力，在利益衡量上并不会产生明显不公正的结果，反倒可以减少不必要的交易成本（公示成本）。

（4）小结。综上可见，《物权法》第 29 条将因遗赠而生的物权变动规定成法定的物权变动，并将其与因继承而生的物权变动合并规定，在法理上并无明显不当。因此，对于该条就因遗赠而生的物权变动所作规定，更为重要的应是如何对其作出合理的解释，而非将其斥之为“恶法”，甚至试图通过某种解释将其“还原”或“修正”为意定的物权变动的一种。

（二）因遗赠而生的物权变动的生效时间：“受遗赠开始时”的解释

关于因遗赠而生的物权变动的生效时间，《物权法》第 29 条虽然规定了自受遗赠开始时生效，但由于该法及继承法等相关法律都没有对“受遗赠开始时”具体是指哪个时点作出明确规定，故学理上难免会对此作出不同解释。其中，既有主张“单纯的遗赠人死亡时说”〔1〕和“溯及于遗赠人死亡时说”〔2〕的，也有主张“受遗赠人表示接受遗赠时说”〔3〕和“遗赠（合意）生效时说”〔4〕的，甚至还有主张“交付或登记时说”〔5〕的。这些学说虽各有所据，但依前文所述的遗赠的效力原则上应与遗产分割的效力保持同一性的法理，且《物权法》第29条有关因继承而生的物权变动的规定本身也可作溯及主义的解释，故本文原则上赞同“溯及于遗赠人死亡时说”，并认为有必要对该解释进行一定的完善，具体分析如下。

第一，“单纯的遗赠人死亡时说”虽然在其最终所确定的“受遗赠开始时”的时点上与“溯及于遗赠人死亡时说”保持了一致，但由于欠缺溯及主义的支持，该说实质上所主张的是

---

〔1〕 参见梁慧星：《读条文　学民法》，人民法院出版社2014年版，第288页；尹田：《物权法理论评析与思考》（第2版），中国人民大学出版社2008年版，第291页。

〔2〕 参见王丽萍：《婚姻家庭继承法学》，北京大学出版社2004年版，第451页。另外，有的学者虽然并不主张遗赠物权变动效力说，但依其主张，遗赠所生的独立效力仍可溯及遗赠人死亡时生效。该学者论述道：“遗赠作为遗嘱继承的一种形式，……具有独立的法律效力，既不同于物权的，也不同于债权的。遗赠经受遗赠人表示接受而生效后，遗赠的效力溯及遗赠人死亡之时，遗赠执行人有义务将遗赠标的给付受遗赠人。”（刘春茂：《中国民法学·财产继承》，中国人民公安大学出版社1990年版，第486~487页。）将这种产生于物权法出台之前的“溯及的遗赠独立效力说”与现行的《物权法》第29条相结合，解释上应可看出，该说实际上已经为“溯及的遗赠物权变动效力说”提供了理论基础。

〔3〕 参见王利明：《物权法研究》，中国人民大学出版社2013年版，第294页；崔建远：《物权法》（第2版），中国人民大学出版社2011年版，第66页；朱岩、高圣平、陈鑫：《中国物权法评注》，北京大学出版社2007年版，第151页。

〔4〕 参见房绍坤：“遗赠能够引起物权变动吗?”，载《当代法学》2012年第6期。

〔5〕 参见庄加园：“试论遗赠的债物二分效力”，载《法学家》2015年第5期。

受遗赠人在遗赠人死亡时已实际取得而非事后溯及地取得遗赠物物权。如此，则该说将不可避免地会与物权客体特定化原则发生矛盾。因为，依后一原则，在非特定物遗赠中，基于遗赠标的物在遗赠人死亡时尚未特定的原因，受遗赠人是不可能在遗赠人死亡时取得任何遗赠物物权的，除非法律上可以认为，此时的受遗赠人已经与死者继承人一样，成了死者遗产的共有人。[1]但问题是，将受遗赠人确定为共有人不仅会与《继承法》第25条的规定发生矛盾，[2]而且难以与附延缓条件和附始期的遗赠相融——在这两类遗赠中，遗赠的意思表示在遗赠人死亡时有可能尚未生效。更何况，将受遗赠人确定为共有人在逻辑上还会导出外人（受遗赠人）也有权以遗产共有人的身份参与遗产事务管理的结果，而这显然与我国民众在实践中所采取的习惯做法是不符的，甚至会因此导致一些不必要的纠纷——反之，若在此采溯及于遗赠人死亡时说，则前述矛盾和现象将不会发生，详见下文。

第二，“受遗赠人表示接受遗赠时说”虽然正确地强调了遗赠财产的取得必须以受遗赠人在法定期间内作出接受遗赠的意思表示为前提——这体现了对当事人意思自治的尊重，但其将受遗赠人作出该意思表示的时间确定为受遗赠开始的时间同样存在问题。因为，依法律行为理论，若将遗赠的法律行为视为一个由遗赠的意思表示和接受遗赠的意思表示共同构成的合意，则接受遗赠的意思表示的作出虽然可以使该合意成立，但在非特定物遗赠和附延缓条件或附始期的遗赠中，合意的成立并不

---

〔1〕 部分持该说的学者就认为，有必要将受遗赠人与继承人认定是共有人。参见房绍坤：“遗赠能够引起物权变动吗?”，载《当代法学》2012年第6期。

〔2〕 依据该条有关“继承人未作出放弃继承的表示，视为接受继承；而受遗赠人未在法定期间内作出接受遗赠的表示，视为放弃受遗赠”的规定，继承人可以在被继承人死亡时当然成为遗产的概括承受人或共有人，但受遗赠人却不可以。

意味着合意的生效。也就是说，“受遗赠人表示接受遗赠时说”虽然重视作为物权变动原因之一的意思表示的作用，但其对法律行为理论地贯彻是不完整的。也正是为了克服这种不完整，有学者才会提出应以遗赠合意的生效时间（而非成立时间）作为受遗赠开始时的“遗赠（合意）生效时说”。后说虽然更为符合法律行为理论，但与前说一样，该说也同样存在一个难以将因遗赠而生的物权变动融入既有的物权法体系的问题。原因有二：其一，依据二说，因遗赠而生的物权变动将会成为一种既非基于法律行为而生的物权变动——基于法律行为的物权变动须以公示为要件，也非基于事件（如死亡）而生的物权变动，更非基于事实行为或公权力行使而生的物权变动，而是完全成了物权法上的一个异类。其二，依据二说，在遗赠与继承并存时，受遗赠人取得遗赠物物权的时间将与各继承人取得其应继承部分的物权的时间出现不统一，从而给法律妥善处理二者的体系关系造成困难。因为，依前文所述的对继承的溯及主义的解释，各继承人取得遗产物权的时间应是溯及继承开始时，且其对其他遗产将被视为从未享有过所有权（即此前由法律拟制的共有权将被视为从未存在过），而按照此处所述的二说，在受遗赠人取得遗赠物物权之前，其遗赠物的物权主体应是此前曾作为遗产共有人的继承人。毫无疑问，这与前述的溯及主义的解释是存在矛盾的，[1]而且客观上会导致法律必须对“继承开始后、受遗赠人取得遗赠物物权之前”发生于遗赠物之上的孳息和因各种原因而导致的遗赠物毁损、灭失的风险作出特别的处理，并在最终结果上导出一种非常奇怪的现象，即各继承人所取得的遗产是直接继受于被继承人或直接从被继承人处继受取得，

---

〔1〕 反之，若在因继承而生的物权变动二次变动上采移转主义的解释，则“受遗赠人表示接受遗赠时说”同样会与移转主义产生矛盾。

而受遗赠人所取得的遗产则不是从被继承人处继受取得，而是从被继承人的继承人（此前的遗产共有人）处继受取得的怪象。〔1〕

第三，“交付或登记时说”所作出的力图将因遗赠而生的物权变动“还原”为须以公示为要件的意定的物权变动的努力，虽然在立法论上并非完全不可接受，但在现行法的既有体系安排之下，作为《物权法》第29条所述的“受遗赠开始时”的解释论则明显不妥。因为，正如前文所述，《物权法》将因遗赠而生的物权变动与因继承而生的物权变动合并规定在第29条，并将该条安排在专门用来调整非基于法律行为而生的物权变动的第二章第三节“其他规定”中，本身就已表明，在物权法的意义脉络中，因遗赠而生的物权变动应是法定的物权变动的一种，而非一种意定的物权变动。换言之，如果真的如论者所言，立法者的意图并不是要赋予遗赠以物权效力，而是要坚持遗赠仅具债法效力，则立法者完全可以在《物权法》中不对因遗赠而生的物权变动作出任何规定，从而使之得直接依据“无特定规定时适用一般规定”的法理，直接适用一般的意定物权变动规则，而没有必要通过现在明显不同于“交付或登记时”的“受遗赠开始时”的表达来“迷惑众生”。

第四，“溯及于遗赠人死亡时说”由于既符合因遗赠而生的物权变动应与因遗产分割而生的物权变动保持规则适用或设计上的同一性的法理，同时又能很好地反映现有的立法安排——将因继承和受遗赠而生的物权变动合并规定在第29条——所内含的体系性意义，故原则上是值得赞同的。唯于此处需要补充说明的是，受遗赠人所取得的物权虽可溯及遗赠人死亡时生效，

〔1〕在我国法之下，若对发生于继承中的遗产分割的效力作移转主义的解释，则同样会导致继承人所取得的遗产并非直接从被继承人处继受取得，而是从其他继承人（共有人）处继受取得的二次继受取得的结果。

但这种溯及效力的发生仍需以当事人所为的意思表示即遗赠合意的生效为前提，即只有在该合意生效时，受遗赠人才能溯及遗赠人死亡时开始取得遗赠物的物权。

之所以在这里将遗赠的法律行为称为遗赠合意，主要是基于以下对我国法上的遗赠的法律性质的理解，即遗赠作为一种处分行为，〔1〕性质上应属赠与人与受赠人基于一场“跨越生死的对话”而形成的权利处分（含物权变动）合意或双方法律行为。〔2〕在此合意形成过程中，遗赠人所为的遗赠的意思表示虽然并非严格意义上的向相对人发出的“要约”，但考虑到其意思表示在内容上一般都是具体、确定的，且包含有希望受遗赠人接受遗赠的目的在内，故将其解释为与“要约”相近的意思表示应该也是可以成立的。至于通说所说的遗赠属于单方法律行为和死因行为，则应被理解为对遗赠的意思表示而非遗赠的法律行为性质的解读。依其解读，遗赠的意思表示虽可于遗赠人死亡时生效，但其所生效力与“要约”所生效力基本上是一致的，即该意思表示本身并不能依其内容（权利处分的意思）而产生任何权利变动或设权效果，即不能产生处分行为的法律效果，而是只能像已生效的“要约”那样，一方面会依其“要约”性质而产生一种不能被任意变更和撤销的拘束力（其此时的拘束对象已非“要约人”，而是作为其意志承受主体的遗嘱执行人或继承人），同时又会基于遗赠的死因处分性质或其特殊性而产生使遗嘱执行人或死者继承人负担起不得擅自处分遗赠财

〔1〕《继承法》第16条有关“公民可以依照本法规定立遗嘱处分个人财产”的规定本身已经表明，遗嘱性质上应属于处分行为。

〔2〕依法理，虽然遗嘱的性质应属于单方法律行为，但在遗嘱中也包含有遗赠的意思表示时，基于此类意思表示性质上也属于赠与的意思表示，且赠与的法律行为在我国法上又属于双方法律行为，故本着对意思自治原则和受遗赠人意思的尊重，法律上仍应以承认遗赠也是双方法律行为为宜。

产和将遗赠人的意思表示送达受遗赠人的义务。在该意思表示被送达给受遗赠人之后，若受遗赠人在法定期间内（知情后的两个月内）向遗嘱执行人或死者的继承人作出了有效的“承诺”即接受遗赠的意思表示，则遗赠合意成立。在该合意已经具备了物权处分合意须满足的一般生效要件（当事人有行为能力、意思表示真实和内容合法）和特殊生效要件（一般是指处分人有处分权和标的物特定的要件，但不包含公示要件；在附延缓条件或附始限的遗赠中，还应包含条件已成就和期限已届至的要件）时，受遗赠人即得于该合意生效时溯及遗赠人死亡时取得遗赠物的所有权，并可据此取得针对遗嘱执行人或死者继承人的“所有物（含遗赠物及其在遗赠人死后所生孳息）返还请求权”，但依《继承法》第33条和第34条的规定，该请求权原则上应在遗产债务已获清偿后行使。

第三节　因建造取得准不动产所有权

一、问题的提出

《物权法》第30条规定：“因合法建造、拆除房屋等事实行为设立或者消灭物权的，自事实行为成就时发生效力。”依据该条，因建造〔1〕或生产船舶、航空器和机动车而导致的所有权取

〔1〕《物权法》第30条虽然将“建造”限定为“合法建造”，但依法理，这种限制实际上不必要的，也是难以成立的。因为，依法理，只要一个物的建造或生产行为创造出了一个具有物权法上的独立性和特定性的新物，该物之上就必然会产生一个归属于特定主体的所有权，而不管该物的建造或生产方式是否合法。这个道理同样也适用于包含房屋在内的建筑物的建造，即不管一项建筑是否属于违章建筑，也不管其日后能否办理登记，该建筑的所有权都可以为特定主体原始取得。［参见谢在全：《民法物权论》（修订第5版·上册），中国政法大学出版社2011年版，第76页。］换言之，建造行为是否合法并不能对新建之物的所有权能否为特定主体取得产生根本影响，其所能影响的只是该所有权的效力或其受法律保护的程度。

得，也应自船舶、航空器和机动车建成之时——事实行为成就时——生效。而依据生产者有权取得其所生产产品所有权的法理，此类因生产劳动而发生的所有权的取得主体原则上应为产品生产者，即新建船舶、航空器和机动车的所有权原则上应由其生产企业或厂家原始取得。

这种因生产劳动而自然取得劳动产品所有权的法理虽为世界各国所公认，但在生产分工和交易形态日益复杂化的今天，有关该法理的适用，也并非毫无疑义之处。尤其是在特定产品的生产本身就是应生产者之外的其他主体的特别请求而为时，有关此种生产的最终产品的所有权归属问题，市场主体可能会有各种不同的安排，从而使得该产品的归属并不完全适用自生产完成之时起自动归属于其生产者的规则。具体到此处，这里需要探讨的问题主要是，在特定船舶、航空器和机动车的生产是应生产者之外的其他主体的特别请求或要求而为时，到底应依何规则来确定该船舶、航空器和机动车的所有权归属，即该船舶、航空器和机动车在建造完成之时到底应归谁所有的问题。考虑到在实践中，这种情况一般多发生在船舶生产和交易过程中，即船舶生产（尤其是大型船舶的生产）一般都是采取先由船舶定造人（船东或船舶公司）与船舶建造人（造船厂）订立合同，然后再由船舶建造人在定造人的监督之下依约生产相应船舶的方式进行，〔1〕故以下有关新建船舶、航空器和机动车所有权取得主体的讨论，将主要围绕新建船舶所有权展开。

---

〔1〕 在航空器和机动车交易中，虽然也普遍存在依订单生产和交付标的物情况，但由于多数情况下，此类交易性质上仍属于买卖（订购方仅以对方向自己转移符合合同要求的标的物的所有权作为支付合同对价的条件，其本身并不参与标的物的生产过程，也不会依标的物生产进度提供相应款项），标的物所有权的取得和转移条件与一般的买卖并无实质差异，故一般并无特别加以讨论的必要。

二、新建船舶所有权的概念

在船舶建造是依船舶建造人与定造人事先所订立的船舶建造合同进行时，有关该合同项下新建船舶所有权归属问题的讨论，通常都会涉及两个层面的问题，一个是尚处于建造阶段的船舶的所有权归属问题，一个是已建造完工的船舶的所有权归属问题。这两个问题虽密切相关、前后相连，但客观上还是存在一定区别，故在讨论新建船舶所有权归属之前，有必要先对建造中船舶所有权和已建成船舶所有权作一个概念上的区分。

（一）建造中船舶所有权的概念

虽然严格来讲，“建造中船舶”并不是真正意义上的船舶——也非相关立法所定义的船舶，其尚不具备作为物权客体的独立性和特定性。但由于包含我国在内的许多国家的立法都已经明确承认“建造中船舶”也可以成为独立的抵押权客体，故对于“建造中船舶”，法律上仍有必要将其拟制成一个独立的物权客体，从而使得“建造中船舶所有权”以及以之为基础的“建造中船舶抵押权”得以在法律上成为可能。[1]

1. 建造中船舶的概念

顾名思义，建造中船舶是指已经开始建造但尚未建造完成的船舶。而依常理，建造中船舶的构成成分通常都是不确定或不断变化的，很难满足作为物权客体所应具备的特定性和独立性，故要将建造中船舶构造成一个相对独立的物权客体，法律上就必须为它成为物权客体设置一些必要的条件。对此，我国《海商法》《船舶登记条例》和《物权法》都未作出明确规定，

---

〔1〕《建造中船舶抵押权登记暂行办法》第4条规定，在进行建造中船舶抵押权登记时，抵押人必须对作为抵押物的建造中船舶拥有独立的所有权。

相关规定主要见于国家港务监督局（后与船检局合并为国家海事局）和国家海事局先后发布的几个规范性文件。其中，1994年发布的《〈船舶登记条例〉若干问题的说明》第（八）条规定："'建造中的船舶'，是指已安放龙骨或处于相似建造阶段的船舶。该类船舶申请办理船舶所有权登记，仅需船舶所有人提供购船发票或船舶建造合同。"2004年发布的《〈船舶登记条例〉实施若干问题说明》第7条也规定："建造中的船舶，是指已安放龙骨或处于相似建造阶段的船舶。"2009年发布的《建造中船舶抵押权登记暂行办法》第4条则规定，申请建造中船舶抵押权登记的，作为抵押物的建造中船舶必须满足"如为分段建造的，应该已经完成至少一个以上的船舶分段并处于建造阶段；如为整体建造的，应该已经安放龙骨并处于建造阶段"的条件。〔1〕受此影响，有学者认为，建造中船舶应该被定义为"已完成至少一个以上的船舶分段或已安放龙骨并处于建造阶段的船舶"或者"已安放龙骨或相当于安放龙骨之时起，至成为《海商法》规定的船舶前的阶段的船舶"。〔2〕

上述定义虽然较为契合前述规范性文件的规定，但从阐明作为物权客体的建造中船舶所应有的内涵的角度看，该定义的不足之处也是非常明显的。因为，其一，前述规范性文件的规定都主要是从登记程序的角度来设置的，其规范目并不是要明确建造中船舶的内涵，而是要解决建造中船舶所有权和抵押权的登记条件。而依据《物权法》和《海商法》等法律的规定，

---

〔1〕 这些规定显然受到了《1967年建造中船舶权利登记公约》的影响。该公约第4条第2款规定："国内法可以将在船舶下水地点已安放龙骨或已完成类似的建造工程作为登记的条件。"

〔2〕 彭亮、周燕雁："论建造中船舶所有权归属及转移"，载《中国海商法年刊》2008年第1期。

建造中船舶所有权并无登记对抗主义的适用,〔1〕建造中船舶抵押权登记也非强制登记，而是在登记之前即可因抵押合同成立而生效。正是这种实体法的规定决定了，建造中船舶抵押权的生效时间完全有可能会先于该建造中船舶满足上述文件所规定的登记条件的时间。也就是说，建造中船舶成为抵押权（和所有权）客体的条件与建造中船舶成为抵押权登记客体的条件乃是两个不同的问题，二者并不必然一致，前述定义恰恰是混淆了这一点。其二，在定义何谓建造中船舶时，除了需要解决建造中船舶成为物权客体的基本条件外，同时也需要在一定程度上明确其作为物权客体时所包含的物的范围——以克服建造中船舶所固有的客体范围的不明确性，而上述定义在这方面并不能为我们提供任何实质的帮助。

由此看来，要真正解决建造中船舶的定义问题，就必须要同时兼顾以上所述的条件和范围两个方面。而关于范围问题，我国法上并无任何可供参照的相关规定或具体标准，唯一相关的是《1967 年建造中船舶权利登记公约》第 8 条的规定。该条规定：“国内法可以规定建造中的船舶，其登记的权利应适用于已置于造船厂辖区内，并用标记或其他方法清楚地标明将要安装在某一船上的材料、机器和设备。”依据该规定，建造中船舶权利的客体除可包括已完成的船舶建造部分外，也可包括即将用于建造该船舶的材料、机器和设备，但后者须满足两个方面的条件：其一是这些材料、机器和设备已经置于造船厂辖区内，即已经处在造船人的占有之下；其二是这些材料、机器和设备已经被用标记或其他方法清楚地标明将要安装在某一艘船上，

〔1〕 这将直接导致《船舶登记条例》第 13 条有关建造中船舶所有权登记的程序性规定因欠缺实体法的支撑而成为无效规定。实践中，也很少有船厂会向海事局提出建造中船舶所有权的登记申请。

即这些材料、机器和设备已经通过某种可识别的方式被“特定化”为特定在建船舶的将来成分，从而使其得与其他材料、机器和设备区分开来，并因此实现了其对特定待建或在建船舶的“观念附合”。

以上国际公约的规定虽仅具建议性质，但从满足航运融资需求和妥当解决相关实践纠纷的角度看，公约所建议的建造中船舶权利“客体的适格条件”及其“效力可及于的物的范围”还是有其合理性的，也与我国物权法所规定的动产浮动抵押存在一定的法理共通性，因而可为我国相关立法和实践所借鉴。依此，可以将建造中船舶定义为“是指处于建造阶段的已完成的船舶构造部分和处在造船人占有之下的能被明确识别为即将因建造而成为该在建船舶构成部分的材料、机器和设备的总和”。当然，在当事人（“船舶建造人与定造人”或“建造中船舶抵押人和抵押权人”）已经在合同中明确约定了建造中船舶所含物的范围，且该约定也符合前述“客体已为造船人占有”且“已通过某种可识别的方式被特定化为合同项下的在建船舶的将来成分”的要求时，原则上应依其约定来确定建造中船舶所含物的范围。

2. 建造中船舶所有权的概念和特点

建造中船舶所有权作为一个以建造中船舶为客体的所有权，其最大特殊之处即在于其客体并非真正意义上的独立物和特定物，而是法律为了解决特定问题而拟制出来的一个由众多相互独立、尚未紧密结合为一体的不同动产构成的“动态集合体”。正是这种客体的动态性和不确定性决定了，建造中船舶所有权虽名为所有权，但实质并非真正物权法意义上的所有权，而只是一个建立在众多相互独立的动产之上的“浮动财团所有权”。在当事人并不打算以该“浮动财团所有权”为基础来设立建造中船舶抵押权时，法律上通常并没有必要去“拟制”这样一个所有权，而是可以直接通过对该财团内含的各个相互独立的动产所有权的保护来实现定分止争和对物权交易秩序的维护的目的。〔1〕正是由于建造中船舶所有权的存在意义主要在于为建造中船舶抵押权的设立提供基础，或者说“其所有权之利益主要表现为‘以为担保，而获取信用’”，〔2〕所以对于建造中船舶所有权，通常并没有必要将其作为一个真正意义上的“船舶所有权”而赋予其完整的所有权权能，更没有必要要求权利人对该所有权进行登记。〔3〕除非当事人欲在该建造中船舶之上设立抵押权，否则，该所有权在法律上可视为不存在。

（二）已建成船舶所有权的概念及其与建造中船舶所有权的关系

与建造中船舶所有权概念相对，已建成船舶所有权则是指以已建造完工的船舶为客体的所有权，《海商法》上所规定的船舶所有权就是此一意义的所有权。至于如何判断一艘船舶是否已建成，法律上虽无明确标准，但一般来讲，应以船舶建造工艺上的完工标准为标准，即该船已经具备了下水试航的条件。〔4〕

建造中船舶所有权与已建成船舶所有权虽然在客体属性和

---

〔1〕 这个道理与在动产浮动抵押之前，法律上并没有必要将该抵押权可能及于的客体拟制为一个财团，从而于其上建立一个独立的所有权是一样的。

〔2〕 司玉琢：《海商法专论》（第2版），中国人民大学出版社2009年版，第50页。

〔3〕 国内有学者认为，建造中船舶也须以登记为公示方法，且应适用“未经登记，不得对抗善意第三人”的规则。［参见司玉琢：《海商法专论》（第2版），中国人民大学出版社2009年版，第49页；李海：《船舶物权之研究》，法律出版社2002年版，第75页。］对此，笔者不能苟同，因为，即便是已建成船舶，其所有权原始取得也无须以登记为对抗要件。更何况，建造中船舶所有权本身就是法律为了设立建造中船舶抵押权而拟制出来的概念。

〔4〕 参见陆伟东：《船舶建造工艺》，上海交通大学出版社1991年版，第10页以下。

范围上有所不同，但毕竟二者所指向的客体是一个具有前后连续性和构造上同一性的实体。所以一般来讲，特定建造中船舶所有权与该船建成时的所有权归属主体应是同一的，即如果依据法律或当事人的约定，船舶建成后的所有权应由特定当事人取得，则该船在建造过程中的所有权也应归属于该主体，其客体范围将随着船舶建造进度的推进而不断扩大至新加入的船舶构成成分之上，直到船舶最终完工而使这个“连续的所有权取得过程”结束，并最终实现建造中船舶所有权向已建成船舶所有权的过渡。正因如此，所以在讨论特定新建船舶（可以被理解为一个由建造中船舶和已建成船舶共同构成的具有同一性的连续体）所有权的原始取得主体时，只要确定了其中一个阶段——建造阶段或建造完成时——的船舶所有权归属主体，问题即告解决，除非当事人在船舶建造过程中，对合同约定的所有权归属主体作出了有效的变更。有鉴于此，同时也是为了方便讨论，以下将不再讨论建造中船舶所有权的归属问题，而是拟直接通过已建成船舶所有权归属问题的解决来解决新建船舶所有权的归属问题。

三、相关争议概述

在船舶建造是依船舶建造人与定造人事先订立的船舶建造合同而进行时，有关合同项下新建船舶所有权的归属，学理上向来就有“建造人所有说”和“定造人所有说”的分歧，〔1〕且其观点大多与船舶建造合同的定性有关。

---

〔1〕 在船舶建造是依建造人自身的生产计划独立进行时，对于该船舶所有权应归属于建造人所有，学理上并无争议，但这也不排除船舶建造材料、机器和设备供货商得依其与船舶建造人所达成的所有权保留协议而保留其对已安装于该船之上的特定部件的所有权——只要该协议有效且所约定的所有权保留客体并非该船建成之后不可分离的“重要成分”即可。

（一）“建造人所有说”

该说虽然主张船舶建造合同项下的新建船舶的所有权应归建造人所有，但所持理由并不完全相同，扼其要者，其所持理由大致有以下几种。

1. “买卖合同加未交付”理论。持该理由的学者认为，船舶建造合同作为一种特殊的买卖合同——将来物买卖合同，原则上也应适用标的物的所有权在交付（含观念交付）之前应属卖方（建造人）所有的规则，[1]除非当事人已经在合同中作出了另外的约定——约定为定造人所有。

2. “混合合同加未交付”理论。持该理由的学者认为，船舶建造合同作为承揽合同和买卖合同的混合合同，原则上应依承揽合同规则来处理合同所涉的工作物完成问题，依买卖合同规则来处理标的物所有权转移问题。而依买卖合同规则，未经交付，标的物所有权并不发生转移。

3. “非买卖合同加材料提供”理论。持该理由的学者认为，船舶建造合同应属承揽合同或承揽合同和买卖合同的混合合同，在当事人未就标的物所有权作出明确约定时，原则上应依船舶建造所需材料（含原材料、机器和设备等）或材料的主要部分应由谁提供来判断船舶所有权的归属。若依合同，船舶建造所需全部材料或材料的主要部分是由建造人提供或原本就属于建造人所有，则船舶建成时的所有权应由建造人原始取得；反之，则应由定造人原始取得。[2]

4. “船舶价值远大于材料”理论。持该理由的学者认为，

---

〔1〕 参见李志文：《船舶所有权法律制度研究》，法律出版社 2008 年版，第 303 页。

〔2〕 参见王利明：《民法学》，法律出版社 2011 年版，第 650 页；彭亮、周燕雁：“论建造中船舶所有权归属及转移”，载《中国海商法年刊》2008 年第 1 期。

船舶建造合同虽然属于承揽合同，但新建船舶的所有权归属问题本质上是一个物权法问题，[1]而依据物权法，“船舶建造属于法律事实中的事实行为——船舶所有权原始取得的一种事实行为，……船舶建造完工后，其属性与用于建造船舶的特定材料、机器和设备相比已发生了根本变化，具有船舶的外观和内部结构，具有航行能力，构成了单一的独立之物，且非损坏无法还原为原材料或原设备。而且，完工后的船舶因其具有整体性，其价值也远远超过用于建造船舶的原材料。可见，无论船舶建造所需的物料或设备由谁提供，完工后船舶的所有权均应由船厂基于建造船舶的事实行为而取得”。[2]

5. “未交付加约定禁止”理论。持该理由的学者认为，不管船舶建造人与定造人所订立的合同应如何定性，只要船舶建造人未向定造人交付合同项下的新建船舶，该船的所有权就应属于建造人。因为，“自《物权法》颁布实施后，无论是特定物还是种类物，当事人在承揽、买卖等合同中，约定动产未经交付即获得所有权，因与现行法律相违背，就不再具有法律效力”。[3]

（二）“定造人所有说”

与“建造人所有说”相对，“定造人所有说”一般都是以船舶建造合同应被认定为承揽合同或承揽合同与买卖合同的混合合同为基础的，其所提出的支持定造人所有的理由主要有以下两种。

（1）“非买卖合同加材料提供”理论，即前文所述的依船

---

〔1〕参见邱锦添：《海商法新论》，元照出版有限公司2008年版，第72页。

〔2〕刘伟军：“船舶建造合同法律性质之实证研究”，载《政法论坛》2015年第3期。

〔3〕姜光中：“谈建造中的船舶所有权——对一宗建造中船舶所有权争议案件的剖析”，载《中国海事》2013年第9期。

舶建造所需材料的提供者是谁来判断船舶所有权的归属理论。依据该理论，如果船舶建造所需全部材料或主要材料是由定造人提供或原本就属于定造人所有，则新建船舶的所有权应由定造人取得。[1]但也有学者认为，如果因建造人提供的劳务而增加的价值明显超过定造人所提供的材料价值，应认定船舶的所有权由建造人取得。[2]

（2）“承揽人留置权反推”理论。持该理由的学者认为，依据《合同法》第264条和《海商法》第25条有关承揽人或造船人可以留置其所完成的工作成果或所占有的新建船舶的规定，解释上应可推出，新建船舶的所有权应属于船舶定造人（定作人）所有——因为留置权的客体只能是他人所有之物。

四、新建船舶所有权归属的确定

上述争议表明，新建船舶所有权的归属问题既是一个与船舶建造合同性质相关的问题，又是一个与加工物所有权的原始取得主体相关的问题，正是债法和物法在这里的交叉造就了上述争议和问题的复杂性。在实践中，这种复杂性有时还会因当事人签订的相关合同的名称和内容不统一而进一步加剧。为了化繁就简、契合现实，以下将以实践中当事人所签订的典型的船舶建造合同（不管其所采用的名称或合同术语如何）为分析对象来讨论合同项下的新建船舶的所有权归属问题。

（一）船舶建造合同与买卖合同的一般差异

从实践中典型的船舶建造合同一般都包含有“待建船舶须

---

〔1〕参见崔建远：《合同法》，法律出版社2010年版，第390页；王利明：《民法学》，法律出版社2011年版，第650页。

〔2〕参见彭亮、周燕雁：“论建造中船舶所有权归属及转移”，载《中国海商法年刊》2008年第1期。

满足的技术条件”“合同价款的分期支付条件和方式”“材料和配套设备的采购、供应和检验”“船舶建造图纸的设计、审批和工程项目的分包”“监造师对生产的监督与检验”“交船条件和船舶验收”“船舶权利和登记”以及“违约和合同终止”等条款的角度看，典型的船舶建造合同应与一般的买卖合同有所不同。因为，买卖合同一般都是仅以“一方提供货物”和“另一方支付价款”作为合同主要义务和对价的，而船舶建造合同除包含上述供货与付款的对价关系外，通常还包含因提供劳务或服务而产生的权利义务关系。[1]其中，最能反映这种劳务或服务关系的主要是合同中的“付款”“分包”“监造”和相关的“违约和合同终止”条款，具体分析如下。

首先，在典型的船舶建造合同中，与定造人所支付的合同价款构成对价的并不仅仅是船舶的交付和所有权转移，而是还包含建造人所提供的劳务，如图纸设计、材料采购和为船舶建造本身投入的劳务等。正因如此，所以典型的船舶建造合同一般都会像建设工程承包合同一样，约定按工程进度分期支付合同价款——较为通行的标准合同格式一般都约定为分 5 期或 6 期支付。而且，即便是在船舶最终未如约建造完成或合同因此被解除时，建造人依然至少可以保留定造人所支付的作为其所付出劳务的对价部分的合同款项，而不像买卖合同被解除后那

---

〔1〕 在实践中，如果当事人双方所签订的合同在内容上仅包括一方向另一方（船舶建造人）提出自己所需要的待建船舶的型号、规格、数量和质量等要求，而不向对方提供船舶建造所需材料、设备或资金——但可能会提供一定数额（一般只占标的物总价的很小比例）的订金或定金，也不参与船舶建造过程的监督和检查，而是仅以对方向自己转移标的物的所有权作为自己向对方支付约定价款对价的，则该合同应属于我国合同法所规定的买卖合同——一种订购式的买卖合同，但这不并排除当事人得通过占有改定（含预期的占有改定）的方式将新建船舶的所有权转移给订购方。

样，会导致卖方向买方返还全部已付价款。

其次，在船舶建造合同中，建造人通常并不能随意将船舶建造工程的一部分或全部建造任务分包或转包给第三人，而是须遵守合同的约定[1]或须征得定造人的同意，否则，定造人有权依法（《合同法》第253和第254条）解除合同——这与建设工程合同相类似。与之相对，买卖合同则对标的物制造人本身无任何“人身”上的特别要求，即只要卖方交付的标的物符合合同约定，买方原则上就应依约履行合同，而不能以标的物非卖方制造而拒绝履行合同或解除合同。亦即，在买卖合同中，标的物是否由卖方制造对当事人并无特别的意义，[2]当事人一般也不会对此作出约定。

最后，与买卖合同中的买方通常并不关心也无权介入标的物的生产过程不同，船舶建造合同中的定造人一般都会与建造人明确约定，定造人有权向建造人一方派出自己的监造人，并由监造人依约对船舶的建造过程进行监督和检查。建造人则负有接受这种监督和检查的义务，并应接受定造人（含其所派出的监造人）对建造工作所做的合理指示或所提出的合理的技术变更要求。在船舶建造对定造人已无实际意义时，定造人甚至有权单方终止船舶建造或解除合同。

正是由于典型的船舶建造合同不仅包含供货与付款的对价关系，而且包含上述诸多与劳务或服务有关的权利义务关系，所以在实践中，典型的船舶建造合同通常主要都不是围绕如何使定造人取得标的物所有权来设计其合同条款，而主要是围绕

---

〔1〕“建造方可以根据技术说明书或厂商表中的规定，自行决定并负责将本船任何一部分建造工程项目分包给有资质的、经验丰富的分包商完成，但此类分包项目的提交和最后的上船安装试验工作应在建造方的造船厂完成，建造方仍应对所有分包工作的正确实施承担全部责任。”参见船舶建造合同上海格式第10条。

〔2〕参见谢怀栻等：《合同法原理》，法律出版社2000年版，第428页。

如何保证最终工作成果如约设计、制造完成而展开。甚至可以说，在合同缔结和履行过程中，双方当事人对标的物的设计、建造和完成情况的关心远超对标的物权属状况的关心。因此，对于典型的船舶建造合同，似乎更宜将其认定为以通过双方的交易与合作来促成最终工作成果完成为合同主要内容或目的的承揽合同，[1]或者至少不能将其简单地视为一般的货物买卖合同。

（二）有关船舶建造合同的共同规范

船舶建造合同虽然性质上更接近于承揽合同，但法律上也并不是完全不可以将其处理成一种特殊的买卖合同即将来物买卖合同。正因如此，所以对于船舶建造合同这种非典型的有名合同的性质，学界向来就有不同看法，各国立法和司法也有不同的处理，但即便如此，各国立法和司法在以下两个方面还是有共同点的。

第一，各国大多承认，单纯依赖买卖合同规则，通常并不足以妥善处理船舶建造过程中所涉图纸设计与审批、建造材料的采购与检验、施工过程的监督检查和建造任务的中途变更等与工作成果完成相关的权利义务关系；反之，若单纯依赖承揽合同规则，也不足以为船舶建造中的建造材料的意外灭失风险以及船舶建成后的交付、检验、风险转移和瑕疵担保义务等问题，提供明确的处理依据，而是更多的需借助或准用相关的买卖合同规则。简言之，对于船舶建造合同，各国大多承认买卖合同规则和承揽合同规则在一定范围内都有可适用性（差别仅在于，到底应该是以何者为主、何者为辅），关键是看个案所涉争议事项到底主要是与船舶建造工作的完成有关，还是主要与船舶及其材料的风险和权属转移有关。

---

〔1〕 我国法院也大多倾向于采此定性，参见广州海事法院［2005］广海法初字第108号；天津海事法院［2012］津海法商初字第784号。

第二，当事人可以在合同中对新建船舶的所有权归属作出约定也获得了多数国家的承认，而不管其立法或实践对船舶建造合同是采何种定性。〔1〕其中，尤其值得一提的是对我国民法学理影响较大的德国法。依据《德国民法典》原第651条，〔2〕“以待制造或生产的动产供应为标的的合同”虽然性质上可被区分为承揽合同、买卖合同（也称为“承揽供给合同”），但关于合同项下的制造物所有权的归属，当事人的约定依然被认为是具有优先性的。在此类合同为定做人提供主要材料的承揽合同时，虽然《德国民法典》第950条已经就加工或改造所得新物的所有权归属设置了一个法定规则，〔3〕但在《德国民法典》第651条之下，“被认可的是，《德国民法典》第950条在承揽合同的情况下并不适用”，〔4〕即当事人之间的约定所具有的承揽合同性质已经在体系上自动排除了第950条于此的适用。也就是说，这里所支持的观点是，“就‘承揽合同’这一类型的规则而言，法律的出发点是，定作人为所制造物的所有权人，即其

---

〔1〕 例如，英国法虽然一般是将船舶建造合同作为货物买卖合同来处理，但对于当事人在合同中所作出的提前将待建船舶的所有权归属于买方的约定，立法和判例依然会承认其有效性。

〔2〕 该条在2002年《德国债法》改革时被修正，修正前的第651条规定：①承揽人负有提供材料完成工作的义务时，应将完成的物交付定做人，并使其取得所有权，对此种合同适用关于买卖的规定；工作标的物为非替代物时，适用除第647条至第648a条以外关于承揽合同的规定，以代替第433条，第446条第1款第1句以及第447条，第459条，第460条，第462条至第464条，第477条至第479条的规定。②承揽人仅负有提供附属物或者其他从物的义务的，仅适用关于承揽合同的规定。

〔3〕 该条规定：①以加工或改造的价值不显著小于材料的价值为限，通过加工或改造一件或一件以上材料而制作新动产的人，取得该物的所有权。书写、做记号、绘画、印刷、雕刻或对表面的其他类似处理，也视为加工。②在新物的所有权被取得时，现存于材料上的权利消灭。

〔4〕 ［德］鲍尔、施蒂尔纳：《德国物权法》（下），申卫星、王洪亮译，法律出版社2006年版，第454页。

材料所有权继续存在于加工物的所有权之中”。〔1〕至于定做人取得制造物所有权的依据则可被解释为“延长的所有权保留”或“预期的占有改定”，甚至可以直接将“让别人去制造”新物的定做人解释为新物的“制造人”。〔2〕与之相对，在此类合同可以被定性为买卖合同或承揽供给合同时（制造人提供主要材料时），虽然法律已明确规定了承揽人负有将被制造物的所有权“转移”给定作人的义务——这种“转移”的前提是承揽人已经通过加工而原始取得了制造物所有权，但当事人“在具体事例中的确可以另作其他约定，例如，在定做人已经支付了全部加工物价款的时候。这里的出发点是，材料的所有权已经被移转给定做人了（《德国民法典》第930条）〔3〕，另外，《德国民法典》第950条也被私人约定所排除适用了。所以加工物一直就归定做人所有”。〔4〕2002年以后，原第651条已经被修正为“以待制作或待生产的动产的供应为标的的合同”原则上应适用有关买卖的规定，相关的承揽合同规则只在待制作或待生产的动产为不可替代物时才能得以有限适用。〔5〕经此修正，合同的

---

〔1〕［德］鲍尔、施蒂尔纳：《德国物权法》（下），申卫星、王洪亮译，法律出版社2006年版，第461页。

〔2〕［德］鲍尔、施蒂尔纳：《德国物权法》（下），申卫星、王洪亮译，法律出版社2006年版，第462、455页。

〔3〕《德国民法典》第930条规定的是占有改定。该条规定：“所有人正在占有物的，交付可以以如下方式被代替：某一法律关系被在所有人和取得人之间约定，而根据该法律关系，取得人取得间接占有。”

〔4〕［德］鲍尔、施蒂尔纳：《德国物权法》（下），申卫星、王洪亮译，法律出版社2006年版，第462页。

〔5〕修正后的第651条规定：关于买卖的规定适用于以待制作或待生产的动产的供应为标的的合同。瑕疵须归因于定做人所供应的材料的，第442条第1款第1句也适用于这些合同。待制作或待生产的动产为不代替物的，第642、643、645、649、650条也必须予以适用，但以依第446条和第447条为决定性时间代替验收时间为限。

性质区分虽已被淡化，但前述法理依然是有效的。亦即，当事人依然可以在合同中将待造之物的所有权约定为定做人（买方）所有。至于定做人因约定而取得所有权的依据则依然可以被解释为：在定做人提供主要材料时，该约定可以被解释为已“包含了一个延长的所有权保留”，即定做人已通过约定保留了所提供材料的所有权，并将其所有权延长至加工物之上，从而使自己得原始取得加工物所有权；在制造人提供主要材料时，该约定可以被解释为“已包含了一个以占有改定方式转移材料所有权的意思”，即制造人已通过占有改定的方式将材料的所有权转移给定做人，从而使后者得依其材料所有权人的身份通过前述延长的所有权保留原始取得加工物的所有权。

（三）我国法上的新建船舶所有权归属的确定

以上述共同规则为基础，同时结合我国法的规定，笔者认为，对于我国法之下的船舶建造合同项下的新建船舶所有权归属，可以依“原则上归定造人所有，但当事人另有约定除外”的规则来处理。

1. 原则上归定造人所有的规则

将新建船舶确定为原则上归定造人所有，主要是出于以下几个方面的理由：

第一，在我国法之下，将船舶建造合同认定为与建设工程合同具有类似性质的承揽合同应更为合理——理由已如前述，而不能仅仅因为某些买卖合同规则对船舶建造合同也可适用就将其定性为买卖合同或混合合同。因为，在现代合同法之下，买卖合同规则很大程度上已经成了一种可广泛适用于各种有偿贸易的“通则”。我国《合同法》第 174 条的规定就很好地反映了这一点——该条规定：“法律对其他有偿合同有规定的，依照其规定；没有规定的，参照买卖合同的有关规定”。在此情况下，单纯以买卖合同规则可适用于船舶建造合同为依据来判定后者为买卖合同或混合合同是缺乏足够说服力的，也难以准确反映船舶建造合同与我国《合同法》所规定的买卖合同“异大于同”的现实。

第二，我国《合同法》在规定承揽合同时，并没有就加工合同和定作合同项下的工作成果的所有权归属问题作出明确规定，而学理上在讨论此类合同项下的工作成果所有权归属时，大多倾向于采用加工的物权法理来予以处理，即在当事人无明确约定时，应依材料主要是由谁提供或加工所带来的增值是否明显高于材料价值来确定加工物的所有权归属。[1]

第三，在加工法理之下，对于船舶建造合同项下的新建船舶所有权归属，学理上虽然有“以材料主要是由谁提供为标准”而产生的或属建造人所有，或属定造人所有的“非买卖合同加材料说”，以及“以完工后的船舶价值远远超过用于建造船舶的原材料”为依据而产生的恒属建造人所有的“加工价值大于材料说”，但细究起来，二说在论理上依然有欠妥之处，所得结论也不尽公平合理。因为，在船舶建造合同之下，对于“材料提供者”的认定并不能单纯从其表面文义出发，而是需根据实践的具体情况，通过合同的体系解释来加以确定。而在船舶建造合同实践中，建船材料、设备虽然通常都是由建造人采购或自制（自制件一般只占很少部分），但其采购或制作资金实际上是由定造人通过分期付款方式提供——定造人未按时付款须承担包含工期延期在内的各种不利后果，其采购和制作的目的、采购时可选择的供货商范围通常也须受到合同或定造人的意思约束，所采购和制作的材料、设备一般也需经代表定造人利益的

---

〔1〕参见王利明：《民法学》，法律出版社2011年版，第650页。

监造人检验。正是由于以上客观情况的存在，所以对于船舶建造合同项下的“材料提供者”，并不能单纯以材料是由建造人采购或自制的为由而将建造人认定为“材料提供者”，而是应基于建造人与定造人之间所存在的上述法律关系——定造人出资，建造人代为采购或自制，并就材料所有权形成占有改定关系——而将定造人认定为真正的材料提供者，〔1〕进而使其得依此原始取得新建船舶所有权。

反之，若单纯以材料是以建造人采购或自制为由而将建造人解释为“材料提供者”，则很容易导致当事人之间的权利义务关系明显失衡。因为，依此解释，以分期付款方式为船舶建造提供了巨额资金（含材料费和劳务费）的定造人在建造人向其交付船舶之前，其所享有的只能是债权，而建造人除享有债权人地位（如请求建造人继续依约付款）外，还同时享有对在建船舶或已建成船舶的所有权，甚至还有可能享有与这种所有权难以并存的留置权。毫无疑问，这是有失均衡的，或者说是明显不利于定造人的。这种利益配置的不均衡虽然一般不会在当事人之间引发争议，〔2〕也不会对当事人的现实利益产生明显影响，但一旦当事人一方在船舶交付之前陷入破产，这种利益配置不均衡的不合理性就会明显显现出来。因为，依建造人所有说，在船舶建造人于交船前陷入破产时，定造人与建造人所订

〔1〕《联合国国际货物销售合同公约》第3条规定：①供应尚待制造或生产的货物的合同应视为销售合同，除非订购货物的当事人保证供应这种制造或生产所需的大部分重要材料。②本公约不适用于供应货物一方的绝大部分义务在于供应劳力或其他服务的合同。按照这一规定（《欧洲合同法原则》第1章第1节第2条的规定与此基本相同），如果作为船舶建造资金提供者的定造人可以被解释为该条中的“大部分重要材料”的供应者，船舶建造合同就不属于公约所规定的销售合同。

〔2〕因为，一般情况下，船舶所有权的归属并不是当事人关心和争议的焦点，在造船人的债权安全已经受到了法定留置权保护的情况下，造船人一般也不会与定造人争夺船舶所有权。

合同项下的船舶将因其所有权仍属建造人而被纳入破产财产，并将被用来清偿建造人所欠债务，而为船舶建造投入了巨额资金的定造人则只能以普通债权人的身份参与破产财产分配。这显然存在以定造人的财产（定造人已经为在建或已建成船舶的价值——材料价值加劳务价值——形成提供了对价）来为建造人清偿债务的嫌疑，其不合理性十分明显。换言之，在实践中，新建船舶所有权由谁取得的问题，不仅对当事人很重要，甚至“对于取得者的债权人比对取得者自己还要重要！”〔1〕实践中围绕新建船舶所有权所生争议“经常发生在‘材料’提供人与制造人的债权人之间”〔2〕就很好地反映了这一点。面对这种争议，在船舶建造人及其普通债权人的利益依然可以得到船舶留置权保护的情况下，完全将已经为船舶建造投入了巨额资金的定造人放在一般的债权人地位来对待，无论如何都是有欠公平的。

这种不公平在上文所提到的主张新建船舶所有权应恒属建造人所有的“完工船舶价值远大于材料说”之下同样也会产生。该说在论理上虽然非常重视对加工法理——加工所带来的价值增加明显高于材料价值时，应由加工人取得新物的所有权——的运用，但问题是，单纯的逻辑推理并不是解决实践问题的唯一依据。更何况，以“完工后的船舶……价值也远远超过用于建造船舶的原材料”的主张来支持“建造人所有说”本身就是有问题的。因为，依据加工法理，决定加工所得新物归属的并不是论者所说的“完工后的船舶价值”是否高于“材料价值”，

---

〔1〕［德］鲍尔、施蒂尔纳：《德国物权法》（上册），张双根译，法律出版社2004年版，第452页。

〔2〕［德］鲍尔、施蒂尔纳：《德国物权法》（上册），张双根译，法律出版社2004年版，第452页。

而是加工物所含的“加工价值”（“完工后的船舶价值”减去“材料价值”）是否高于“材料价值”。

退一步讲，即便上述观点所要表达的真实意思是“加工价值”远高于“材料价值”，其观点也难以成立。因为，虽然在系统论的逻辑之下，加工（船舶建造）确实可以在功能上起到使“一加一远远大于二”的作用，但在法律上，对于加工物所含加工价值和材料价值大小的判断，并不是按照系统论的逻辑展开的，而是按照市场逻辑进行的。按照市场逻辑，完工后的船舶价值应是通过合同结算价所体现出来的市场交换价值，而结算价一般是由成本和利润构成。其中，成本作为船舶客观价值的体现，主要由两部分构成，一是材料成本或材料价值，即以原材料、配套设备采购费和自制件价格表现出来的构成船舶的所有材料和设备所具有的市场价值；一是劳务成本或劳务价值，即以工时劳务费和管理费用（生产管理费、设计费、检验入级费和试船交验费等）表现出来的劳动所具有的市场价值。据学者统计，在我国以及世界其他主要造船国，虽然不同类型船舶的成本组成比例不尽相同，但一般来说，“材料成本”在我国船厂所建船舶的总成本中的占比多为74%~84%，在台湾地区多为70%~80%，在日本和韩国多为60%~70%，在欧美多为50%~57%。按此统计，除欧美地区外，其他地区船厂的造船成本中的“材料成本”占比一般都在“劳务成本”占比的1.5倍以上，我国则高达2.84倍（74%除以26%）至5.25倍（84%除以16%）。毫无疑问，这显然属于材料价值远高于加工（劳务）价值的情况。即使我们将结算价中的船厂利润部分（我国船厂的利润一般为6%以上，但大多不超过15%）加入到加工价值中，也无法得出因加工所带来的价值增加远远超出材料本身价值的结论。〔1〕简言之，即使是按“加工价值明显高于材料价值时，应由加工人取得加工物的所有权”的法理，也应承认作为材料提供者的船舶定造人可原始取得新建船舶所有权。

第四，我国《合同法》和《海商法》上有关承揽人（造船人）可以留置其所占有工作成果（新建船舶）的规定虽然性质上属于任意性规范，但通过这些规范，我们依然可以看出，立法者在此所持的基本观点应是定造物的所有权原则上应归定作人所有，而这显然可以作为支持此处所述的新建船舶所有权原则上应归定造人所有的一个辅助理由——虽然笔者并不认为这一理由是决定性的，也不赞成单纯的“承揽人留置权反推说”。〔2〕

2. 约定优先的除外规则

上文虽然支持船舶建造合同项下的新建船舶的所有权原则上应归定造人所有，但基于意思自治的原则，法律上并不能完全排除当事人得就此作出另外约定——这本身就是上文所述的许多国家的共同做法。更何况，依我国学者广为承认的加工法理，加工人和材料提供人本身就有权就加工所生新物的所有权作出自主约定。而依本文所采的船舶建造合同应属承揽合同的

---

〔1〕德国法院在实践中，一般都是以“加工或改造价值”与“材料价值”的比例关系不低于60/100作为《德国民法典》第950条所规定的“加工或改造价值不显著小于材料价值”的认定标准。［参见［德］鲍尔、施蒂尔纳：《德国物权法》（上册），张双根译，法律出版社2004年版，第462页。］按此标准，只要“材料价值”达到“加工或改造价值”的1.67倍（100除以60）以上，加工人就不能依据《德国民法典》第950条取得加工所得新物的所有权。在我国，即便是按德国法的这一标准，我国造船厂也不能因加工而取得新建船舶的所有权。

〔2〕单纯从承揽人（造船人）可以留置工作成果（新建船舶）的规定中反推出工作成果的所有权应属于定作人的观点很大程度上是“从所盼望的结果出发来加以判断的”。［［德］鲍尔、施蒂尔纳：《德国物权法》（上册），张双根译，法律出版社2004年版，第461页。］不仅欠缺足够的说服力，而且忽略了承揽合同本身所包含的合同类型的多样性和复杂性。

观点，该法理同样也应可适用于新建船舶的所有权。〔1〕

当然，在具体情况下，对于这种约定的有效性，仍应依据相关法律的规定来加以判断，即这种约定至少应符合法律行为的一般生效要件，尤其是不能与现行法上的效力性强制规范相冲突。具体说来，这里需重点考虑的情况是，在当事人已在合同中同时作出了“船舶所有权属于建造人所有”和“建造人有权留置新建船舶”的约定时，应如何处理这两个相互矛盾的条款的效力关系问题。对此，笔者认为，这本质上是一个合同解释问题。在当事人就这两个条款的效力发生争议或案件所涉争议明显与二者效力有关时，应根据这两个条款是否属于格式条款来决定解释标准——实践中的船舶建造合同多数属于格式合同。若属于，则应依据《合同法》第41条有关格式条款的解释规则来予以处理；反之，若二者都不属于格式条款，则应依据《合同法》第125条的规定来对其予以解释。如果经解释后仍不能确定的，且当事人所签订的合同也符合前述典型的船舶建造合同特征，则应基于合同的承揽合同性质，否定当事人有关船舶所有权的约定效力（约定不明的，适用法定规则），肯定当事人有关船舶留置权的约定效力。当然，如果在合同签订后，建造人已经在建造中船舶之上为第三人设立了抵押权，则应根据该抵押权是否已登记来决定如何处理上述矛盾。如果抵押权已经登记，基于已登记的建造中船舶抵押权可对抗善意第三人的规定，应承认合同项下的船舶所有权已确定地属于建造人（抵

〔1〕从这个角度讲，前文所述的“未交付加约定禁止说”是不能成立的。因为，因加工而产生的新物的所有权归属问题首先是一个因事实行为（加工）而发生的新物所有权应由谁原始取得的问题，而非基于法律行为而生的所有权转让问题，故原则上并不适用“未交付，就不能发生动产所有权转移效果”的规则。退一步讲，即使我们承认上述动产交付规则可适用于此，当事人也可以通过“预期的占有改定”来使新建船舶在现实交付之前就可转移给定造人。

押人）——而不管系争条款是否是格式条款，但建造人不能对该船主张留置权。反之，如果抵押权未登记，则由于未登记的建造中船舶抵押权并不具有对抗善意第三人的效力，法院在处理上述两个条款的解释矛盾时，可以不考虑抵押权的存在。除非定造人已经应建造人的要求为后者办理建造中船舶抵押权登记，“签署了建造中船舶所有权属于建造人的证明”。[1]

---

〔1〕这种证明一般出现在建造中船舶抵押权登记申请人——只能是船舶建造人——以船舶建造合同作为其独立拥有船舶所有权证明来申请建造中船舶抵押权登记时。在此情况下，如果申请人提交的船舶建造合同存在“对建造中船舶所有权归属约定不明”的情况，则申请人还应依据《建造中船舶抵押权登记暂行办法》第5条的规定，“提交船舶建造合同各方共同签署的建造中船舶所有权属于申请人的证明”。定造人一旦签署这种证明，则应基于诚信原则，肯定建造人确定地享有该船所有权，但不享有船舶留置权。

第四章

CHAPTER 04

准不动产物权登记及其制度体系的完善

第一节　准不动产登记制度的体系构成及其基础法理

准不动产物权登记〔1〕作为准不动产登记的重要组成部分，虽然在性质和功能上不同于其他非以权利为登记对象的准不动产登记（如船舶和航空器国籍登记），但不管是从实体法还是从程序法上看，准不动产物权登记制度的设计和运行都须受到整个准不动产登记制度体系的制约，尤其是在这种权利登记本身就是借助于既有的基于公法目的发展起来的准不动产登记制度的私法利用而形成时，更是如此。因此，要了解和完善准不动产物权登记制度，就必须首先要对整个准不动产登记制度的体系构成及其基础法理有一个基本的了解。

一、准不动产登记制度的法律属性及其体系构成

准不动产登记作为经特定主体申请，由国家专门机关（准

---

〔1〕 我国现行法所规定的需登记的准不动产权利除包括物权外，也包括一些并不具备物权性质的准不动产权利，如光船租赁权和航空器占有权。鉴于本文的主旨，以下所述的准不动产物权登记原则上并不包括光船租赁权登记和航空器占有权登记，但在个别情况下，文章也会对后二者有所论及。

不动产登记机关）依法定程序将有关准不动产事项记载或不记载于特定簿册（准不动产登记簿）的社会活动，不仅会在登记活动参与各方之间引发各种权利义务关系，而且会因其活动及其结果本身就具有能依法引起其他相关法律关系变动的法律事实性质，在更为广泛的范围内引发不同主体间的权利义务关系变化。正是为了调整这种因准不动产登记活动所产生的“活动参与各方之间的法律关系”和“活动参与各方与其他相关主体间的法律关系”，准不动产登记制度得以建立。

（一）准不动产登记制度的双重法律属性

作为一项以调整因准不动产登记活动所生法律关系为规范任务的法律制度，准不动产登记制度虽已为世界各国广为采用，并被视为私法上的一项重要的权利公示和交易安全保护制度，但从历史发展的角度看，准不动产登记制度建立的最初目的并不是为了实现权利公示和交易安全的保护，而是为了实现各种公法上的管制目标。对此，前文已有所述。依其所述，不管是在准不动产登记中最先发展起来的船舶登记，还是嗣后所出现的机动车登记和航空器登记，其制度建立的最初目的都主要是为了实现国家对船舶、航空器和机动车运营及相关贸易的管制和干预，进而实现对一国的公共交通安全和相关贸易秩序的维护。所谓的私法意义上的登记公示和交易安全保护，则只有在船舶、航空器和机动车的市场交易频率和规模日益扩大和相关的融资担保需求日显突出的情况下，才会被真正地意识到，进而被发展成为决定准不动产登记制度构造的一个重要规范目的。〔1〕简言之，在现代法上，准不动产登记制度乃是国家为了实现各种公共政策目的而发展起来的一项制度。这种目的体现在私法

〔1〕参见本书第二章第二节有关准不动产登记制度发展史的论述。

上，就是通过登记这种更为严格的权利公示形式的引入来更好地实现交易安全和秩序的维护，体现在公法上则主要是通过登记这种需付出较高社会成本的信息获取手段和权利取得（如航行权或机动车上路行驶权）前置程序的设置来更好地实现交通安全和相关行业经营秩序的维护，同时也可为其他相关公法目的（如征税）的实现提供技术上的辅助。

正是以上目的决定了，在任何一个现代国家，准不动产登记制度都是一项兼具私法和公法属性的制度。其中，最能体现其私法属性的是登记在许多国家都已被规定成了准不动产物权变动（如所有权和抵押权）的生效要件或对抗要件，也正是通过登记，已登记的准不动产权利才能得以获得法律更为严格的保护。于此，提出登记申请，要求登记机关依其申请进行相应的物权登记已成为具有登记能力的准不动产权利人依法所享有的一项权利，而依法为准不动产权利人办理相应登记则成了准不动产登记机关所应承担的一项公共职责或公共服务给付义务。与之相对，准不动产登记制度的公法属性则主要是通过国籍登记和所有权注册登记（初始登记）的强制性来体现的。例如，依据我国法的规定，国籍登记不仅是船舶和航空器取得中国国籍的前提，而且是船舶取得在我国领水自由航行和悬挂中国国旗的权利以及船舶和航空器取得在我国港口之间或境内从事海上运输或航空运输权利的前提，〔1〕同时还是我国作为主权国家对这些船舶和航空器进行管辖和提供法律保护的重要依据。〔2〕这种将登记规定为船舶或航空器取得登记国国籍及相关权利或受保护资格的做法，也为世界其他许多国家所采。另外，依据我国法的规定，所有权注册登记作为船舶取得中国国籍和机动

---

〔1〕 参见《海商法》第4、5条，《民用航空法》第6、177条。

〔2〕 参见《民用航空器国籍登记规定》第6条。

车取得上路行驶权的前提,〔1〕也具有强制登记的性质。于登记已成为特定准不动产或准不动产权利人取得特定法律“身份”和“资格”必经程序的强制登记制度之下，登记所具有的公法性质已十分明显。〔2〕面对这种具有行政管理性质的登记，登记申请人的地位已不能再被单纯地表述为私法上的权利人，同时还是须依法承担相应的公法登记申请义务的义务人。在准不动产权利人未依法履行前述义务时，登记机关可依法给予其相应的行政处罚,〔3〕而这显然不是纯粹的私法意义上的登记所应具备的属性。

总之，在现代法上，准不动产登记制度乃是一项兼具公法属性和私法属性的法律制度，也正是准不动产登记制度的这种双重属性决定了准不动产登记不仅可以成为一种为私权提供法律保护的手段和工具，同时还是国家通过对私人领域的干预和管制来实现各种公共政策目的的手段。而要同时协调好这两种不同目的在同一制度体系中的交叉乃至冲突，显然需要妥善处理好自由和强制、管制和服务之间的体系协调关系。

（二）准不动产登记制度的体系构成要素

准不动产登记制度虽然兼具公法和私法属性，但不管是从私法上看，还是从公法上看，一项完整的准不动产登记制度通常都至少需要从规范技术层面解决以下三个方面的基本问题，

---

〔1〕 参见《船舶登记条例》第15条和《道路安全法》第8条，但依据《民用航空器国籍登记规定》第10条，申请国籍登记并不以航空器所有人或占有人已完成所有权或占有权注册登记为前提，而是只需有可证明其已事实上取得了民用航空器的所有权（买卖合同加交付）或占有权（租赁合同加交付）的文件即可。

〔2〕 Richard Coles and Edward Watt, *Ship Registration: Law and Practice*, Informa Maritime & Transport, 2009, pp. 7~8.

〔3〕 参见《船舶登记条例》第49~52条，《民用航空器国籍登记规定》第34、35条，《机动车登记规定》第56~58条。

即谁来登记和登记什么、怎么登记、登记了或没有登记会怎么样的问题，而为了解决前述问题所进行的制度构建则分别构成了准不动产登记制度中的“权源性制度要素”“程序性制度要素”和“效果性制度要素”，此即准不动产制度的体系构成要素。

在以上三要素中，权源性制度要素作为主要以解决“谁来登记和登记什么”的问题为规范任务的制度要素，其核心任务是要明确谁有权利或义务申请登记和谁有权力或责任实施登记，进而为整个准不动产登记制度的建立及相关主体实施相应行为提供法律基础。程序性制度要素作为主要以解决“怎么登记”的问题为规范任务的制度要素，其核心任务是要对前述实体权源的行使方式、方法和步骤及违反相关程序的法律后果进行规范，进而为这些实体权利（权力）或义务（责任）的实现提供程序保障。效果性制度要素作为主要以解决“登记了或没有登记会怎么样”的问题为规范任务的制度要素，其核心任务是要明确前述实体权利（权力）或义务（责任）主体所实施的各种准不动产登记活动（含未实施登记活动）在实体法上所生的法律效果，进而为法律实现对相关实体法律关系的有效调整提供法律基础。〔1〕

以上三个方面的要素既相互关联，又相互区别。没有权源性制度要素就实施登记活动的实体权利义务或权力责任主体、客体和内容所作规定，后两个要素就将失去其赖以存在和建立的制度前提；没有程序性制度要素对登记参与各方所实施的相关行为的过程性规范，登记行为就很难保证登记活动参与各方的实体权利义务或权力责任得以落实，进而使得效果性制度要

〔1〕 有关不动产登记制度构成要素的分析和讨论，参见常鹏翱：《登记程序的建构与效应》，中国人民大学出版社 2005 年版，第 3 页以下。

素所预设的法律效果可能在现实中发生某种目的偏离；没有效果性制度要素就登记活动及其所生结果的实体法效果所作的规范，整个准不动产登记制度就将失去其目的依归而变得毫无存在价值。因此，在整个准不动产登记制度体系建构中，权源性制度要素应该是基础，效果性制度要素应该是目的，二者共同构成了准不动产登记实体法。程序性制度要素则因其一方面需要以权源性制度要素所确立的实体权源作为制度建构基础，另一方面又需要以保障效果性制度要素所预设的法律效果的有效实现作为制度建构目的，故性质上应属于为登记实体法服务的登记程序法。[1]只有通过以上登记实体法和程序法的相互协力，一项完整的准不动产登记制度才能够得以有效建立，进而为法律实现对“登记活动参与各方之间的法律关系”和“登记活动参与各方与其他相关主体之间的法律关系”的有效调整提供制度基础。

在准不动产登记立法实践中，权源性制度要素和效果性制度要素一般都是以相关民事实体法或行政实体法中的相关规定为表现形式，如《海商法》《民用航空法》和《物权法》上有关应予登记的准不动产权利（学理上一般称之为具有“登记能力”的权利）及“未经登记，不得对抗善意第三人”的规定，《道路交通安全法》第8条有关上路行驶的机动车应办理登记并取得行驶证和号牌的规定等。程序性制度要素则一般都是以单行的登记程序法为其表现形式，如《船舶登记条例》《民用航空器权利登记条例》和《机动车登记规定》等。当然，在实践中，为了便于法律的实施，立法机关在制定相关法律时，并不一定会严格遵守对以上制度要素的区分，而是经常会在同一立法中对上述不同性质的制度要素都作出一定的规定。

---

〔1〕 这种登记实体法和程序法的区分在我国不动产登记制度的建构中也同样存在。参见孙宪忠：“不动产登记基本范畴解析”，载《法学家》2014年第6期。

二、权源性制度的体系构造

在目前我国的准不动产登记制度依然主要采取船舶登记、航空器登记和机动车登记分别立法的情况下，有关准不动产登记制度的权源性制度要素主要是通过不同的登记实体法来分别加以确立的，并在不同的登记程序法中得以具体化或补充。其中的登记实体法主要是指《海商法》《海上交通安全法》《内河交通安全管理条例》《民用航空法》《道路交通安全法》《担保法》和《物权法》上的相关规定，登记程序法则主要是指《船舶登记条例》《渔业船舶登记办法》《民用航空器权利登记条例》《机动车登记规定》和《拖拉机登记规定》。

（一）登记实体权源的规范构造模式

依据上述法律、法规和规章的规定，在我国法上，基于准不动产登记兼含私法上的登记和公法上的登记的特点，其登记实体权源构造也是分别从私法和公法两个层面来展开的，从而形成了一种私法上的以权利为核心的登记实体权源构造和公法上的以权力为核心的登记实体权源构造交叉并存的局面。

1. 登记实体权源的私法构造

在私法上，登记作为一种由第三方（登记机关）参与的权利公示形式，目的是希望通过牺牲当事人的部分交易自由来换取对交易安全或第三人的更好保护。所以，在私法上，有关登记实体权源的构造，通常都需遵循以下基本法理。

首先，就“登记活动参与各方之间的法律关系”而言，这里通常都需要涉及以下三个不同主体之间的法律关系，即私权的得权方、失权方（如所有权出让人）或权利受限方（如抵押人）和作为第三方的登记机关之间的法律关系。在以上三方主体之间，依据一般的合同法理和物权法理，在私权的交易双方事先未通过约定明确排除登记的必要性时，构成交易相对人之间法律关系核心内容的应是得权一方有权请求失权或权利受限方协助其办理登记，失权或权利受限方则有义务应得权一方的请求协助其办理登记，即在交易相对人之间，为登记的实施所为的权源建构应以一方享有“登记请求权”和另一方负有“登记协助义务”的请求权规范作为其权源建构模式。当然，在特定情况下，这里也需要考虑享有登记请求权的权利人不提出登记申请，而登记协助义务人却希望能依约办理登记的情况。在此情况下，出于公平的考虑，法律上也有必要承认此时的登记协助义务人应有权请求登记请求权人为相应的登记申请——此项权利可称之为“登记受领请求权”，[1]即此时也有必要为保障公平而建构一项以请求权规范为基础的“登记受领请求权”和“登记受领义务”的实体法权源。在以上权源构成中的义务人未依法履行其义务时，权利人应有权提起相应的给付之诉来保障其权利的实现，即权利人可以在取得判决书或裁决书之后，依法向登记机关提出相应的登记申请。

与前述交易相对人之间的权利义务相关联的是，依物权法理，在法律已明确将为交易相对人办理权利变动登记的职责赋予特定国家机关的情况下，登记机关与作为登记申请人的交易相对人（在共同申请原则下，申请人应为交易相对人双方；在单独申请原则下，申请人通常为交易中的得权人）之间就登记的实施所形成的法律关系的核心内容应是，作为交易主体的申请人有权请求登记机关依其申请实施其职责范围内应予实施的登记行为——将申请的登记事项记载于准不动产登记簿；登记机关则负有依其申请实施相应登记行为的职责或登记服务给付义务。在登记机关未依法履行其职责时，登记申请人应有权通

〔1〕 参见［日］近江幸治：《民法讲义Ⅱ：物权法》，王茵译，北京大学出版社2006年版，第97页。

过法定途径获得相应救济（如请求登记机关赔偿或重新作出合法的登记服务给付行为）。亦即，在登记申请人和登记机关之间，因登记而生的实体权源的建构应以申请人一方享有“登记服务给付请求权”和登记机关负有“登记服务给付义务”作为其权源建构模式。这种权源建构模式的规范性质既非典型的私法上的以特定基础民事法律关系（如物权变动法律关系）为基础而产生的一方私主体有权请求另一方私主体为或不为一定行为的请求权规范——私法登记申请人与登记机关之间并不存在足以导致请求权产生的基础民事法律关系，也非行政法上的作为行政主体的一方有权在其职权范围内通过对某项不明确的事实或状态的明确解决当事人之间的权属争议的行政确认权规范模式——私法登记的目的在于权利公示而非通过明确某项不明确的事实解决当事人间的权属争议，更非行政法上作为行政主体的一方有权在其职权范围内依相对人的申请赋予其从事特定活动的资格或权利的行政许可权规范模式，〔1〕而是更适合被定义为一种民事权利人有权要求法定国家机关为其权利实现提供一定服务或给付，从而使其享受一定法律利益的“民事权利受益权规范模式”，与之相对的则是相应国家机关所负的为使其受益而从事特定“授益性行为”的“给付义务”。〔2〕

---

〔1〕 依据《行政许可法》第2条所定义的行政许可，私法上的以权利公示为目的而非以取得从事特定活动资格或权利为目的的登记并不属于行政许可意义上的登记。

〔2〕 此处的“民事权利受益权”的概念就是通过借鉴“基本权的受益权”这一概念而形成，其内含的法理与后者并无实质差异。关于基本权利的受益权功能及国家所负的相关义务的给付义务性质，参见李建良：“基本权利理论体系之构成及其思考层次”，载《宪法理论与实践》（一），学林文化实业有限公司1999年版，第63~67页；许宗力：“基本权的功能与司法审查”，载《宪法与法治国行政》，元照出版有限公司1999年版，第159页以下；李惠宗：《宪法要义》，元照出版有限公司2002年版，第91~92页；张翔：“基本权的受益权功能与国家的给付义务”，载《中国法学》2006年第1期。

简言之，在以上三方主体之间，围绕登记的权利和义务所为的私法实体权源构造至少应包括以下三个方面的权源。一是“登记请求权”，与之相对的是交易相对人所负的“登记协助义务”。当然，在准不动产权利人单方实施了处分其权利的处分行为时（如以注销登记的方式抛弃其所有权），并不存在私法上的登记请求权人和登记协助义务人。二是“登记受领请求权”，与之相对的是登记请求权人所负的“登记受领义务”。三是“登记服务给付请求权”，与之相对的是登记机关所负的“登记服务给付义务”。

其次，以上三个方面的实体权源的构建虽然可以解决登记申请提起和登记行为实施的权源基础问题，并可为调整上述三方主体间的法律关系提供基础，但仅仅以此为限并不足以保障法律将登记这一权利公示方式引入私法领域的真正目的。因为，在私法上，登记公示制度引入的根本目的是为了保护登记活动参与人之外的第三人的交易安全。而要实现对第三人交易安全的保护，法律上就必须要为未参与登记活动的第三人提供一种获取权利公示信息的渠道或方式，即需要在一定范围赋予以上三方主体之外的其他主体以一种通过某种方式获悉权利公示信息的权利。基于登记公示在实践中主要是通过登记簿的记载来实现，故这种由法律为保护其他主体利益所建构的权源的基本内容应是其他相关主体所享有的向登记机关申请查询（含复制或摘录）特定登记簿（记载特定主体准不动产信息的登记簿）以获取相应信息的“登记簿查询权”或“登记簿查询服务给付请求权”，与之相对的则是登记机关所负有的应其请求提供相应簿册供其查询的“登记簿查询服务给付义务”。相对于前述以解决登记申请的提起和登记行为的实施为规范任务的“基础权源”，这种由“登记簿查询权”和“登记簿查询服务给付义务”

共同构成的权源可被称为“辅助性权源”，其权源建构模式与前述“登记服务请求权”权源的建构模式并无二致，即都是一种“民事权利受益权规范模式”。

“登记簿查询权”的构建虽然客观上有助于登记公示功能在私法上的实现，但从更有效地实现交易安全保护这一规范目的的角度看，仅仅赋予交易相对人之外的主体以登记簿查询权似乎仍有其未足之处。因为，在私法上，与第三人基于登记公示所受到的保护关联最密切的是登记的结果——登记簿查询权的目的就在于获取这一结果，也正是通过赋予登记的结果及登记活动中所生的各项法律事实以特定法律效果——能否产生对抗力和是否值得第三人信赖等，第三人的权利或交易安全得以受到法律的保护。简言之，第三人作为非登记活动参与人，其所能得到的只是一种实体法上的结果意义上的保护——通过效果性制度要素来实现，而对于与其利益关联最密切的登记结果是如何产生的，第三人则只能被动接受，而无任何实体上的或程序上的权利去干预这一结果的产生过程。正是这一特点决定了，在受保护的利益主体只能消极地接受某种既定事实的情况下，作为国家机关的登记机关应对最终的利益受保护主体（第三人）或作为登记目的性价值的交易安全负有更多的责任（登记申请人虽然依法也负有提供真实的登记材料的义务，但依意思自治原则，其对第三人并不负有私法上的保护或照顾义务），而这种责任的核心落脚点应该是通过合理的程序设计和规范的职责履行行为来努力保障登记的真实性和准确性。因为，如果登记的真实性和准确性完全脱离了社会生活需要的话，因此受损的主要是第三人以及其所代表的交易安全。也就是说，在交易安全保护这一规范目的之下，作为国家机关的登记机关在法律上对第三人应负有一种以审慎依法履行其职责

（至少不得有意为错误登记），以免使第三人遭受不利为规范内容的“保护义务”。这一保护义务虽然在一定程度上可为下文所要讨论的登记机关所享有的“登记事务管理权”所涵盖，但揭明这一义务的存在，对于准确把握“登记事务管理权”所具有的私法意义依然是有必要的。同时，它也有助于我们更好地理解前述各项私法上的登记实体权源对登记程序法的制度设计的重要意义。当然，从更进一步的意义上讲，对第三人负有保护义务的还应包括那些享有登记程序立法权的国家机关，即它们依法应负有为保障前述登记实体权源和私法上的交易安全保护目的的有效实现来设计相关登记程序法规则的义务。

2. 登记实体权源的公法构造

在公法上，登记作为一种法定的信息获取手段和权利取得前置程序，目的是希望借助于公权力对私人领域和社会生活的干预来实现交通安全和行业经营秩序维护等公共政策目的。在此规范结构和目的之下，基于特定身份（国籍）、资格或权利（航行权和行驶权等）的登记所具有的行政许可——使申请人取得从事特定活动的资格或权利〔1〕——性质，公法上的登记实体权源的建构原则上应以调整登记活动参与人——申请人和行政许可机关——之间的法律关系为其规范任务。其目的则主要是要解决“登记实施许可权”和“取得登记许可的义务”的主体归属，即在登记申请人或登记机关之间，为登记的实施所为的权源建构应以登记机关享有“登记实施许可权”，其他欲取得登记许可的主体负有依法“取得登记许可的义务”（主要是指依法提出相应登记申请的义务）的行政许可权规范作为其权源建构

〔1〕 参见《行政许可法》第2条。

模式。

登记实施许可权的权源建构虽然可以通过“准入”门槛和程序的设置来助成前述公法登记目的的实现，但依行政法法理，在以行政许可手段来达成特定公法目的时，完整的行政许可制度设计还必须要同时包含以维持获得行政许可的实质条件为核心的具有行政监督或检查权性质的权源以及作为前述许可权和监督权保障的行政处罚权。因为，在准入阶段已经达到取得特定许可实质条件的许可对象在取得该项许可之后，其存在状态并非一成不变的，而是可能会因各种客观情况的出现而导致其当初取得该项许可的实质条件发生一定的变化，甚至有可能导致其完全丧失当初取得该项许可的实质条件。因此，为了保证这种身份、资格或权利取得的实质条件在其有效期间能够始终得以维持，法律上还有必要赋予登记机关对被许可对象的一定的后续监督权。这种监督权虽然在一定范围内可以通过赋予相关机关以从事相应的积极的监督检查行为权源来实现，但基于登记许可的被动行政特点，对于这种以许可条件维持为目的的后续监督权的设置，法律上较为合理的权源建构模式应是一种被动的行政监督权规范模式，即法律上可通过课予被监督人以一种强制的变更或注销登记的义务——以违反义务将受到行政处罚作为其强制性保证——来实现对这种许可条件的维持和监督，登记机关则可通过对此类登记的审查来实现其监督。简言之，为保证前述行政许可性的公法登记的权源建构目的的实现，法律上有必要建构一项以“登记许可维持监督权”和“登记许可条件维持义务”为内容的登记实体权源。我国相关法上有关“未依法办理船舶和航空器国籍变更和注销登记”或“未依法办理特定的准不动产权利变更或注销登记”将受到一定的行政处罚的规定，[1]就内在地包含了这样的一项权源。

另外，基于登记的实施必须以客观上存在登记簿为条件，且必须有一定的程序性规范来保障登记的顺利实施，故在登记的实体法权源构造上，还有必要赋予具体实施登记的登记机关以设立、制作和保管准不动产登记簿以及对整个准不动产登记活动进行程序性管理的职责或权力。该项权源可被称为“登记程序事务管理权（或职责）”，在权源内容上则主要包括颁发准不动产权利登记证书，核发船舶、航空器国籍证书和机动车号牌与行驶证，对标的物进行检验以及核发相应证书的权力[2]以及其他一些相关的程序性权力，但依法并不享有或负有解决当事人就准不动产权属关系所生纠纷的权力或职责。与之相对的则是作为行政相对人的登记申请人和其他相关主体所负有的服从其管理、提供真实信息、接受监督检查和遵守法定程序的义务。在登记申请人未尽以上义务时，登记机关或相关有权机关依法应有权对其实施一定的行政处罚乃至追究其刑事责任。[3]当然，依据行政法法理，作为行政相对人的登记申请人或其他相关主体依法也应享有参与权、知情权、批评、建议权、申诉、控告、检举权、申请复议权、提起行政诉讼和请求行政赔偿权、

---

〔1〕 参见《船舶登记条例》第49~52条，《民用航空器国籍登记规定》第34、35条，《机动车登记规定》第56~58条。

〔2〕 依据我国相关法律的规定，船舶权利登记机构和民用航空器权利登记机构并不负责船舶的检验或民用航空器的适航审定，二者应分别由海事局船级社和国家民航局航空器适航审定机构负责。

〔3〕 参见《船舶登记条例》第9章、《民用航空器国籍登记》第6章和《机动车登记规定》第4章的规定，但《民用航空法》《民用航空器权利登记条例》《渔业船舶登记办法》和《拖拉机登记规定》并未对相应的权利登记过程中所发生的违法行为的后果作出明确的规定。

抵制违法行政行为权等权利。[1]

3. 小结

综上，在准不动产登记权源建构中，首先需要解决的就是私法上的和公法上的登记申请和实施行为的权源基础问题。在此过程中，基于私法登记事涉三方主体的特殊结构，其登记权源的建构应首先以请求权规范模式来建构“登记请求权”和“登记受领请求权”，以解决交易相对人提出登记申请的权源基础，进而在此基础上以民事权利受益权规范模式来建构“登记服务给付请求权”，以解决登记申请人自愿要求登记机关实施相应登记行为的权源基础。公法上的登记则由于仅涉及以登记为手段来实现对特定准不动产权利人行为的控制，故其权源建构原则上应采用行政许可规范模式来建构，由登记机关享有的“登记实施许可权”和“登记许可维持监督权”，以解决公法上实施强制登记的权源基础。

除以上基础权源外，“登记簿查询权”和“登记程序事务管理权（或职责）”的构建虽也属必要，但由于二者主要起一个辅助前述基础权源规范目的实现的作用，故二者在整个准不动产登记制度的建构中所处的地位尚不足以与前述基础权源相提并论，而是只能被定性为一种辅助性的或派生性的权源安排。有鉴于此，以下有关登记实体权源构成的讨论，将重点围绕前述基础权源的构成来展开。

---

〔1〕参见《机动车登记规定》第60、61条，《船舶登记条例》第53条。

附表：登记实体权源规范构造模式表

类型	序号	主体	权源内容	规范模式	权源地位
登记实体权源的私法构造	1	私权得权方	登记请求权	请求权规范模式	基础权源
		私权失权方或权利受限方	登记协助义务		
	2	私权失权方或权利受限方	登记受领请求权	请求权规范模式	基础权源
		私权得权方	登记受领义务		
	3	登记申请人	登记服务给付请求权	民事权利受益权规范模式	基础权源
		登记机关	登记服务给付义务		
	4	第三方私权主体	登记簿查询服务给付请求权	民事权利受益权规范模式	辅助权源
		登记机关	登记簿查询服务给付义务		
登记实体权源的公法构造	5	登记机关	登记实施许可权	行政许可权规范模式	基础权源
		登记许可申请人	取得登记许可的义务		
	6	登记机关	登记许可维持监督权	被动的行政监督权规范模式	基础权源
		被许可人	登记许可条件维持义务		
	7	登记机关	登记程序事务管理权	行政管理权规范模式	辅助权源
		被许可人和其他相关主体	服从管理的义务		
	8	被许可人和其他相关主体	监督权和救济权	行政相对人监督权和救济权规范模式	辅助权源
		登记机关	接受监督和提供救济的义务		

（二）登记实体基础权源的基本构成要素

前述私法和公法上的登记实体权源虽然具有不同的性质和内容，但由于其权源建构的核心都是要解决准不动产登记申请人与登记机关之间围绕登记所生法律关系，故二者在要素构成上依然具有许多方面的共同性，以下所要讨论的就是这些共同要素。

1. 登记申请人和登记机关

不管是在私法上，还是在公法上，登记的实施都离不开适格的登记申请人和登记机关这两个基本主体要素。其中，登记申请人作为登记活动的发起人或登记程序的启动者，原则上都应限于对准不动产享有实体民事权利的人，而不应包含其他主体。〔1〕因为，不管是在私法上，还是在公法上，为登记的必要性提供正当性支持的都主要是准不动产运营及其权利本身所固有的外部性（对交易安全和以交通安全和行业经营秩序为代表的公共秩序会产生较大影响）。若登记申请人对准不动产并不享有任何民事实体权利，其行为一般也就不会引发与准不动产相关的外部性——排斥他人权利或影响公共安全或秩序，进而使得法律赋予其登记申请权利或义务缺乏必要的正当性。正是基于以上考虑，我国的相关立法才将登记申请人确定为对准不动产享有实体民事权利的人，具体主要包括：准不动产所有权人

---

〔1〕 在特定情况下，部分对准不动产不享有实体民事权利的主体（如法院、检察院和公安机关）也有可能会被法律赋予要求准不动产登记机关协助其查封、冻结准不动产的权力，甚至会被赋予在登记簿上为查封、扣押和冻结登记的权力。[参见《查封、扣押、冻结规定》第9条、《人民检察院刑事诉讼规则（试行）》第237条。] 但从法理上看，此类由其他公权力机关与登记机关共同实施的登记，并非前述私法意义上的权利登记或公法意义上的许可登记，而是一种以公权力的运用为手段，通过行政协助的方式所进行的具有司法或行政执法性质的限权登记——限制登记权利人的处分权。

（含共有人）和抵押权人、[1]船舶光船租赁权人、[2]通过购买行为取得并占有民用航空器的权利人和根据租赁期限为六个月以上的租赁合同占有民用航空器的权利人、[3]享有民用航空器优先权的债权人。[4]机动车营业质权人（典当行）虽无物权公示意义上的登记请求权（即使未登记，其权利也能依法产生完全的对抗力），但有权申请办理机动车质押备案或解除质押备案。[5]

与之相对，作为登记实施主体的登记机关，则不管是在私法上，还是在公法上，原则上都应该只能是法定的以从事准不动产登记事务为专门职责的国家机关，而不应是一般的民事主体。这一方面是因为，在私法上，登记作为有第三方参与的权利公示形式，通常须以第三方应具有存在上的普遍性、稳定性和公开性以及相对于当事人的独立性和中立性为前提，否则就难以保证登记作为公示手段所应满足的最基本的技术要求，如公开、持续、稳定和相对统一与可靠。另一方面也是因为，登记作为国家为实现特定公共管理目的而建构的技术手段，必须要以相应的管理机构具有法定的公共性和权威性为前提，否则就难以保证以登记为手段而达成的对私人领域的介入的正当性和合法性。正是基于以上两个方面的考虑，我国相关立法所确定的船舶、航空器和机动车登记机关都是国家机关，具体主要包括：作为船舶登记机关的各地方海事管理部门港务监督机构和农业（渔业行政）主管部门渔港监督机关（前者负责非渔业

---

〔1〕参见《海商法》第9条和第13条、《民用航空法》第11条和《物权法》第24条。

〔2〕参见《船舶登记条例》第6条。

〔3〕参见《民用航空法》第11条。

〔4〕参见《民用航空法》第20条。

〔5〕参见《机动车登记规定》第42条。

船舶登记，后者负责渔业船舶登记），〔1〕作为航空器登记机关的国家民用航空总局民用航空器权利登记职能部门（政策法规司政策处）和国籍登记职能部门（适航审定司），〔2〕作为机动车登记机关的各地方公安机关交通管理部门和农业（农业机械）主管部门农机安全监理机构（前者负责一般的机动车登记，后者负责上路行驶的拖拉机的登记），〔3〕但以上登记机关并不负责已被相关立法排除在其职责范围之外的准不动产（如军用准不动产）的登记。〔4〕《担保法》第42条所规定的航空器、船舶和车辆抵押登记部门——运输工具的登记部门，就是指上述登记机关。

除以上主体外，任何主体都无权请求登记机关实施准不动产登记，更无权自设准不动产登记簿来实施相应的登记。〔5〕若非如此，则很容易造成登记权源的混乱和权利、义务、责任的不统一，进而损及相关立法目的的有效实现。当然，在法律有特别规定时，这些无权利的主体中的部分主体依然可以成为前述登记簿查封或查封登记主体。

---

〔1〕 参见《海商法》第6条、《海上交通安全法》第3条和《内河交通安全管理条例》第4条。

〔2〕 参见《民用航空法》第3条和《民用航空器权利登记条例》第3条。

〔3〕 参见《道路交通安全法》第5条和第121条。

〔4〕 参见《海商法》第3条、《船舶登记条例》第2条、《民用航空法》第5条和《道路交通安全法》第120条。

〔5〕 目前，在准不动产登记领域，可能会与法定的准不动产登记机关所实施的登记发生功能“交叉或冲突”的主要是中国人民银行征信中心建立的“动产融资统一登记系统”。该登记系统的登记业务现已发展到包括应收账款质押登记、应收账款转让登记、租赁登记（主要是融资租赁登记）、所有权保留登记、租购登记、留置权登记、保证金质押登记、存货/仓单质押登记、动产信托登记和其他动产融资登记。有关该登记系统的进一步讨论，详见下文。

2. 登记能力和登记类型

（1）登记能力。在准不动产登记实体权源构建中，登记能力主要解决哪些准不动产或准不动产权利需要通过记载于登记簿以产生特定法律效力，即主要解决哪些准不动产或准不动产权利是适格的登记对象或客体的问题。而依据本书第二章所述，船舶、航空器和机动车之所以会被纳入登记客体范畴，其根本原因就在于三者所具有的不同于一般动产或不动产的法律属性。正是由于三者的占有和使用往往具有比一般动产更强的外部性，与公共安全和秩序存在更为密切的关联，所以法律上才会以管理和控制为目的建立起公法意义上的准不动产登记制度，而私法上准不动产登记公示的引入则主要根源于三者所具有的远高于一般动产的经济价值和地位。以此观之，具有登记能力或应被纳入登记客体范围的准不动产原则上也应仅限于那些具有较强的占有和使用的外部性或具有较高经济价值的船舶、航空器和机动车。其中，外部性是决定其应否被纳入公法登记客体范围的关键因素，高价值性是决定其应否被纳入私法登记客体范围的关键因素。我国相关立法在确定具有登记能力的准不动产及其权利范围时，也在很大程度上考虑了以上因素。依据这些立法的规定，不管是公法意义上的登记，还是私法意义上的登记，得被纳入登记客体范围的主要是以下船舶、航空器和机动车及其权利。

首先，就船舶登记而言，具有登记能力的船舶主要包括两类：一类是符合法定条件的中国公民或法人所有的或以光船条件从境外租进的非渔业船舶，但不包括军事船舶、体育运动船艇、船舶上装备的救生艇筏和长度小于 5 米的艇筏；〔1〕一类是

〔1〕 参见《船舶登记条例》第 2 条和第 56 条。

中国公民或法人所有的或以光船条件从境外租进的渔业船舶。〔1〕在以上船舶所享有的权利中，具有登记能力的权利则主要包括船舶所有权、船舶抵押权、船舶光船租赁权。〔2〕

其次，就民用航空器登记而言，具有登记能力的民用航空器原则上仅限于符合法定条件的中国公民或法人所有的航空器（含前述主体通过购买行为取得且已占有的航空器）和前述主体根据租赁期限为六个月以上的租赁合同从境外租进的已由承租人占有的并由其配备机组人员的航空器（类似于光船租赁，故可仿称为“光机租赁”），但用于执行军事、海关、警察飞行任务的非民用航空器除外。〔3〕在以上航空器所享有的权利中，具有登记能力的权利包括民用航空器所有权、民用航空器抵押权、民用航空器占有权（含通过购买行为取得并占有民用航空器的权利和根据租赁期限为六个月以上的租赁合同占有民用航空器的权利，而依物权法理，其中所说的“通过购买行为取得并占有民用航空器的权利”实为民用航空器所有权）和民用航空器优先权。〔4〕但依《民用航空器法》的规定，登记并非民用航空器优先权的生效或对抗要件，故该法将民用航空器优先权纳入登记范畴是否合理，值得商榷。

最后，就机动车登记而言，具有登记能力的机动车仅限于在我国境内使用的机动车——不管该机动车的所有人是否属于中国公民或法人，但不包括军用机动车和已达到机动车技术标

〔1〕 参见《渔业船舶登记办法》第2条。

〔2〕 参见《船舶登记条例》第5条和第6条，《渔业船舶登记办法》第14条、第24条和第29条。

〔3〕 参见《民用航空法》第5条和第7条，《民用航空器国籍登记规定》第2条、第3条和第5条。

〔4〕 参见《民用航空法》第11条和第20条，《民用航空器权利登记条例》第4条。

准的残疾人机动轮椅车和电动自行车等交通工具。[1]在以上机动车所享有的权利中，具有登记能力的权利包括机动车所有权和抵押权。机动车质权虽不具备登记能力，但机动车营业质权可到机动车登记机关办理备案。[2]

（2）登记类型。在将特定准不动产及其权利确定为具有登记能力的客体之后，为保障登记目的的有效实现，法律上必须根据登记目的和登记对象存在状态的不同建立起不同的登记类型，以便使得那些在法律上会对前述公示或管制目的的有效实现产生重要影响的情况都能得以及时、准确地反映出来或为相应的管理机关所及时掌握。

基于此，一项完整的准不动产登记制度通常都应包括国籍登记、权利登记和物本身的登记三个类型。我国法所规定的准不动产登记类型也主要包括以上三类，其具体内容大致如下：

其一是国籍登记。该登记主要适用于船舶和航空器，具体主要包括国籍取得登记、变更登记、注销登记和临时国籍登记，且其登记性质全都属于强制登记。未依法办理相应登记的，权利人将受到相应的处罚。

其二是权利登记。该登记适用于所有准不动产，但由于我国的船舶、航空器和机动车登记立法系采分别立法，且制定时间相距年份也较远，所以各法所采用的登记类型（下文括号内部分）划分标准和使用的名称（下文加引号部分）并不完全相

---

〔1〕 参见《机动车登记规定》第63条、《拖拉机登记规定》第37条和《道路交通安全法》第119、120条。

〔2〕 参见《机动车登记规定》第5条、第25条和第42条，《拖拉机登记规定》第5条和第21条。

同。〔1〕其中，依登记的权利性质进行分类，得共同适用于所有适格船舶、航空器和机动车的登记类型主要是所有权登记和抵押权登记。前者主要包括所有权注册登记、所有权共有人或所有权客体变更登记、所有权转移登记（在船舶和航空器登记中，转移登记被区分为所有权取得登记和所有权注销登记）和所有权注销登记。后者主要包括抵押权设立、变更和注销登记。除此之外，专属于船舶登记的有光船租赁登记（含取得和注销登记）、船舶烟囱标志和公司旗登记（船舶烟囱标志和公司旗并非船舶必须拥有的标志）；〔2〕专属于航空器登记的有航空器占有权登记（基于购买行为取得并占有航空器或基于租期六个月以上的租赁合同占有航空器的占有权取得和注销登记）和航空器优先权登记（含航空器优先权取得登记和注销登记）。依登记的权利变动性质进行分类，得共同适用于所有适格船舶、航空器

〔1〕 我国船舶、航空器和机动车登记程序法所采用的登记类型（下文括号内部分）划分标准和所使用的名称（下文加引号部分）的具体情况如下：（1）船舶登记类型和名称：①“所有权登记”（含所有权注册登记、所有权转移时的取得登记）；②“抵押登记”（实际指抵押权设立登记）；③“光船租赁登记”（实际指光船租赁权取得登记）；④“船舶标志和公司旗登记”；⑤“变更登记”（含船舶登记项目变更登记、船籍港变更登记、共有人变更登记、抵押合同变更登记）；⑥“注销登记”（含所有权转移时的所有权注销登记、船舶灭失和失踪时的所有权注销登记、抵押权注销登记、光船租赁权注销登记）。（2）航空器登记类型和名称：①“所有权登记”（含所有权注册登记、所有权转移时的所有权取得登记）；②“占有权登记”（实际指占有权取得登记）；③“抵押权登记”（实际指抵押权设立登记）；④“航空器优先权登记”（实际指航空器优先权取得登记）；⑤“变更登记”（含航空器登记事项变更登记、抵押合同变更登记）；⑥“注销登记”（含所有权转移时的所有权注销登记、占有权注销登记、抵押权注销登记、优先权注销登记）。（3）机动车登记类型和名称：①“注册登记”（实际指所有权注册登记）；②“变更登记”（含机动车登记事项变更登记、登记地变更登记、共有人变更登记）；③“转移登记”（实际指所有权转移登记）；④“抵押登记”（含抵押权设立登记和解除登记）；⑤“注销登记”（实际指所有权注销登记）。

〔2〕 参见《船舶登记条例》第32条。

和机动车的登记类型主要是所有权注册登记或他项权利取得登记，权利的变更登记和注销登记。但在船舶、航空器和机动车登记中，所谓的变更登记和注销登记所含的具体内容并不完全相同。而且，依据《船舶登记条例》和《机动车登记规定》的规定，未依法办理船舶“变更或者注销登记”或未依法办理机动车“变更登记（此处仅指机动车客体或登记地变更登记）或所有权转移登记”，船舶或机动车权利人将受到相应的行政处罚。〔1〕从而使得在针对不同的准不动产所确立的登记类型之下，变更登记或注销登记有时会呈现出强制登记性质，有时又呈现出自愿登记性质。此外，以上立法在确立准不动产登记类型时，都没有像《物权法》和《不动产登记暂行条例》那样，规定更正登记、异议登记和预告登记，〔2〕而是仅在《机动车登记规定》规定了一种以更正登记证书错误为内容为“特殊的登记更正”（在机动车所有人发现登记内容错误并提出更正申请时，登记机关在确认错误后所为的在机动车登记证书上更正相关内容和换发行驶证的错误登记更正行为），〔3〕在《民用航空器权利登记条例实施办法》第21条中规定了一种登记异议人可凭人民法院的生效判决、裁定或者仲裁机构的生效裁决，向登记部门办理以更正登记错误为目的的更正登记。

其三是物的登记。该登记适用于所有准不动产，其初始状态登记一般与国籍登记或所有权注册登记相伴随，但在物的物理技术状态发生重大变化时，即使物上的权利主体未发生变化，权利人也应依法办理相应的变更登记。在物因灭失、强制报废、不再归属于中国公民或法人所有或承租使用（适用于船舶、航

〔1〕参见《船舶登记条例》第52条和《机动车登记规定》第56条

〔2〕参见《物权法》第19条、第20条和《不动产登记暂行条例》第3条。

〔3〕参见《机动车登记规定》第47条和《拖拉机登记规定》第31条。

空器）或不再在中国境内使用（适用于机动车）时，权利人应依法办理相应的注销登记。

除以上一般的登记类型外，依据我国相关登记程序法的规定，准不动产登记机关还有权应其他国家机关的请求（行政协助请求）实施一些特殊类型的登记，如依法院、检察院和公安机关的要求查封、冻结特定准不动产登记簿，并进行相应的查封、扣押、冻结登记。[1]在准不动产被相关机关依法没收、收缴并强制报废时，登记机关也有权依相关机关的要求实施强制的所有权注销登记。[2]

3. 登记簿和登记事项

准不动产登记簿作为国家为准不动产登记建立的专门用来记载准不动产登记事项的特定簿册，不仅是准不动产本身的基本信息和权属信息的物质载体，[3]而且是相关主体所享有的实体权利（权力）能否得以实现或获得有效保障的最直接的物质表征和技术工具，故准不动产登记簿在整个准不动产登记立法中的核心地位应是显而易见的。[4]而准不动产登记簿之所以拥有如此地位，本质上又根源于其所记载的事项所具有的重要法律意义。正是通过将准不动产登记事项明确地、连续地记载于登记簿，并通过对其所记载的信息的合理利用，国家得以实现其建立准不动产登记制度和介入准不动产事务的基本目的，民

---

〔1〕 参见《查封、扣押、冻结规定》第9条、《人民检察院刑事诉讼规则（试行）》第237条、《机动车登记规定》第48条和《拖拉机登记规定》第32条。

〔2〕 参见《机动车登记规定》第28条。

〔3〕 目前，我国准不动产登记机关所设置的准不动产登记簿所采用的介质形式主要是纸质和电子介质，2004年颁布的《机动车登记规定》第4条则率先作出了机动车登记必须使用计算机登记系统进行登记并建立相应数据库的规定，否则，登记无效。

〔4〕 “不动产登记簿在整个不动产登记立法中处于核心地位。”孙宪忠：“不动产登记基本范畴解析”，载《法学家》2014年第6期。

众则得以使其准不动产权利获得更为有效的法律保障或可据此获得其他权利。所以，合理设置准不动产登记簿和明确需记载于准不动产登记簿的登记事项，应是建构准不动产登记制度的一个核心任务。

就此，我国的相关立法也作出了比较细致的规定，依其规定，准不动产登记簿只能由法定的准不动产登记机关依法设立、制作和保管，且原则上应依属地原则来分地域设置（航空器登记簿除外），〔1〕并应在一定范围向不特定的公众公开。〔2〕正是由于准不动产登记簿具有上述官方性、地域性、存在上的持续性和公开性等特征，所以准不动产登记簿得以在准不动产信息记录和汇总、准不动产权利证明和公示方面发挥着其他任何信息平台或载体都难以替代的基础性作用。〔3〕也正是为了充分发挥和体现准不动产登记簿的上述功能，我国的相关准不动产登记立法才会对须记载于准不动产登记簿的基本事项作出明确的、

---

〔1〕 依据《民用航空法》第 12 条，民用航空器登记簿应由国家民航总局统一设立和管理。

〔2〕 参见《海商法》第 13 条、《船舶登记条例》第 11 条和《渔业船舶登记办法》第 7 条、《民用航空法》第 12 条和《民用航空器权利登记条例》第 3 条、《机动车登记规定》第 4 条、第 25 条和《拖拉机登记规定》第 23 条。

〔3〕 最高人民法院曾就公安部门所进行的机动车登记的功能作出了如下阐述："其他的动产登记系统（引者注：此处主要指中国人民银行征信中心建立的'动产融资统一登记系统'），对于机动车的登记并非强制登记，而是实行权利人自愿登记，登记部门也不进行实质审查，无论是在登记标的物的数量上，还是在登记权利人与真实权利人的一致性上，尚不能替代公安部门车辆登记系统所具有的前述功能。所以，在社会交易活动中，平等主体之间的车辆交易均是到公安部门查询车辆权属，办理过户和相关权利登记手续。正因如此，《中华人民共和国担保法》第 42 条规定，以航空器、船舶、车辆抵押的，抵押权的登记部门为运输工具的登记部门，其中，以机动车为标的物的抵押权登记部门即是指公安部门的车辆管理机构。"参见最高人民法院民事裁定书［2015］民申字第 1247 号。

细致的规定。依其规定，在按照“物的编成”标准[1]编制而成的准不动产权利登记簿上，应予记载的准不动产登记事项主要包括以下几个方面：一是反映准不动产本身的物理技术状态及其基本社会属性信息（如产地、制造人、用途和购置价格等）的事项；二是反映准不动产身份信息的事项，如准不动产登记地（有时也可表述为船籍港和车籍等），船舶名称、国籍、登记号码和登记标志，航空器国籍、国籍标志和登记标志，机动车登记编号和号牌等；三是反映准不动产权利主体、类型、内容、来源、期限等信息的事项。在船舶和航空器国籍登记簿上，应予记载的事项也主要涉及以上三个方面，具体主要包括国籍标志和登记标志，船舶和航空器型号、出厂编号和制造人名称，权利人的基本信息、登记号码和登记日期等。[2]

4. 登记申请和登记实施行为

提出登记申请和实施登记行为是准不动产实体权源所含的基本权利或义务内容，但依登记性质和目的的不同，在不同情况下，有权或有义务提出登记申请的主体并不相同。其中，有的申请只能由准不动产权利人提出（如国籍登记和物的变更登记等），有的申请则需要准不动产交易相对人双方共同提出（如抵押权设立登记等），但不管是哪一类的申请，登记的审查和实施都只能由法定的登记机关进行。与之相对，登记机关虽有权在其职责范围内实施登记行为，但基于登记的服务给付或被动

---

〔1〕《民用航空法》第12条有关“同一民用航空器的权利登记事项应当记载于同一权利登记簿中”的规定就在一定程度上体现了这一编成标准，相关船舶和机动车登记立法虽未就船舶和机动车登记簿的编成标准作出明确规定，但从这些立法所规定的所有已登记的准不动产都拥有其唯一编码（登记号码）且该编码乃是识别登记物和实施后续登记行为的重要基础的角度看，这些立法实质上已经采用了“物的编成”标准。

〔2〕参见《民用航空器国籍登记规定》第12条。

行政性质，一般应不允许登记机关在无人提出登记申请或行政协助请求时，主动实施相应的登记行为，除非法律上有特别规定。〔1〕

三、程序性制度的体系构造

程序性制度作为主要以规范登记实体权源的行使方式、方法和步骤及违反相关程序的法律后果为基本内容的制度要素，其核心任务是要通过对登记活动参与各方所实施的相关行为的过程性规范来保障前述实体权源的正当行使或实现。在我国法上，程序性制度主要是通过一系列单行的登记程序法来予以表现的，并构成了这些单行法的主体内容。其中，构成船舶登记程序法的主要有《船舶登记条例》和《渔业船舶登记办法》，构成航空器登记程序法的主要有《民用航空器权利登记条例》和《民用航空器国籍登记规定》，构成机动车登记程序法的主要有《机动车登记规定》和《拖拉机登记规定》。

（一）登记程序法的基本原则

登记程序法虽所涉内容众多，但整体上都是按照“申请—受理、审查—核准、登记—发证、存档”的程序来设计其整个制度体系的。在此制度体系中，登记机关在整个程序中所扮演的是程序主导者和指挥者的角色，登记申请人和其他登记活动参与人员所扮演的程序的启动者和参与者的角色。正是通过这种相对人之间的持续互动，整个登记活动得以按照相关立法所设定的程序轨道走向其终点——产生程序运行终结后的相应结果（登记或不予登记等）。在此互动过程中，支撑整个登记程序运行的规则虽然有很多，但出于保障登记目的实现的需要，这

〔1〕 参见《渔业船舶登记办法》第38条和《机动车登记规定》第28条有关登记机关主动实施船舶或机动车注销登记的规定。

里应予贯彻的基本原则大体上应包括以下几个。

其一是程序法定原则，即不管是公法登记，还是私法登记，整个登记活动都需要按照相关法律事先所确定的程序进行，以保障登记活动参与各方所享有的权利（权力）的正当行使或所应承担的义务的依法履行。

其二是申请原则，即准不动产登记必须首先要由登记申请人或有权机关提出相应的登记申请或行政协助请求，登记机关才能依法启动相应的登记程序和实施相应登记。除极个别特殊情况外，一般不允许登记机关在无人提出登记申请或请求时主动实施相应的登记行为。此外，基于登记的目的和性质的不同，对于公法意义上的强制登记，一般应采用单方申请原则，而对于私法意义上的自愿登记，则应根据登记类型的不同分别采用共同申请或单方申请原则，即在私法上的权利变动是基于当事人之间的交易行为而生时（如意定抵押权的变动或所有权转移），为保障当事人的合法权益和登记的真实性，原则上应采用共同申请原则，但在权利变动非基于交易行为而生时，则应以单方申请为原则。我国相关登记程序法的规定也在一定程度上反映了上述原则。依据这些法律的规定，船舶和航空器国籍登记取得、变更和注销登记所采用的是单方申请原则；[1]船舶、航空器和机动车抵押权的设立、变更和注销登记所采用的是共同申请原则；[2]船舶和航空器所有权的取得、变更和注销登记以及机动车注册、变更、转移和注销登记，所采用的是单方申请原则（所有权转移登记也采用单方申请原则似有不尽合理之

---

〔1〕 参见《船舶登记条例》第15、17条，《民用航空器国籍登记规定》第10、14、15条。

〔2〕 参见《船舶登记条例》第25、38、41条，《渔业船舶登记办法》第24条，《民用航空器权利登记条例》第12、15、17条，《机动车登记规定》第23、24条。

处，详见下文)；[1]因船舶境内出租所产生的光船租赁权的取得和注销登记所采用的是共同申请原则；[2]因船舶出租到境外或从境外租进船舶所产生的光船租赁权的取得和注销登记所采用的是单方申请原则；[3]航空器占有权和优先权的取得、变更和注销登记所采用的也是单方申请原则。[4]

其三是强制注册登记原则，即准不动产要获得航行权或上路行驶权，必须依法先办理国籍注册登记或所有权注册登记。这一方面是基于公法管理的需要，另一方面也是根源于准不动产权利的取得和变动登记必须以该准不动产已经进行了所有权注册登记或初始登记为前提。在该原则之下，除法律另有特别规定外，[5]原则上不得为未办理所有权注册登记的准不动产办理他项权利登记。

其四是以形式审查为主，实质审查为辅的原则，即准不动产登记机关在审查准不动产权利人提出的登记申请时，原则上只审查申请人所提交材料的形式合法性，而不审查登记申请人的意思表示是否真实和相应的权利取得或其变动的客观真实性，

---

〔1〕 参见《船舶登记条例》第13、35、36、37、39、40条，《渔业船舶登记办法》第15、33、35、37、38条，《民用航空器权利登记条例》第5、15、17条，《机动车登记规定》第5、10、18、27条。

〔2〕 关于船舶境内出租所产生的光船租赁权的取得登记，《船舶登记条例》第26条规定的是共同申请原则，但同法第43条在规定光船租赁权的注销登记时，又规定的是单方申请原则；而有关渔业船舶境内出租所产生的光船租赁权的取得登记和注销登记，《渔业船舶登记办法》第30条和第42条所规定的都是共同申请原则。两相比较，应以《渔业船舶登记办法》的规定更为合理。

〔3〕 参见《船舶登记条例》第27、28、43、44条，《渔业船舶登记办法》第21、32、43、44条。

〔4〕 参见《民用航空器权利登记条例》第4、6、15、17条。

〔5〕 例如，依据《船舶登记条例》第28条的规定，在光船租赁是以光船条件从境外租进船舶的，该项光船租赁权的登记就无须以该船已在我国办理了所有权注册登记和国籍登记为条件，但登记机关应为光船租赁人核发临时船舶国籍证书。

但在法律已明确赋予登记机关实质审查义务时，登记机关仍应进行相应的实质审查。例如，依据《机动车登记规定》第 7 条、第 11 条和第 27 条的规定，登记机关在办理机动车所有权注册登记、客体变更（发动机、车身或者车架更换等）登记、转移登记和因强制报废而实施的注销登记时，就应查验车辆，以确定和核实登记车辆的物理技术状态的真实情况。〔1〕

其四是公开、公平和便民原则。〔2〕其中，公开原则主要是指登记簿所记载的事项应供公众依法进行查询、复制和摘录，在必要时，登记机关应主动通过公告的形式来公开相关的准不动产登记情况（如公告当前在册或已被注销登记的准不动产情况等）。公平原则是指应为各准不动产权利人或利害关系人的权利行使提供平等的程序保障，而不应有所歧视。便民原则主要是指应为公众办理登记提供必要的便利，如通过张贴公告和建立网站的方式公开相关登记程序和所需的申请文件，在登记申请人所提交的材料不符合规定时，应及时为相应的通知和告知义务以及在特定情况下应允许异地办理登记等。以上各原则在我国相关登记程序法上都有所体现，唯从实现登记信息公开的角度看，各立法所规定的登记簿查询权主体（有的将查询主体规定为权利人和利害关系人，有的则将其规定为公众）和内容（有的仅规定有权查询，有的则规定可查询、复制和摘录）并不一致，〔3〕是为不足。

---

〔1〕 我国《不动产登记暂行条例》也基本上贯彻了以上三原则，详见孙宪忠："不动产登记基本范畴解析"，载《法学家》2014 年第 6 期。

〔2〕《机动车登记规定》第 3 条已对此作出了明确规定，相关的船舶登记和航空器登记立法虽未明确规定这些原则，但也在一定程度上体现了这些原则。

〔3〕 参见《海商法》第 13 条，《船舶登记条例》第 11 条和《渔业船舶登记办法》第 7 条，《民用航空法》第 12 条和《民用航空器权利登记条例》第 3 条，《机动车登记规定》第 25 条和《拖拉机登记规定》第 23 条。

（二）登记程序法的基本内容

依准不动产登记一般都需要经历“申请—受理、审查—核准、登记—发证、存档”的基本程序，一项完整的登记程序法需规定的事项通常主要包括以下几个方面：其一是登记申请程序，其内容主要包括不同类型的登记申请的申请条件、所需递交的材料和登记的受理机关（一般采用属地管辖）。其二是登记审查程序，其内容主要包括登记审查的方式、内容、次序和时限，不符合法律规定的登记申请行为的处理方式等事项。其三是登记实施程序，其内容主要包括登记信息的记载方式和介质，应予记载于登记簿的登记事项，登记号码或登记标志的编成等。其四是登记发证、存档程序，其内容主要包括相关证书的设立制作方式，应予记载的登记事项，登记证书的补发、换发和登记资料的保管、存档等。其五是登记申请人或登记机关违反法定程序或义务的法律责任等。除以上内容外，为保障登记簿查询权和特定有权机关所拥有的查封登记执法权或司法权的行使，法律上也需要在登记程序法中对登记簿的查询和查封登记事务的处理方式和工作程序作出一定的规定。

我国相关登记程序法所规定的内容也大致主要包括以上几个方面，其中，各登记程序法所规定的内容差距比较明显的主要有：第一，民用航空器登记的登记机关和登记依据相对比较统一，即各种类型民用航空器的国籍登记和权利登记事务都统一由国家民航总局负责，既无登记机关的地域管辖权之分，也未依民用航空器类型的不同而分别设立不同的登记法律依据——所有民用航空器的国籍登记和权利登记的法律依据都是统一的。与之相对，船舶登记和机动车登记则是分别按照非渔业船舶和渔业船舶、机动车和上路行驶的拖拉机来分别设立登记机关和登记法律依据，并采用了分地域设置登记机关负责本行政辖区内的船舶或机动车登记事务的属地管辖原则。第二，船舶和航空器登记的审查基本上全都实行的是纯粹的形式审查或书面审查；而在机动车登记中，除抵押权登记外，所有形式的所有权登记（注册、变更、转移和注销登记）都包含了登记机关应查验车辆的实质审查内容。第三，各登记程序法所规定的登记查询权人范围、查询权的具体内容（是否包括复制、摘录等权利）和可查询的登记事项也存在较为明显的差异。第四，《民用航空器权利登记条例》未对登记申请人或登记机关违反法定程序或义务的法律责任作出任何规定，而相应的船舶登记程序法和机动车登记程序法上都设有此类规定。此外，这里需要特别提及的一点是，各准不动产登记程序法都没有对登记簿查询权的实现方式以及查封登记的登记程序作出规定，〔1〕更无有关更正登记、异议登记和预告登记等登记类型及其登记程序的规定，而这显然是需要进一步完善的。

四、效果性制度的体系构造

效果性制度要素作为主要以规范相关登记主体所实施的准不动产登记行为及其所生结果的实体法效果为基本内容的制度要素，目的是要通过赋予登记活动过程中所发生的各种行为及其结果以特定的实体法效果来实现对相关民事或行政实体法律关系的有效调整。因此，从效果性制度的体系构造来看，这里必须重点明确的主要有两点：一是登记的有效要件，二是有效的登记或效力存在瑕疵的登记所能产生的实体法效果。

---

〔1〕 关于登记簿的查封程序问题，目前只有《机动车登记规定》第 48 条和《拖拉机登记规定》第 42 条对已注册登记的机动车被盗抢时的登记事务处理方式作出了一定规定。依其规定，登记机关可以在收到刑侦部分提供的机动车盗抢情况后，暂停办理涉案机动车的登记，在被盗抢机动车发还后，再恢复办理登记。

（一）登记的有效要件

在私法上，登记作为权利公示手段，其有效性除取决于登记本身是否符合相关登记程序法所规定的程序要求外（形式要件），尚需要以其所记载的权利或权利变动事实上已客观存在或已生效为条件（实质要件）。而依物权法理，可导致准不动产物权取得或有效变动的原因事实不外乎两个方面，一是法律行为，一是法律行为以外的法律事实（如事实行为、法律的直接规定等）。正是这种原因事实的不同决定了，在不同情况下，一项有效的登记所需满足的实质要件是不同的，即在登记所记载的权利取得或变动系以当事人所实施的法律行为为原因事实时，该项登记的生效必须以作为其原因事实的法律行为已生效为要件；反之，则应以作为其原因事实的非法律行为事实已成就或已客观存在为要件。若欠缺以上实质要件或登记程序不合法，则原则上应否定该项登记的有效性，即登记的完成依法并不能产生相应的权利取得或变动的效果。

与之相对，公法上的登记则一般仅需以登记程序合法和登记申请人适格为有效要件，即只要登记程序符合相关登记程序法的规定且登记申请人具有提出相应登记申请的实体资格，该项登记即为有效登记。例如，依据我国相关登记程序法的规定，在登记申请人符合以下条件时，登记机关为其办理的国籍登记就属于有效登记：登记申请人属于符合法定条件的中国公民或法人；登记申请人已取得登记船舶的所有权或光船租赁权，或已取得登记航空器的所有权或占有权；登记船舶未在外国登记国籍或者已注销外国国籍。[1]反之，若登记申请人并不符合以上条件或者通过伪造相关证书来骗取国籍登记的，登记机关有

---

〔1〕参见《船舶登记条例》第15~17条，《民用航空器国籍登记》第10条。

权在查明事实的基础上依法吊销或没收其国籍登记证书，并注销其国籍登记。[1]

（二）登记的实体法效果

登记的实体法效果既可依登记是否有效来进行区分，也可依其所引起的实体法效果是私法意义上的效果，还是公法意义上的效果来进行区分。鉴于在我国法上，登记兼具私法和公法属性的特点，以下将分别从登记的私法效果和公法效果两方面来对其加以讨论。

1. 登记的私法效果

在我国法所规定的准不动产登记对抗主义之下，一项有效的登记在私法上得产生的法律效果主要包括以下几个方面：①使权利变动发生具有完全对抗力的变动的效果，即在所登记的具有登记能力的实体民事权利的意定变动法律基础无效力瑕疵时，登记可使已登记的权利发生具有可对抗善意第三人的法律效果的变动，具体主要包括可导致意定的所有权、抵押权、光船租赁权和民用航空器占有权发生可对抗善意第三人的变动。[2]②权利正确性推定效果，即权利一经登记，登记的权利内容即被推定为正确，但该项推定可通过反证来予以推翻。[3]③善意取得的法律效果，即在所登记的具有登记能力的实体民事权利的意定变动基础存在处分权瑕疵时，若权利取得人符合善意取得的要件，则权利取得人依然可因登记而无瑕疵地取得相应物权。④限制或恢复登记权利人的处分权能的效果，即在登记的

---

〔1〕 参见《船舶登记条例》第50、51条，《渔业船舶登记办法》第39条。

〔2〕 参见《物权法》第24条，《海商法》第9、10、13条，《船舶登记条例》第6条，《民用航空法》第14、16、33条。

〔3〕 我国相关民事实体法虽未明文规定准不动产权利登记簿的推定力，但基于准不动产权利登记是由国家机关负责实施和管理，且登记的目的在于确切公示真实的权利关系，故理论上一般还是承认此类推定力的。

目的是限制或恢复权利人的处分权能时，登记所产生的限制或恢复权利人的处分权能的效果，如登记机关依法院的要求在准不动产登记簿上所为的查封登记和查封涂销登记就具有此类登记效果。同时，依据我国《物权法》第 191 条的规定，准不动产抵押权的设立登记和注销登记也可依法产生使准不动产所有权的处分权能受限或恢复的法律效果。⑤明确权利存续期间起算点的效果，即登记在实体法上只能产生明确特定民事实体权利的存续期间起算点的法律效果。这种效果仅产生于《民用航空法》第 20 条所规定的民用航空器优先权登记。因为，依据该条的规定，民用航空器优先权虽然应依法办理登记，但该条及该法中的其他规定都没有将登记规定为民用航空器优先权生效或对第三人产生对抗力的要件，而是仅在同法第 25 条中对该项权利的存续期间作出了规定。依其规定，登记应可作为确定该条所规定的 3 个月的权利存续期间的起算点（以登记所记载的权利发生时点为期间的起算点）的一个重要依据，即此处的登记只能产生明确民用航空器优先权存续期间起算点的法律效果。⑥有权取得相关权利登记证书的法律效果，即在权利人的登记申请依法得到核准后，权利人有权请求登记机关依法向其颁发相应的准不动产权利登记证书（如所有权登记证书和他项权利登记证书等），或者在其原有的权利登记证书上签注本次登记的权利事项。〔1〕

反之，如果登记缺乏必备的生效要件，则该项登记只能发生不实的登记名义取得效果，而不能使登记权利人取得实质的

---

〔1〕 关于准不动产权利登记证书的效力，我国相关的立法并未作出明确规定，但参照《物权法》第 17 条所确定的基本法理，准不动产登记证书在实践中也主要是起一个方便权利人证明其权利的作用，而不能作为权利人是否拥有相应权利的最终法律依据。在准不动产登记证书与登记簿发生不一致时，原则上也应该以后者的记载为准，除非有充分的证据证明后者确有错误。

权利，如登记申请人通过伪造登记材料取得登记权利名义的情况就是如此。在发生此类登记不实时，如果登记不实可归责于登记申请人或登记机关所实施的违法行为，则真实权利人应可依法请求相关责任人承担相应的民事责任。此外，须注意的是，依据我国相关法律的规定，在登记请求权人未提出权利登记申请或登记机关未核准其申请时，以上所述的各种法律效果虽然都不会发生，但该项未申请登记或登记未获准的事实，在法律上依然可能会引起一定的法律效果。例如，依据《查封规定》第17条的规定，在准不动产所有权转让未登记时，若存在因准不动产受让人的懈怠而未及时提出登记申请的情况，则法律上就可认定受让人对该项权利变动未登记的事实存在一定的过错，而受让人有无过错恰恰是决定法院能否对其所占有的且已支付全部价款的准不动产实施查封、扣押和冻结的重要标准。亦即，在特定情况下，未申请登记或登记未获准的事实依然可能会影响到对权利人有无过错的认定，进而影响到其权利的法律效力或受保护程度。

2. 登记的公法效果

登记的公法效果可依登记行为是否合法被区分为两类，一类是合法的具有强制性的公法登记所生的公法效果，一类是违法的公法登记或私法登记所生的公法效果。前一类效果主要包括：①取得或丧失船舶、航空器国籍及相关公法上的“身份权利”（受登记国管辖和保护）的法律效果。②取得（船舶、航空器）航行权或（机动车）上路行驶权的效果，即船舶、航空器和机动车的注册登记和注销登记的完成可导致相应船舶或机动车取得或丧失航行权或上路行驶权的法律效果——此类权利取得或丧失效果虽然也可被归入民事实体法效果之列（航行权和上路行驶权的民事权利本质已如前述），但由于其权利的取得需以行政机关（登记机关）的许可为前提，故此处依然将这种效果归属于行政实体法效果之列。③取得或丧失相应登记证书的法律效果，如取得国籍登记证书或机动车行驶证等。后一类效果主要包括：①承担行政责任或接受行政处罚的法律效果，即在登记机关或登记申请人在登记活动过程中实施了违反相关法律规定的违法行为时，依法所产生的由行为人承担相应的行政法上的不利后果的法律效果。其中，登记申请人违法所生的不利后果主要是须受到警告、罚款、收缴或吊销相应证书、撤销相应登记和责令改正等行政处罚；登记机关违法所生的不利后果主要是须承担损害赔偿和重新作出相应的合法行为的责任，在某些情况下，登记机关的相关责任人也有可能须受到相应的行政处分。[1]②刑事实体法效果，即在登记机关或登记申请人在登记活动过程中所实施的违法行为已构成犯罪时，依法所产生的由行为人承担相应刑事责任的法律效果。[2]

第二节　准不动产物权登记的性质与功能

在由权源性制度、程序性制度和效果性制度共同构成的准不动产登记制度中，物权登记作为贯穿于各种类型的私法登记和公法登记的一个核心内容，既是实现登记的各种规范目的的重要手段和基础，也是准不动产登记的公私法属性和功能容易发生交叉、重叠乃至相互冲突的制度领域。因此，在整个准不动产登记制度的构建中，明确准不动产物权登记制度的法律属性及其基本功能，不仅是合理构建和完善私法意义上的准不动产物权登记制度的需要，而且是建构一个与现实需要相匹配的准不

---

〔1〕 参见《船舶登记条例》第9章、《民用航空器国籍登记》第6章和《机动车登记规定》第4章的规定，但《民用航空法》《民用航空器权利登记条例》《渔业船舶登记办法》《拖拉机登记规定》并未就此作出规定。

〔2〕 参见《机动车登记规定》第60、61条，《船舶登记条例》第53条。

动产登记制度的需要。有鉴于此，以下将重点就我国法上的准不动产物权登记制度的性质和功能展开必要的法理讨论，以便为进一步完善我国的相关立法和改进相关司法实践提供理论支持。

一、准不动产物权登记的法律性质

关于准不动产物权登记行为的法律性质问题，学理上很少有学者专门就此展开讨论，除部分学者偶尔会对船舶登记（含船舶物权登记）或机动车登记（含机动车物权登记）的法律性质展开讨论外，相关讨论大多是针对不动产登记或一般意义上的物权登记或行政登记来展开的，并因此形成了各种不同的学说。

（一）学术上的分歧

1. 私法行为说

基于（不动产）物权登记主要是作为私法上的物权变动公示要件而存在，其目的是要通过登记公示来实现当事人私人利益和交易安全的保护，故对于此类登记的法律性质，许多私法学者都倾向于认为其本质应是一种私法行为，即以当事人申请登记的意思表示为基础，由担负公共职能的国家机关参与实施的可发生一定私法效果的行为。如果认定其为公法行为，则公法行为有侵害私法行为之正当理由，从理念上不符合私法自治，从制度上难达维护交易安全之目的，故登记性质上为私法行为当无异议。[1]至于该行为到底是当事人所实施的以物权变动为效果意思的法律行为的一个组成部分——法律行为的成立要件，还是该法律行为的生效要件或对抗要件，学理上则有不同意见，

---

〔1〕 参见王洪亮：“不动产物权登记立法研究”，载《法律科学》2000 年第 2 期；李明发：“论不动产登记错误的法律救济”，载《法律科学》2005 年第 6 期；王崇敏：“我国不动产登记机关赔偿责任问题探讨”，载《河南省政法管理干部学院学报》2007 年第 5 期。

但一般认为，这种成立和生效要件的区分及其对立在实践中并无多少实益，也不会对实践产生什么实质影响。[1]

2. 公法行为说

（1）行政行为说。该说也主要是针对不动产登记行为的法律性质而提出，依其观点，不动产登记行为性质上应属于行政管理部门依其职权所实施的一种行政行为，它所体现的是国家对不动产物权关系的干预，干预的目的在于明晰各种不动产物权，依法保护物权人的合法权益。[2] 该说由于比较契合我国法所规定的不动产和动产物权变动的登记机关基本上都是国家行政机关的现实，且在一定程度上反映了内含于登记之中的公权力对私人领域的介入和干预，不仅得到了部分民法学者的赞同，[3] 而且为许多行政法学者所支持。我国的许多行政法学教材、专著在讨论行政登记的法律性质时，也大多倾向于将不动产或动产物权的登记行为列为具体行政行为的行政登记的一种。其中，有的倾向于认为它是一种广义的行政许可，[4] 有的倾向于将其视为行政确认的一种表现形式，[5] 有的则认为应将其确定为一

---

〔1〕参见［德］拉伦茨：《德国民法通论》（下册），王晓晔等译，法律出版社 2003 年版，第 428～429 页；苏永钦："物权行为的独立性及相关问题"，载苏永钦：《私法自治的经济理性》，中国人民法学出版社 2004 年版，第 159 页以下；谢在全：《民法物权论》（修订第 5 版），中国政法大学出版社 2011 年版，第 56 页。

〔2〕参见梁慧星：《中国物权法研究》，法律出版社 1998 年版，第 199 页。

〔3〕参见崔建远：《中国房地产法研究》，中国法制出版社 1995 年版，第 238 页；王利明：《物权法论》，中国政法人学出版社 1998 年版，第 50 页。

〔4〕参见应松年主编：《行政法新论》，中国方正出版社 2004 年版，第 169～170 页；周佑勇：《行政法原论》（修订版），中国方正出版社 2002 年版，第 274 页；叶必丰：《行政法学》（修订版），武汉大学出版社 2003 年版，第 245～248 页。

〔5〕参见罗豪才主编：《行政法学》，北京大学出版社 2000 年版，第 160 页；姜明安主编：《行政法与行政诉讼法》（第 2 版），北京大学出版社、高等教育出版社 2005 年版，第 284 页；方世荣主编：《行政法与行政诉讼法学》，中国政法大学出版社 2002 年版，第 143 页。

种与行政许可、行政确认、行政处罚相并列的、有自身独立内涵的具体行政行为。[1]我国相关登记程序法将因当事人对登记机关所实施的行为不服而引发的纠纷解决机制确定为申请复议或提起行政诉讼，也是这种行政行为说的一种反映。[2]在司法实践中，法院也大多将此类纠纷作为行政纠纷处理，并将其审判职责归属于行政审判庭。

（2）准法律行为性行政行为说。准法律行为性行政行为作为一个舶来语，其意是指根据行政主体的意思表示以外的判断和认识的表示，由法律将一定的法律效果结合起来，结果形成的行政行为。准法律行为性行政行为所导致的法律效果由于并不是基于行政主体的意思表示而生，所以关于其内容，没有承认行政机关的裁量余地，也不能添加附款。[3]以此概念为基础，我国也有学者认为，登记行为由于既不包含行政机关的意思表示，也不为相对人设定任何权利义务，而只代表行政主体对客观事实的一种认知和判断（不具有意思表示性质的观念表示），其所生法律效果也是基于法律的规定而非登记机关的意思表示（间接产生法律效果），故登记行为应属于介于行政法律行为和行政事实行为之间的准法律行为性行政行为。[4]

（3）司法行为说。持该说的学者认为，在我国当前的国情之下，由行政机关负责不动产登记事务虽不失为一种现实的选

---

〔1〕 参见杨生："行政登记——一种受排斥的行政行为"，载《法制行政》2002年第1期。

〔2〕 参见《船舶登记条例》第55条。

〔3〕 参见杨建顺：《日本行政法通论》，中国法制出版社1998年版，第367页；[德]哈特穆特·毛雷尔：《行政法总论》，高家伟译，法律出版社2000年版，第398页。

〔4〕 参见阎尔宝："不动产物权登记、行政许可与国家赔偿责任"，载《行政法学研究》1999年第2期；戴涛："行政登记侵权之诉研究"，载《行政法学研究》2001年第4期；皮宗泰、王彦："准行政行为研究"，载《行政法学研究》2004年第1期。

择，但并不能因此就认为，不动产登记机关所为的登记行为是行政管理行为，而应认为这种行为是具有特定司法效力的行为。因此，从完善我国不动产登记制度的角度看，未来我国建立的不动产登记机关不应该附属于纯粹的行政体系，而应该是具有民事司法行政性质的特殊机构。[1]

3. 复合行为说

持该说的学者认为，所谓不动产物权登记行为具有单一的公法行为性质或私法行为性质的观点均失之偏颇，登记行为应为兼具公私法性质的复合行为。其中，有的认为，不宜将登记作为一个整体来认定其性质，因为在不同的阶段登记可能有不同的性质。[2]有的认为，登记虽然在多数情况下都需要受到当事人的意志范围的限制，但登记机关有时也可依其职权来纠正登记错误，故登记应具有混合性质。[3]有的则认为，不动产登记的公法行为性质主要体现在其为准行政行为和证明行为，其私法行为性质则主要在体现为登记是具有私法效果的行为。而且，这两者并不矛盾，因为公、私法之间的区分并不能否认两

---

〔1〕 参见孙宪忠："不动产登记的基本范畴解析"，载《法学家》2014 年第 6 期。在德国，由于法律所规定的土地登记机关是地方法院，所以在德国法上，有关不动产登记的性质，主流的观点是司法行为说。其中，一种观点认为，登记行为应是一种具有决定当事人实体民事权利的作用的司法管理行为（Gerichtsverwaltungsakt）；另一种观点则认为，登记机关所为的准许或不准许登记的司法决定只是程序性的，它并不能决定当事人的实体权利，故登记行为应是一种程序司法行为或司法程序行为（gerichtliche Verfahrenshandlung）。（参见孙宪忠：《德国当代物权法》，法律出版社 1997 年版，第 143 页。）

〔2〕 参见申卫星："从《物权法》看物权登记制度"，载《国家检察官学院学报》2007 年第 3 期；程啸：《中国抵押权制度的理论与实践》，法律出版社 2002 年版，第 214 页。

〔3〕 参见崔建远主编：《我国物权立法难点问题研究》，清华大学出版社 2005 年版，第 362~364 页；屈茂辉：《物权法·总则》，中国法制出版社 2005 年版，第 356 页。

者之间的广泛联系，公、私法之间存在大量共通性。公法行为可以成为私法行为的要素是这种共通性的表现之一。私法的关系虽然由当事人行为或意思自治形成，但有的需要加上国家“公的”意思行为要素，私法关系才能产生效果，不动产登记行为即为其例。登记行为作为不动产物权变动的必要条件，即公法行为成为私法关系（物权关系）的构成要素——登记，便具有了私法的性质。[1]

（二）准不动产物利登记性质的规范分析和功能分析

以上各说虽各有所据，也都有一定的道理，但在笔者看来，复合行为说虽更接近于登记行为的本质，也与准不动产登记制度所固有的公私法属性较为契合，但单纯一般性地揭明登记的复合行为性质并不能全面、准确地反映各种不同类型的物权登记的性质，也不足以为相关立法和司法妥善处理内含于准不动产登记（或不动产登记等）中的公私法价值提供有效的理论支持。因为，不管是从理论上看，还是从实践上看，即便是同为准不动产物权登记，也并不是所有的登记都拥有相同的规范结构和功能，而是会在不同的情况下呈现出不同的结构和功能。进而使得不同类型下的准不动产物权登记呈现出并不完全相同的法律性质，而决定这种性质变化的恰恰源于内含于准不动产物权登记中的各种公私法因素的不同组合。

首先，正如前文所述，在所有准不动产物权登记中，得共同适用于船舶、航空器和机动车的物权登记类型主要是所有权登记（含所有权注册、变更、转移和注销登记）和抵押权登记（含抵押权设立、变更、转移和注销登记）。在以上登记类型中，最为重要的无疑是所有权注册登记或初始登记。因为，

---

〔1〕 参见王利民、郭明龙：“逻辑转换与制度创新——中国不动产登记瑕疵救济模式的体制性调整”，载《政法论丛》2006 年第 5 期。

该登记不仅是实现登记的私法权利公示功能和其他所有类型的权利登记的前提，而且是国家获取准不动产信息并对其实行身份性管理的基础（其管理目的在于实现交通安全保障和相关行业的正常经营秩序维护，同时在一定程度上也与国家的司法管辖权有关——这主要是针对国际性较强的船舶和航空器而言的）。所以，对于准不动产所有权注册登记，各国大多倾向于将其规定为强制登记，并使准不动产所有权人负有依法进行相应登记的义务，若未经登记，所有权人就不能将其准不动产投入正常使用和运营。而在法律上实现这种注册登记强制化的方式就是将其确立为船舶或航空器取得航行权和机动车取得上路行驶权的前提，我国法的规定也是如此。正是由于所有权注册登记是船舶、航空器和机动车取得航行权或行驶权的前提——船舶和航空器还需要办理国籍登记，且这种权利或资格的取得又源于登记机关的登记许可，所以所有权注册登记已非单纯的私法物权登记，而是具有了非常明显的行政许可登记的性质。公安部在多个复函中反复提到的“公安机关办理的机动车登记，是准予或者不准予机动车上道路行驶的登记，不是机动车所有权登记”，[1]所要强调的就是所有权注册登记的这种行政许可性质。

当然，如果仅仅据此就完全否定所有权注册登记的物权登记性质，那也是非常不妥当的。因为，不管是从所有权人申请注册登记的意图来看，还是从所有权注册登记的实体法效果来看，其登记的目的和意义都非纯行政管理意义上的，而是还同时具有非常明显的私法属性。尤其是考虑到，如果不承认所有

〔1〕 参见《公安部关于确定机动车所有权人问题的复函》《公安部关于机动车财产所有权转移时间问题的复函》。

权注册登记的物权登记性质及其应有的私法效力，〔1〕则所谓的准不动产物权登记公示将由于欠缺一个确定的基础性前提而成为不可能，所有权人申请注册登记的私法意图——使其权利受到更为充分的法律保护——也将因欠缺法律支持而落空。而这显然与国家建立准不动产登记制度的目的是相悖的，也与登记申请人应提供所有权的合法来源证明和登记机关应负有对其真实性进行必要审查的法律要求不符。因此，肯定所有权注册登记的私法性质，将其确定为兼具公示行为性质的私法行为，应是必要的和合乎法理的。简言之，在准不动产物权登记中，所有权注册登记更适合被看成是一种“以行政许可性质为主，兼具私法公示行为”的复合行为。

其次，与所有权注册登记的公法性质或行政许可登记性质较为明显不同，抵押权登记由于与准不动产的身份性管理及其运营安全和秩序基本无关，故其私法色彩相对而言是比较突出和浓厚的。在此类纯粹以实现权利公示为目的的登记中，登记机关所起的主要是一个辅助当事人意思实现的作用，其本身并不拥有为当事人设定权利义务或就此作出裁量的权力，而是仅负有依当事人的申请为其提供相应登记服务的职责或义务。所以在准不动产抵押权登记中，最为突出的应是其私法行为属性。但是，若据此就完全将此类以权利公示为基本目的、与公法上的管理目的基本无关的登记定性为纯粹的私法行为，而无视作为公权力机关的登记机关的参与对此类登记的行为性质影响，则

〔1〕 在登记对抗主义之下，所有权注册登记虽然并非权利人所取得的所有权对善意第三人发生对抗力的必备要件——在注册的所有权系原始取得（如自我建造）时，该所有权即使未登记，其也能依法产生对世效力。但登记依然能产生其作为公示方式所具有的权利正确性推定效力、权利证明效力和善意保护效力（如在注册登记之前发生一物二卖时，已完成注册登记的善意的受让人就可受到优先保护）。

又难免有失偏颇。因为，在此类登记中，将登记机关确定为国家行政机关的规定，本身就包含了借助于公权力机关的公共性、权威性和相对中立性来保障和加强登记在私法上所具有的公信力、证明力及其对当事人的约束力的目的设计。而这种效力的保障或加强之所以能够得到实现或能够得到私法主体的认可，恰恰是因为登记机关的行政机关性质为原本仅具私法行为性质的公示行为添加了一份带有一定行政行为性质的职务行为色彩，从而使得前者的效力得以借助于后者所固有的公定力、确定力和拘束力[1]的辅助获得更好的保障。换言之，登记机关的性质及其行为的公信度与私法登记的法律效力是存在内在关联的（这种关联可以是正相关，也可以是负相关）。在此情况下，若完全否定登记的行政行为或公法行为色彩，则不仅不利于有效地利用公权力机关的参与给私法上的权利登记所带来的制度利益，而且有可能会使公权力陷入任意运用或放大其介入私域所带来的弊端。因此，承认此类登记行为也兼具有准行政行为或“授益性的准行政给付行为”性质——通过行政机关所提供的程序性服务给付而使民事权利受益的非典型行政行为，应有助于借助行政法的运用来更好地实现对登记机关的行为规制及相关法律关系的调整。从这个角度讲，将以抵押权登记为代表的权利公示登记一般性地定性为“以私法属性为主兼具公法属性的行为”[2]或“以准行政给付行为辅的私法行为”，应不失为是一种能够较好地反映其行为性质的观点。

最后，与所有权注册登记和抵押权登记分处公私法性质最

---

〔1〕 行政行为具有公定力、确定力、拘束力、执行力是我国学界通说，关于行政行为以上各效力的详细论述，参见叶必丰：《行政行为的效力研究》，中国人民大学出版社 2002 年版，第 75 页以下。

〔2〕 申惠文：“物权登记错误救济论”，武汉大学 2009 年博士学位论文。

强的两端相比，其他准不动产权利登记的性质则大多介于二者之间，并呈现出不同强度的公私法性质组合。其中，有的更偏向于所有权注册登记的“公主私辅”性质，有的更偏向于抵押权登记的“私主公辅”性质。例如，由登记机关单方主动所为的撤销所有权注册登记（撤销因登记申请人伪造登记材料而实施的登记）和所有权注销登记（强制注销被依然收缴和强制报废的准不动产所有权）就具有非常明显的公法性质——前者性质上应属于对此前所为的授益性的准行政给付行为的撤销行为，后者则应属于作为行政执法（强制收缴或报废准不动产的执法行为）辅助措施的行政许可注销行为；而一般的所有权客体变更登记（事关客体的安全性及其身份的同一性或可识别性的管理）、因船舶和航空器所有权发生跨境转移而实施的所有权取得和注销登记（事关船舶或航空器国籍及相关事项的行政许可）、因船舶和航空器发生跨境光船租赁或“光机租赁”而为的光船租赁登记或租赁占有权登记（事关船舶或航空器国籍及相关事项的行政许可），虽然也具有一定的强制性和行政许可或确认性质（所有权客体变更登记具有一定的行政确认性质，而后二者则具有一定的行政许可性质），但由于这些登记本身仍需要以当事人提出申请为前提，且其申请本身也内含了一定的私法上的公示目的，故相对于前文所述的得由登记机关单方实施的一些登记行为，这些登记的公法性质相对较弱。与之相对，纯基于当事人申请而为的一般的所有权注销登记、共有人变更登记、发生在有资格拥有中国籍船舶或航空器的权利主体之间的所有权转移登记（受让方可申请取得登记，出让方可申请注销登记）、机动车所有权转移登记、因境内主体间实行光船租赁或“光机租赁”而为的光船租赁登记或租赁占有权登记，则由于其登记所涉事项大多与公共利益无关，且其登记性质上又属于自愿登记，故其登记的私法性质应更为突出。也就是说，这些登记与前文所述的抵押权登记在性质上应更为接近，即它们在性质上都属于一种“以准行政给付行为辅的私法行为”。

总之，在准不动产物权登记制度中，不同类型的物权登记所具有的规范结构和功能并非是一成不变的，而是会呈现出光谱式的动态变化，从而使得其登记的行为性质会在“公主私辅”和“私主公辅”之间呈现出一种流动状态。而这本质上是由登记既可以作为私法上的权利公示手段，也可以作为公法上的公共管理手段的工具性特征所决定的。也正是这种工具性特征决定了，在现代社会，国家完全可以通过公私法的交融和互助将准不动产登记制度构建成各种私法和公法上的公共政策目标实现手段，但由此带来的是公私法目标的协调困难。

（三）结论

综上，笔者认为，准不动产物权登记应兼具私法行为和公法行为的属性，并在不同的情况下呈现出“私主公辅”和“公主私辅”的动态行为性质变化。只强调其公法性而忽视其私法意义，很容易导致登记与权利公示功能的隔离，进而损及登记的私法目的实现；反之，一味强调其私法性而忽视其公法性质，也不利于登记制度的合理建构和妥善处理登记制度中所涉的自由与强制、管理与服务的关系。在公私法因素已不可避免地交织于准不动产权利登记制度之中的情况下，打破传统的公私法互不跨界的认识藩篱，用公私法相融合的法律思维来综合看待和处理准不动产登记所涉法律关系，并注重公私法因素在不同情况下的类型化组合来推动准不动产登记制度的目的实现，应是完善我国准不动产登记立法的一个重要路径。

二、准不动产物权登记制度的功能

制度总是为了实现特定人类目的和社会功能而存在的。准不动产物权登记制度作为一个可同时服务于各种私法和公法目的的制度建构，在功能上也具有复合性的特点。因此，明确准不动产物权登记制度的公私法功能，对于准确理解准不动产物权登记制度的性质，合理安排准不动产物权登记的制度结构及其法律效力，应具有重要意义。以下将分别从准不动产物权登记制度的规范功能和社会功能的角度对此加以讨论。

（一）准不动产物利登记制度的规范功能

准不动产物权登记制度作为由一系列行为规范和裁判规范共同构成的规范体系，其首要功能就是要对其规范范围内的法律关系进行有效调整，从而使得其作为私法上的自治法、裁判法和公法上的行为法、政策法的功能得以实现。

1. 私法功能

在私法上，登记作为准不动产物权变动的公示手段，其功能主要是通过法律所赋予登记的各种实体法效力来得以体现或实现的。具体说来，这种功能主要包括以下几个方面。

（1）对抗功能。在准不动产登记对抗主义之下，物权的变动虽然在登记之前即可发生，但未经登记，其权利效力是不完全的，所受到的保护也不如已登记的物权充分。而登记给物权所带来的更充分的保护恰恰源自法律所赋予登记的对抗效力，从而使得已登记的物权具有了排除与之不相容的在后权利、阻却第三人善意的成立、优先于与之并存的在后权利的对抗功能。

（2）证明功能。登记的证明功能是指登记簿的记载可以作为证明已登记的权利真实、合法存在的证据或法律依据（登记证书也具有一定的权利证明功能，但其证明效力应低于登记簿），权利人也可据此来主张和行使其权利。登记的权利证明功能一方面系源自登记是由作为私法主体的权利人所推动——若无权利人所提出的登记申请，登记一般不太可能会发生；另一方面也源自登记是公共机关依法定程序进行审查后的结果。正是由于登记代表了作为行政机关的登记机关对权利人所主张的权利的官方确认和认可，登记才能成为已登记的权利真实存在的一个有力证据。若登记无权利证明和明确权利归属功能，则登记的所有其他私法功能和效力都将失去其最基本的效力依托，进而变得毫无存在意义。

（3）推定功能。所谓推定功能是指登记一经作出，其所登记的内容即被推定为正当，并应受到所有人的尊重。未经合法程序推翻或被依法撤销之前，任何人都不得随意否定登记的效力及其正确性，即使事实证明登记确有错误或瑕疵，也是如此。登记的这种权利正确性推定功能虽未为我国法律所明定，但基于以下两个方面的理由，法理上还是应对其予以承认：其一是登记的目的在于维护交易安全和秩序，如果不承认登记的推定力，而是允许任何人都可以不经法定程序随意否定登记的正确性及其效力的话，就无法保证登记的实效性、稳定性和公共性，进而可能会引起令人难以承受的混乱，甚至连登记所具有的最基本的权利证明功能都难以获得确实的保障。其二是登记是由具有法定的权威性和公共性的登记机关所实施，且登记机关在实施登记时，也是以确切地公示真实的权利关系为其基本职责，故由其所实施的登记行为理应具有一定的行政法上的确定力和拘束力，而这同样可以为登记的推定力提供法理支持。

（4）信赖保护功能。信赖保护功能也可被称为善意保护功能，其意是指凡因信赖登记而与登记权利人发生物权交易的善意第三人，其信赖都可得到法律的保护，即使登记的权利与真实权利不一致或存在其他瑕疵，法律也应为其提供与登记真实、无瑕疵相同的保障。在准不动产登记对抗主义之下，登记的信赖保护功能主要是通过赋予信赖登记簿的善意第三人以否认未登记物权的对抗力和善意取得准不动产物权的可能性来实现的。对此，前文多有所述，此处不赘。

（5）警示功能。登记的警示功能是指登记可以起到向第三人提示交易风险或发出权利瑕疵警告的功能。在物权法上，这种功能主要是通过预告登记和异议登记等权利预备登记来实现的。我国的准不动产登记法上由于尚未建立预告登记和异议登记制度，故这种登记的警示功能尚不为我国的准不动产登记所具备。

2. 公法功能

在准不动产权利登记中，有的登记由于系直接服务于特定公法目的，其公法功能比较明显，有的则由于主要是服务于私法上的权利公示目的，其公法功能仅是间接性或附带的。综合起来，准不动权利登记的公法功能主要有以下几个。

（1）权利取得功能。这里所说的权利取得是指船舶、航空器航行权和机动车上路行驶权的取得。依物权法理，航行权和行驶权虽然属于所有权固有的使用权能之一，但由于该项权利的行使与公共交通安全和一国对其领土的管辖密切相关，故法律上才会将所有权的注册登记（以及船舶、航空器国籍登记）规定为该项权利的行使前提，以便国家得借此实现对前述公共事务的管控，由此也就产生了所有权注册登记的权利取得功能。

（2）行为拘束功能。登记的行为拘束功能是指登记一经完成，即在登记申请人和登记机关之间产生法定的行政权利义务关系，并使双方行为得受该法律关系的拘束。具体说来，这种功能主要体现在以下两个方面：其一，双方行为得受行政管辖归属关系的拘束，即准不动产一经注册登记就会在准不动产所有权人与登记机关之间产生属地的管辖归属关系，任何发生在该已登记的准不动产之上的权利变动原则上都只能在注册登记地进行，并应被记载在同一登记簿。所有权人不得就同一准不动产为多地登记，登记机关也不得为在其他登记机关注册的准不动产办理后续的权利变动登记。其二，所有权人得受登记许可条件维持义务的拘束，登记机关则负有相应的监督管理职责，即在准不动产或其权利发生足以影响其航行或行驶资格的取得的变动时，所有权人应依法办理相应的变更登记或注销登记的义务，登记机关则应依法履行相应的审查、监督和登记义务。若双方违反前述义务，则有可能须承担相应的行政法上的不利后果。

（3）信赖保护功能。这里所说的信赖保护功能是指行政相对人可受到行政法上的信赖保护原则的保护，[1]即因信赖登记机关的登记行为合法有效而取得相应权利或合法行使其权利者，在登记行为非因法定事由并经法定程序撤销或改变之前，其权利可受到法律保护。若因登记机关违法撤销或改变登记而使其权利受损的，权利人可依法追究行政机关的相应责任。在登记非因可归因于权利人的过错而被依法撤销或改变时，权利人也可获得相应的补偿。

（二）准不动产物权登记制度的社会功能

法律作为社会规范，除可以对人们的行为及其相互法律关系进行规范外，也可通过其与社会的相互作用而发挥其调整社会公共事务、执行社会职能的作用，此即为法律的社会功能。在这方面，登记作为将特定信息记载于一定物质载体的社会行为，最基础的社会功能应是信息记载、汇总和保存。正是通过

---

〔1〕 行政法上的信赖保护原则乃是诚信原则在行政法律关系中的运用，其基本要求是登记机关应本着诚实守信的原则而行为，非有法定事由和经法定程序不得随意撤销或改变已作出的行政行为，依法确需改变或撤销的，因对无过错的相对人所受的损害给予适当补偿。参见姜明安：《行政法与行政诉讼法》，北京大学出版社、高等教育出版社 2006 年版，第 70 页。

对登记这一基础功能的利用，并借助于相关的法律制度安排，登记得以成为私法上的权利公示和公法上的行政管理技术手段，并可为国家实现各种其他政策目标提供辅助（如为征税、统计和国家作出相关公共政策决定提供信息支持等）。简言之，登记在客观上也可发挥其服务于各种公私法政策目标的社会功能。

1. 登记在私法领域的社会功能

登记在私法上虽然主要服务于民事主体的私人利益保护，但登记这一法定程序的设置背后依然体现了国家对私人领域进行干预的法律意志。而这种干预的目的显然不是为了服务于哪一个特定民事主体的私人利益，而是为了借助于私主体的行为推动和公权力机关的辅助来促成特定社会公共政策目标的实现，进而在更为广泛的范围实现不同的私人利益及其与公共利益的关系协调，为特定社会秩序的形成奠定法律基础。具体说来，登记在私法领域所起的社会功能主要包括以下几个方面。

（1）保护私权和辅助私法自治实现的功能。在私法上，登记作为民事主体为实现特定目的而实施的私法行为，目的是要通过登记这一程序性行为的完成来使其民事实体权利获得更为有效的法律保障，从而使其私人的自由意志得以通过登记程序制度的保障而得以实现。在此过程中，以登记机关为代表的国家主要起一个“消极的守夜人”和“被动的行政服务给付者”的作用，其目的是要通过具有公共性、权威性和中立性的国家机关所提供的公共服务来使民事主体从中受益，从而使得私人的意思自治得以在程序和效力上获得国家公权力机关的辅助和保障，进而在整体上促进私权的保护和私法自治秩序的形成。[1]

---

[1] 在当前我国市场诚信资源极度稀缺的情况下，若欠缺国家机关的介入，单纯依赖私人自治和社会中介机构的辅助，则登记制度能否通过其有效运行来实现登记的制度目的，将成为一个更大的疑问。

（2）维护交易安全和财产秩序的功能。登记作为私法权利公示手段，目的是通过物上权利关系的相对透明和公开，为交易主体提供其作出相应行为决策所需的权利信息，进而使得相关主体在作出行为决策之前，得对其行为可能面临的法律风险作出一个相对准确的评估，从而作出最符合其利益的决策。若无物上权利关系的相对透明和公开，则以隐秘状态存在的具有绝对性或排他性的物权将有可能会随时给不知情的行为人带来各种不测损害，从而使得整个社会的交易秩序将因行为人的交易安全难以得到保护而陷入不稳定或混乱的状态，而这显然不是一个健全的市场经济社会所需要的。换言之，登记在准不动产物权领域引入的首要功能就在于维护交易安全，以便行为人得根据登记所公示的信息作出最符合其利益的行为决策，并可据此形成稳定的行为预期。

登记虽然主要是为了保护交易安全而存在，但由于登记在物理形态上必然具有一定的稳定性和连续性，能够对物上权利的状态及其变化提供一个相对明确的记载和证明，且其客观性和真实性又可以在一定程度上得到公权力机关的保障，从而使得登记得以成为权利证明和物上权利归属判断的一个重要依据。故登记在客观上也会对明确物上权利归属，解决权利冲突发挥重要作用，进而实现定分止争、维护财产的静态秩序的功能——登记的这一社会功能与前文所述的登记所具有权利证明功能和正确性推定功能是紧密相连的。

（3）促进市场交易的功能。登记制度的实施虽然需要以付出一定社会成本为代价，也会给市场交易主体带来一定的成本负担，但通过登记而实现的物权信息公开化，客观上又可以为当事人获取物权信息提供方便，进而达到降低其信息获取成本的作用。尤其是在当事人对登记的信赖及其交易安全可以受到登记的公信力保护的情况下，登记对于保障当事人放心大胆地进行交易，并以较低的信息成本迅速完成交易将起到极大的促进作用，进而从整体上大大提高准不动产交易的效率。于此，因登记所带来的市场信用资源的丰富和安全保障的提高客观上又可以起到降低交易成本和提高交易效率的作用，进而在整体上促进市场交易得以快速、便捷地进行。

2. 登记在公法领域的社会功能

准不动产权利登记作为一种以私权记载为主要内容的登记，其社会功能虽然主要体现在市场交易领域，但借助于登记程序及相关法律效果的不同设置，准不动产权利登记同样可被用来服务于各种公法意义上的公共政策目的，进而使之成为一种推动各种社会公共利益实现的行政管理手段。具体说来，登记在公法领域所起的社会功能主要体现在以下几个方面。

（1）维护交通安全和秩序的功能。对于准不动产这种具有高度危险性的交通运输工具，管控其风险，保障交通安全和秩序本身就是国家的一项基本职责。为此，法律上虽然可以有不同的制度设计，但为准不动产进出交通运输领域设置相应的准入门槛和退出机制依然不失为管控其风险的一项重要措施。也正是在此领域，通过准不动产所有权注册登记和注销登记与准不动产航行权或行驶权的取得与消灭的法律连接，准不动产所有权登记得以在维护交通安全和秩序方面发挥一个风险管控闸门和过滤器的作用。同时，也正是借助于所有权登记所建立起来的主客体身份识别机制，国家得以准确地对相关客体的安全技术状态和主体的行为合法性进行监控，从而进一步促进交通安全保障及其运营秩序的维护。在这方面，我国相关法律之所以会作出“检登结合”的登记程序制度设计〔1〕并将事关准不动产安全性能和可识别性事项的变更登记设计为具有一定强制性的登记，其目的即在于此。

（2）搭载其他公共政策目的的工具性功能。登记作为一种信息记录和获取手段，在日常生活中，乃是一种可以由不同主体基于不同目的进行的活动。正是登记的这一无色无味的纯技术手段的特点决定了准不动产权利登记也可以在一定范围内成为实现其他公共目的的手段。如为了实现征税、环保和行业经营秩序的维护的目的而将准不动产所有权登记与税费缴纳、环保检测和行业经营准入资格（如营运证）的取得进行程序上的捆绑，以强制所有权人履行为保障前述目的的实现而设置的法定义务。当然，从程序正义的角度看，这种搭载和捆绑至少应合乎比例性原则，不得过度侵入私人领域或私权、甚至将一些与私权行使无关的公法义务的履行强行设置为登记获得准予的条件。

（三）小结

综上可见，在公私法交融的时代背景下，针对准不动产这样一项既具有重要经济价值的财产，又具有高度危险性和可广泛应用于各种行业的交通运输工具，以私权登记为内容的准不动产权利登记在功能上也不可避免地具有了公私法混融的特性。一方面，通过赋予权利登记以一定私法效果，登记得以发挥其规范私人之间的权利义务关系的功能，进而使得私人权利和意思自治得以在公权力机关的辅助之下获得更为有力的保障和支

〔1〕依据我国相关法律的规定，机动车所有权注册登记、客体变更登记和注销登记所实行的都是登记时必须交验机动车的“登检一体”程序，且机动车登记机关和检测机关是同一的。船舶和航空器所有权登记机关和安全检测机关虽然并不完全同一，但从所有权登记程序上来看，安全检测通常都是办理所有权登记的前置程序，因而在一定程度上也具有“检登结合”的特点。

持，并推动了整个准不动产市场交易得以相对安全、便捷地进行。另一方面，公权力机关的参与和相关公法效果的发生在混合了国家介入私人领域和保障私权实现意志的同时，也使得登记得以成为实现交通安全保障和其他相关公共政策目的的重要手段，进而使得准不动产权利登记也具有了促进相关公法上的公共政策目的实现的功能。于此，私权的平等性和自由意志性与公权的权威性和强制性已经相互渗透和交融于准不动产权利登记制度之中，进而使得“私权的社会公共利益关联性”和“公权的社会公共服务性”日益被凸显出来，而这正是现代法的物权登记制度所需重点协调和关注的要点所在。

第三节　准不动产物权登记制度的不足及其完善

以上所述表明，准不动产物权登记制度作为一项由登记实体法和程序法共同构成的兼具公私法属性和功能的制度，本身就内含了实体与程序、自由与强制的内在体系矛盾，而要妥善处理这些矛盾，就必须要从公私法相结合的角度对其体系构成及其内含的基本理念有一个体系性的思考。我国的准不动产物权登记制度由于大多形成于《物权法》出台之前，且基本上是按照船舶、航空器和机动车登记分别由不同特别法加以调整的立法模式建立起来的，各立法之间不仅在制度构造理念和规则设计上各行其是，而且连最基本的概念、用语和程序设计都存在明显的差异。再加上受传统的计划经济体制和私权观念不发达的影响，这些立法在理念上大多存在一种过于突出和强调登记的公法属性和功能的倾向，而对其应有的私法属性和功能相对重视不够。进而使得相关立法和司法往往难以有效地实现对相关法律关系的调整，甚至使得《物权法》上一些有关准不动产物权的规定由于欠缺必要的登记制度支持而难以得到有效贯彻和落实，而这显然与《物权法》出台之后的法律发展需要是存在一定矛盾的。因此，对准不动产登记制度进行一个体系性的反思和审视，进而对其加以必要的完善，应是贯彻和落实物权法的规定，更好地发挥其制度功能的现实需要。以下将重点就船舶、航空器和机动车登记三者共有的一些基本制度规则，从形式、理念和实质内容等角度来重新审视和反思我国的准不动产物权登记制度，并拟就其完善提出一些基本看法。

一、法出多门和部门立法：条块分割之乱及其克服

（一）法出多门和部门立法的具体表现

早在《物权法》出台之前，我国就已经通过一系列单行立法分别建立起了船舶、航空器和机动车登记制度，其立法情况大致如下：

（1）现行有效的规定船舶应办理登记的实体法主要是《海商法》（全国人大常委会1992年制定，该法要求20总吨以上的海商船舶应办理登记），《海上交通安全法》（全国人大常委会1983年制定，该法第5条要求海上航行的“船舶必须持有船舶国籍证书，或船舶登记证书，或船舶执照”），《内河交通安全管理条例》（国务院2002年制定，原国务院1986年制定的旧条例同时废止，新旧条例都要求船舶必须“经海事管理机构依法登记并持有船舶登记证书”方可航行）和《渔港水域交通安全管理条例》（国务院1989年制定，条例第12条规定，“渔业船舶在向渔政渔港监督管理机关申请船舶登记，并取得渔业船舶国籍证书或者渔业船舶登记证书后，方可悬挂中华人民共和国国旗航行”）。规定船舶登记程序的立法主要有《船舶登记条例》（国务院1994年制定），《渔业船舶登记办法》（农业部2012年制定，原农业部1996年制定，1997年、2004年、2010年修

正的旧办法同时废止）和《建造中船舶抵押权登记暂行办法》（国家海事局2009年制定）。

（2）现行有效的规定民用航空器应办理登记的实体法是《民用航空法》（全国人大会常委会1995年制定）。规定民用航空器登记程序的立法主要有《民用航空器权利登记条例》（国务院1997年制定）和《民用航空器国籍登记规定》（国家民用航空总局1998年制定）。

（3）现行有效的规定机动车应办理登记的实体法是《道路交通安全法》（全国人大会常委会2004年制定，2007年和2011年修正）。规定机动车登记程序的立法主要有《机动车登记规定》（公安部2008年制定、2012年修正，原公安部2000年制定、2004年修正的旧规定同时废止）和《拖拉机登记规定》（农业部2004年制定，原农业部1998年发布的《农用拖拉机及驾驶员安全监理规定》同时废止）。

（4）《担保法》（全国人大常委会1995年制定）第41条和42条有关航空器、船舶和车辆抵押合同自登记之日起生效以及其登记部门应为运输工具的登记部门的规定。

统观以上立法可以发现，我国的准不动产登记制度除具有船舶、航空器和机动车登记分别立法这一许多国家立法都共有的基本特征外，最大的特征就在于法出多门和部门立法。其中，所谓法出多门主要是指在同一性质的规范事项上，也经常采用分别由不同性质或级别的立法机关来进行立法的做法，从而人为地造成了一些不必要的立法效力位阶差异和平行的重复立法，并与我国现行《立法法》的规定存在诸多不合之处。其中，最直接的表现主要有二：第一，在确定船舶、航空器和机动车是否应办理登记的实体法中，既有由全国人大常委会制定的法律（《海商法》《海上交通安全法》《民用航空法》《道路交通安全法》和《担保法》），也有由国务院制定的行政法规（《内河交通安全管理条例》和《渔港水域交通安全管理条例》），二者的立法效力并不在同一位阶上。第二，在规定船舶、航空器和机动车登记程序的各项立法中，既有由国务院制定的行政法规（《船舶登记条例》和《民用航空器权利登记条例》），也有由国务院各部委制定的规章（《渔业船舶登记办法》《机动车登记规定》和《拖拉机登记规定》），甚至还有国务院各部委下属各局制定的规范性法律文件（《建造中船舶抵押权登记暂行办法》和《民用航空器国籍登记规定》），非常不合理。这种不合理尤其体现在有关船舶登记程序的规定居然是由三个不同效力层级的规范性法律文件组成的这一点上。

这种法出多门的现象虽然在一定程度上与处于社会转型期的我国尚未形成相对稳定、规范的立法秩序有关，但不可否认的是，“立法的部门化”也是造成这一现象的一个重要原因。例如，《船舶登记条例》和《渔业船舶登记办法》的分立很大程度上就是由原国家海事局（现已并入国家交通管理部门）与农业部的部门权力分割所致。正是由于《海上交通安全法》《内河交通安全管理条例》和《渔港水域交通安全管理条例》分别将沿海水域、内河的交通安全监督管理职责和渔港水域交通安全的监督管理职责赋予了国家海事管理机构（由下属的港务监督机构具体负责）和农业部下属的渔政渔港监督管理机构，〔1〕才导致了《船舶登记条例》所规定的由海事管理部门负责的船舶登记只适用于一般的非民用船舶（不含军用船舶、体育运动船艇、船舶上装备的救生艇筏和长度小于5米的艇筏），〔2〕而为数

〔1〕 参见《海上交通安全法》第3条、《内河交通安全管理条例》第4条和《渔港水域交通安全管理条例》第3条。

〔2〕 参见《船舶登记条例》第2条、第8条和第56条。

众多的渔业船舶（适用于所有渔业船舶，但船长在十二米以下的小型渔业船舶的登记程序可适当简化）的登记则应由渔港监督机关依据农业部制定的《渔业船舶登记办法》进行。〔1〕但是，从《船舶登记条例》与《渔业船舶登记办法》的体例结构和实质内容来看，二者的差异其实并不大，甚至可以说，后者基本上是对前者的一个复制。这表明，二者的分立并不是因为渔业船舶登记在相对于非渔业船舶登记时有多少特殊性，而是主要在于其主管部门的不同。这种因主管部门的权力分割所造成的，同为船舶却要分门别类地按照不同的登记法律依据分别向不同的机关申请登记的情况，对于船舶权利人或登记申请人来说，除徒增烦恼外，并无多少实益；而对于国家来说，则不仅需要付出建立两套并行的登记系统的人力、物力和管理成本，而且还给自己协调相关立法和对相关立法进行修正带来了诸多不便。因此，这种分立很大程度上只能说是立法部门化的结果，其所能带来的只是方便了各管理部门，而给公众和国家所带来的是更多的不方便，甚至造成了一些不应有的越权立法和立法混乱——详见下文。这种分立的不当大体上也可以适用于《机动车登记规定》和《拖拉机登记规定》的分立。

（二）条款分割之乱及其克服

正是由于存在以上法出多门和部门立法的现象，所以我国的船舶、航空器和机动车登记制度会呈现出非常明显的条块分割现象，进而使得我国的船舶、航空器和机动车登记制度不管是在形式上，还是在内容上都出现了一些需要及时加以改进的问题。尤其是在《物权法》已经初步实现了船舶、航空器和机动车物权变动规则的统一之后，更是如此。以下仅重点就其立

〔1〕 参见《渔业船舶登记办法》第2条、第3条和第56条。

法形式及其统一性而言，就至少存在以下几个方面需要改进的问题。

问题一：登记程序立法效力层级偏低且不统一，需要根据《立法法》的规定，至少将其效力层级要统一至行政法规的层次。因为，从民事实体法的角度看，有关准不动产权利登记实体法权源的规定（哪些准不动产需要登记，由谁来申请和实施登记，登记了或没有登记会产生什么样的实体法效果等）乃是一项事关民事基本权利的效力及其取得方式的民事基本制度。而依据《立法法》第 8 条的规定，此类制度只能由全国人民代表大会和全国人民代表大会常务委员会制定法律。与之相对，作为贯彻落实和执行前述实体法律规定的登记程序法则原则上只能由国务院依据《立法法》第 65 条来制定行政法规，而不宜由国务院各部委乃至各司局来制定效力层级过低的规章或其他规范性法律文件。否则，就很容易陷入“立法部门化”和“部门利益法制化”的窠臼。

问题二：同一登记客体所适用的登记程序法不统一，需要根据“等者等之”的原则，实现同一登记客体的登记程序规则的统一。因为，依据现行法，船舶登记和机动车登记都需根据客体类型的不同，分别依据不同的立法到不同的登记机关进行登记。这种分头登记除了会造成前述的给交易主体和国家对相关事务的有效管理造成不必要的成本负担外，同时也容易在不同程序法之间和程序法与实体法之间造成不必要的规则不协调乃至相互冲突问题。兹举两例如下：其一，依据《渔业船舶登记办法》第 2 条和第 56 条的规定，只要是中国公民或法人所有的渔业船舶，不论船舶大小，都应当或可以依据办法进行登记。但依据《船舶登记条例》第 2 条和第 56 条的规定，只有在中国境内有住所或者主要营业所的中国公民的船舶、依据中国法律设立的主要营业所在中国境内的企业法人或中方投资人出资额不低于百分之五十的中外合资企业法人的船舶、中国政府公务船舶和事业法人的船舶以及港务监督机构认为应当登记的其他船舶才应当或可以依据条例进行登记，且船舶上装备的救生艇筏和长度小于5米的艇筏不在应登记的船舶范围之内。毫无疑问，这种依不同标准来确定应登记船舶客体范围的做法是有违民事主体法律地位平等和程序正义的。而且，从登记程序法与实体法的关系角度看，哪些船舶及其权利应当办理登记本是一个应该由《物权法》《海商法》或《道路交通安全法》等实体法来加以规定的实体性事项，除非有实体法的授权，否则，登记机关应无权自主决定哪些船舶有资格或有能力进行登记，而以上登记程序法在这方面所作的规定显然不符合该原则。其二，《船舶登记条例》和《机动车登记规定》都对违反登记程序法的法律责任问题作出了专章规定，但《渔业船舶登记办法》和《拖拉机登记规定》却未对此作出规定——《民用航空器权利登记条例》也是如此，这显然令人难以理解。简言之，实现同一登记客体的登记程序法的统一应是保证法的统一性、协调性和程序正义的基本要求。

问题三：同一类型的登记所适用的登记程序及其法律属性差别较大，需要根据同一类型事项的立法至少应保持必要的“事理上的一致性”来实现相关登记程序法的协调和统一。在这方面，各相关登记程序法的最大差异就在于：其一，是在准不动产权利登记中，机动车所有权的注册登记、客体变更登记、转移登记和注销登记实行的都是“登检合一”（登记时须交验车辆）的登记程序，且具有一定强制登记性质——未依法及时办理相应登记将受到相应行政处罚；而船舶和航空器由于实行的是登记机关和检测机关的分立制度，其所有权注册登记、取得登记、客体变更登记和注销登记并不以交验船舶或航空器为必要（这与船舶和航空器的交验不便有关）。但依据《船舶登记条例》第52条的规定，不按照规定办理（船舶所有权、抵押权或光船租赁权）变更或者注销登记的，将受到一定的行政处罚——这就使得相应的变更登记和注销登记具有了一定强制性。而《渔业船舶登记办法》和《民用航空器权利登记条例》中却无此类强制性规定。其二，是在船舶和航空器国籍登记与权利登记的体系关系上，船舶登记实行国籍登记在先原则，即只有先通过国籍登记取得中国国籍后才能进行所有权注册登记，而航空器所有权的登记并不以此为原则，从而使得船舶所有权注册登记具有一定的强制登记色彩，而航空器所有权登记则更多地呈现出一种自愿登记的性质。毫无疑问，这种同事不同法的制度设计是否妥当是非常值得怀疑的。尤其是考虑到，在民法上，赋予同一类型的准不动产权利登记以不同性质不仅有失法理上的正当性，而且也与登记对抗主义之下的准不动产权利登记原则上应为自愿登记的法理性质不合。因此，在坚持所有权注册登记等以取得航行权或行驶权为法律后果的登记的强制性的同时，法律上有必要将其他形式的权利登记还原为自愿登记，以贯彻意思自治——将其他类型的权利登记设置为强制登记实际上并不能产生对准不动产的安全性进行监管的效果，反倒容易助长懒政。

问题四：各说其话、各用其语，需要从便于司法和《物权法》的贯彻落实的角度来实现基本概念的统一。在这方面，最为突出的问题主要有二：其一是民用航空器权利登记和国籍登记程序法中所使用的“占有权”概念不仅在我国法上是独一无二的，而且易生歧义和不准确。因为，依据我国《民用航空器法》和《物权法》的相关规定，该概念所指称的“通过购买行为取得并占有民用航空器的权利”和“根据租赁期限为六个月以上的租赁合同占有民用航空器的权利”中的“占有”如果是指受让人或承租人已实际取得了标的物的占有，[1]则“通过购买行为取得并占有民用航空器的权利”实际上是一种未登记的不具有完全对抗力的所有权——买卖合同加交付产生不具有对抗善意第三人效果的所有权转移效果；“根据租赁期限为六个月以上的租赁合同占有民用航空器的权利”乃是一种与光船租赁权具有相近性质的租赁权或“光机租赁权”。[2]简言之，在我国现行法律体系之下，所谓的“占有权”并非一项独立的民事权利，而是可以分别归于现行法律体系之下的其他权利类型之中。既然如此，那么将“占有权”这一主要使用于英美法系的概念引入到我国法律体系之中是否合适就很成问题了；或者说，它除了徒增法律理解和适用上的困难外，唯一的“好处”就在于便于与英美法接轨。其二是各船舶、航空器和机动车登记程序中所使用的指称不同权利变动登记类型的概念差异较大。仅

〔1〕 依据《民用航空器国籍登记规定》第10条的规定，登记申请人在以前述两类占有权为基础申请国籍登记时，必须递交“作为取得民用航空器所有权证明的购买合同和交接文书，或者作为占有民用航空器证明的租赁合同和交接文书”。该规定的存在已经表明，这里所说的“占有权”中的“占有”应是指已实际取得标的物的占有，即受让人或承租人已经通过“交接”或“交付”取得了航空器的占有。反之，如果将其中的“占有”解释为也包括将来可以取得占有，则这两类占有权登记除可包括占有人已实际取得占有后的权利本登记（“所有权登记”和“光机租赁权”）外，还可以包含以保障将来取得前述权利为目的的“预告登记”。毫无疑问，用同一概念来指称的这两种不同性质的登记——一为本登记，一为预备登记——是不符合法理的，也很容易导致规则的混乱。简言之，这里所说的“占有”应是指受让人和承租人已经通过“交付”取得了航空器的占有。

〔2〕 依据《民用航空器国籍登记规定》第5条的规定，“根据租赁期限为六个月以上的租赁合同占有民用航空器的权利”中的民用航空器如为“自境外租赁的民用航空器”，该航空器的租赁权人要申请航空器国籍登记，还必须符合该民用航空器的机组人员由承租人配备的条件，即须符合“光机租赁”的条件。

就所有权和抵押权的登记类型划分而言，船舶和航空器登记程序法所使用的概念就分别是“所有权登记”（实际包含所有权注册登记、所有权转移时的取得登记）、“抵押登记”（实际指抵押权设立登记）、“变更登记”（含共有人变更登记、抵押合同变更登记等船舶登记项目变更登记）和“注销登记”（含所有权注销登记、抵押权注销登记等船舶权利注销登记）；而机动车登记程序法所使用的概念却分别是“注册登记”（实际指所有权注册登记）、“变更登记”（含机动车登记事项变更登记、登记地变更登记和共有人变更登记）、“转移登记”（实际指所有权转移登记）、抵押登记（含抵押权设立登记和解除登记）和“注销登记”（实际指所有权注销登记）。很明显，这种用同一概念来指称不同登记类型或用不同概念来指称同一登记类型的做法不仅在立法技术上是不经济的，而且容易导致程序法与实体法的不协调。因为，不管是在《海商法》和《民用航空法》上，还是在《担保法》和《物权法》上，所使用的指称物权变动或准不动产权利变动的概念都不外乎是“设立、变更、转让和消灭”或“取得、转让和消灭”这些概念。既然如此，那么登记程序法在使用相关概念时，理应与登记实体法上所使用的概念保持一定的对应性，以免给法律的理解和适用带来不必要的词语障碍。简言之，在未来的准不动产登记程序法的修改过程中，有必要根据《物权法》所使用的指称不同类型的权利变动的概念来统一登记程序法上的相关概念，以保持二者在法律适用逻辑上的对应性。

二、行政管理优位于登记公示服务：理念错位之乱及其克服

受我国的船舶、航空器和机动车登记制度起初主要是为了

实现特定行政管理目的而建立的影响，我国的各项准不动产登记程序法大多都带有比较明显的行政管理色彩，相关机关在制定这些登记程序法时，也更多的是站在如何通过登记来实现相关行政管理的目的的角度来设计相关登记程序，而很少站在公共服务提供者的角度来考虑登记程序制度的设计，以便使之能够更好地服务于准不动产权利的公示。在这方面，能够较为明显地反映出我国准不动产登记程序法在理念上更强调行政管理优位，而对私权保护和权利公示的相对重视不够之处至少包括以下几个方面：

其一是强制登记过多，有损于私权登记的自愿性。例如，依据《机动车登记规定》第56条的规定，机动车所有权的客体变更登记和转移登记就属于强制登记，若权利人未依法办理相应登记，将受到一定的行政处罚。与之相类似，《船舶登记条例》第52条也通过相关违法责任的赋予，将船舶权利（含所有权、抵押权或光船租赁权）的变更登记和注销登记规定成了强制登记。毫无疑问，这种大范围地将权利变动登记规定为强制登记的做法所体现得更多的一种管制和监测的法律理念，其目的或许是为了加强对这些交通运输工具的安全状态的监管和便于相关部门掌握相关信息。但客观地讲，通过将这些登记规定为强制登记，并不能有效地实现前述目的，反而有过度地干预私人事务的嫌疑。[1]因为，一般来讲，准不动产物权内容的变

---

〔1〕 2005年颁布的《二手车流通管理办法》第6条要求的，二手车直接交易“应当”在二手车交易市场进行，并应凭二手车交易市场开具的发票办理所有权转移登记也存在过度干预私人事务之嫌。2006年施行的《老旧运输船舶管理规定》第6条所规定的国家对已达到强制报废船龄的运输船舶实施强制报废制度（与之相关联的是相关船舶登记程序法上的强制的所有权注销登记），也同样存在这样的问题。因为，船舶是否符合运营安全的要求，并不能单凭船龄来决定，而是应根据船舶安全检测和评估的具体情况来判定。

更及其所有权的转移乃是纯粹的私人事务，与公共利益和秩序并无直接的关联，故将此类变更或转移登记规定为强制登记或要求当事人必须将相关的权利变动信息提供给登记机关显然缺乏法理上的正当性。当然，在准不动产本身的物理技术状态发生了足以影响其运行安全的重大变更时，要求当事人必须到法定机关进行相应的安全检测和登记不失为具有一定合理性的制度安排（反之，若客体的变更并不足以影响到其运行安全时，法律上应没有理由要求当事人必须办理登记）。但必须强调的是，在这里，强制的变更登记至多只能是作为一种保障交通安全的辅助手段，而在交通运输工具安全状态监管方面真正发挥主要作用的应是安全检查和检测。因此，在登记机关和检测机关本身就是相互分离的情况下（例如，我国的船舶登记机关和检测机关就是相互分离的，但机动车登记机关和检测机关是合一的），法律上应该被强制化的乃是安全检测，而非客体变更登记，即在登检分离的体制之下，原则上不应该将此类客体变更登记规定为强制登记。

其二是在登记申请的提起上，除抵押权登记和个别情况下的光船租赁登记系采共同申请原则外，相关登记程序法所规定的各项登记基本上全都采用的是单方申请原则，甚至在所有权转移登记、共有人变更登记和抵押权顺位变更登记中实行的也都是单方申请原则。毫无疑问，这种以单方申请为原则的制度设计应该不是为了更好地保障权利公示的真实性和准确性所作出的，而是更多地站在行政管理机关和行政相对人关系的角度来考虑问题的产物。因为，不管是从理论上看，还是从实践的角度看，共同申请都比单方申请更有利于保障登记所公示的权利的真实性和准确性。也就是说，以单方申请为原则的程序设计并不能完全契合登记程序法所应有的权利公示服务功能，将来应予以修正。

其三是对登记簿查询这一主要以服务于权利公示为目的的制度重视不够，所规定的相关内容不仅很不统一，[1]而且大多没有就其这种查询权的行使程序和登记机关的相关职责作出明确的规定，进而导致登记机关在提供查询服务方面拥有过大的自由裁量空间，以至于登记簿查询权难以在法律上获得有效的保障。例如，在实践中，登记机关就经常会以法律未明确规定为由拒绝在查询主体所查询到的登记信息上签字盖章，以证明其所提供的信息的真实性；有的情况下，登记机关甚至会以相关的登记信息属于商业秘密为由而拒绝查询申请人的申请。简言之，查询制度的不完善所体现的是相关登记程序法在制度设计上的服务理念的欠缺，这种欠缺应通过明确公众对登记簿所享有的查询权和登记机构应负有的相应服务义务（含对查询结果的真实性予以证实的义务）的内容来予以弥补。

其四是部分权利登记存在收费不合理和要求进行标的物价值评估的情况，应参照《物权法》的规定予以修正。例如，作为我国船舶登记收费主要依据的《关于发布交通部水上安全监督收费项目及标准的通知》（国家物价局、财政部于 1992 年发布）就规定，船舶所有权、抵押权以及光船租赁登记分别根据船舶净吨位、抵押或光租总金额按比例征收，而这明显与《物权法》第 22 条有关“不动产登记费按件收取，不得按照不动产的面积、体积或者价款的比例收取”的规定所体现的立法意旨是相矛盾的，应予修正。此外，在船舶登记中，按照国家海事

---

〔1〕 例如，在查询主体方面，有的规定的是准不动产权利人和利害关系人，有的则将其规定为公众；在查询权的内容上，有的仅规定查询，有的则规定可查询、复制和摘录。参见《海商法》第 13 条，《船舶登记条例》第 11 条和《渔业船舶登记办法》第 7 条，《民用航空法》第 12 条和《民用航空器权利登记条例》第 3 条，《机动车登记规定》第 25 条和《拖拉机登记规定》第 23 条。

局发布的《关于船舶所有权登记取消船舶价值项目的通知》，虽然在船舶所有权登记中已经取消了船舶价值评估和登记，但登记机关在办理船舶抵押权登记时，仍然要求当事人提交船舶资产评估机构出具的船舶价值评估报告和当事人签订船舶价值确认书，而这与《物权法》第13条有关“登记机关不得要求对不动产进行评估”的规范意旨也是相悖的，应予取消。

三、程序法越位和重要制度阙如：任务不清之乱及其克服

如前所述，在准不动产权利登记制度的体系构成中，登记实体法主要解决的是登记的实体权源和效力问题，即主要解决哪些准不动产需要登记，由谁来申请和实施登记，登记了或没有登记会产生什么样的实体法效果等问题；而登记程序法主要解决的是登记的方式、方法、步骤和违反登记程序的法律后果等问题。二者不仅分工明确，且在体系上是一个目的和手段的关系，即登记程序法是以保障登记实体法的贯彻和落实为目的的手段。以此观之，我国的准不动产权利登记制度在妥善解决登记所涉实体和程序问题时至少存在以下明显不足。

（一）程序法越位

在准不动产权利登记制度中，最突出地体现了程序法僭越其应有界限而侵入实体法领域的立法主要表现在以下几个方面：

其一是《船舶登记条例》第5条和第6条有关“船舶所有权的取得、转让和消灭，抵押权、光船租赁权的设定、转移和消灭，应当向船舶登记机关登记；未经登记的，不得对抗第三人”的规定，以及1996年的《渔业船舶登记办法》第11条、第12条和第19条有关“渔业船舶所有权的取得、转让和消灭，所有权共有，抵押权的设定、转移和消灭，应当依照本办法进行登记；未经登记的，不得对抗第三人”的规定，都是在当时

仅有《海商法》规定了可适用于海商船舶的登记对抗主义的情况下，“擅自”将登记对抗主义扩大适用至了被纳入其调整范围的船舶的所有权、抵押权和光船租赁权的变动上。2012 年制定的新的《渔业船舶登记办法》不仅依然在第 14 条和第 24 条中依然保留了前述 1996 年制定的《渔业船舶登记办法》中的相关规定（只是依据物权法的规定，将其中的“第三人”修改成了“善意第三人”），而且在第 29 条中增设了“以光船条件出租渔业船舶，或者以光船条件租进境外渔业船舶的，出租人和承租人应当依照本办法进行光船租赁登记；未经登记的，不得对抗善意第三人”的规定。毫无疑问，这种以登记程序法的方式来规定实体民事权利变动要件的做法，不仅僭越了程序立法应有的界限，而且超越了行政机关依法所享有的立法权限——民事基本制度的立法权限应属于全国人大及其常委会，依法应当予以删除。即便是在《物权法》出台之后，其规定并不与《物权法》的规定相矛盾——唯一需要明确的是“光船租赁权”是否属于《物权法》第 24 条中的物权，这种立法也属于只能徒增纷扰的重复立法，没有保留的必要。

其二是《船舶登记条例》第 2 条将应当依照该条例进行登记的“中国公民的船舶”中的“中国公民”限定在“在中华人民共和国境内有住所或者主要营业所的中国公民”，不仅有违《宪法》第 33 条所确定的“中华人民共和国公民在法律面前一律平等”的原则，而且不符合《国籍法》上的相关规定——依据《国籍法》的规定，中国国籍或中国公民身份的取得并不以在我国境内有住所或主要营业所为条件，依法应予以取消。同理，该条将依法应登记的“依据中国法律设立的主要营业所在中国境内的企业法人的船舶”中的“企业法人”限定为“中方投资人的出资额不得低于百分之五十”的企业法人也是不适当的。因为，特定企业法人所拥有的船舶是否具有登记能力或资格的问题，乃是一个民事实体权利问题，并非登记程序法所能或所应解决的。因此，较为合理的做法应该是取消这种出资比例的限制或者通过“引致条款”的设置，将依法应登记的企业法人所有的船舶中的“企业法人”规定为“在外商出资比例、机构设置、人员组成等方面符合相关法律规定的企业法人”。如此，则不仅可避免程序法的越位，而且可避免因相关实体法的修改而导致登记程序法也必须随之进行修改的情况。这种对主体资格的不当限制在《民用航空器国籍登记规定》第5条〔1〕中同样有所体现——虽然国籍登记并非物权或民事权利登记，但在体系关系上，是否有资格进行国籍登记，依然会对准不动产权利人的权利产生重大影响，故依法也应做必要的修改。

（二）重要制度阙如

准不动产权利登记制度作为以实现私法上的权利公示为主要目的，兼具公法上的行政管理功能的一项制度，只有在其制度体系建构能够较好地反映实践的需要的情况下，才能有效地使其功能得以发挥。就此而言，我国的准不动产权利登记制度由于整体上系由行政管理部门制定的公法意义上的登记制度发展而来，且在制定之时普遍缺乏对市场交易现实需求的深入体

---

〔1〕该条规定：“下列民用航空器应当依照本规定进行国籍登记：（一）中华人民共和国国家机构的民用航空器；（二）依照中华人民共和国法律设立的企业法人的民用航空器；企业法人的注册资本中有外商出资的，外商在该企业法人的注册资本或者实收资本中所占比例不超过35%，其代表在董事会、股东大会（股东会）的表决权不超过35%，该企业法人的董事长由中国公民担任；（三）在中华人民共和国境内有住所或者主要营业所的中国公民的民用航空器；（四）依照中华人民共和国法律设立的事业法人的民用航空器；（五）民航总局准予登记的其他民用航空器。自境外租赁的民用航空器，承租人符合前款规定，该民用航空器的机组人员由承租人配备的，可以申请登记中华人民共和国国籍；但是，必须先予注销该民用航空器原国籍登记。”

察，故在体系上难免会出现一些缺漏，以至于一些重要的准不动产登记类型尚付阙如。

1. 更正登记和异议登记阙如

不管是在私法意义上，还是在公法意义上，登记都是以确实反映所登记事项的真实情况为目的而进行的，但受制于各方面的情况，登记难免会发生错误。在此情况下，若无相应的纠错机制，则很容易损害登记目的的实现，甚至会给准不动产权利人的权利带来巨大损害。因此，建立必要的登记错误纠错机制，切实加强对准不动产权利人的保护，应是建构一个健全的准不动产登记制度中不可或缺的重要一环。在这方面，我国的相关准不动产登记程序法和实体法都是存在明显缺漏的。这尤其体现在各登记程序法基本上都没有规定以更正登记错误为目的的更正登记和异议登记上。《机动车登记规定》第 47 条、《拖拉机登记规定》第 31 条和《民用航空器权利登记条例实施办法》第 21 条虽对此有所涉及，但前二者实际上规定的是“机动车登记证书的更正”，而非机动车登记簿的更正登记；[1]后者虽涉及民用航空器权利登记簿的更正，但却要求异议人必须先取得“人民法院的生效判决、裁定或者仲裁机构的生效裁决”才能向登记机关申请办理相应的登记，以更正登记错误，且没有将异议登记规定为一种独立的登记类型。《船舶登记条例》则仅在第 55 条规定了“当事人对船舶登记机关的具体行政行为不服的，可以依照国家有关法律、行政法规的规定申请复议或者提起行政诉讼”，除此之外，再无任何纠错机制的设计。《渔业船舶登记办

---

〔1〕《机动车登记规定》第 47 条规定：“机动车所有人发现登记内容有错误的，应当及时要求车辆管理所更正。车辆管理所应当自受理之日起五日内予以确认。确属登记错误的，在机动车登记证书上更正相关内容，换发行驶证。需要改变机动车号牌号码的，应当收回号牌、行驶证，确定新的机动车号牌号码，重新核发号牌、行驶证和检验合格标志。”《拖拉机登记规定》第 31 条的规定与此基本相同。

法》则干脆连这种以行政复议或诉讼为手段的纠错机制都没有规定。

这种纠错机制的缺乏不仅在实践中易导致真实权利人——对准不动产享有权利却因登记错误而未被登记为权利人的人——的权利难以获得及时、有效的救济或法律保护，而且以行政复议或行政诉讼作为主要的纠错或救济机制也存在明显不当。因为，第一，依据司法权和行政权应分属司法机关和行政机关行使的基本法理，登记机关及其主管部门并没有对民事主体之间所产生的实体民事权利争议进行裁决的司法权力，故以行政复议的形式来解决登记错误情况下的纠错问题，很容易导致行政权对司法权的入侵，客观上也容易造成行政权力对私权利的过度干预。第二，以行政诉讼作为纠正登记错误的主要形式，不仅与大多数准不动产权利登记都属于私法意义上的登记的法律属性不合，而且会造成司法资源的浪费和增高纠错的社会成本。[1]因此，仿效《物权法》第19条的规定建立起适用于准不动产的更正登记和异议登记制度应是将来我国完善准不动产登记制度的一个重要任务。若非如此，则不仅不利于准不动产权利的保护，而且不利于推动我国正在进行的服务性政府和法治政府的建设。

2. 预告登记阙如

预告登记作为以保全一项以将来发生物权变动为目的的请求权为目的的登记，在实践中不仅可以起到使被登记的请求权产生一定排他效力——排斥相对人嗣后所为的与之相冲突的权利处分行为的效力，从而确保将来发生请求权人所期待的法律结果的作用，而且可以在一定程度上起到防止相对人实施一物二卖的背信行为和给物权交易中的物权取得人发出风险警示的

[1] 参见申惠文：“物权登记错误救济论”，武汉大学2009年博士学位论文。

作用。因此，在现行市场交易中，预告登记对于保护以登记为公示手段的不动产或动产市场交易的诚信和安全是具有非常积极的意义的重要制度。也正是有鉴于此，所以我国《物权法》第 20 条才首次确定了仅适用于不动产的预告登记，但在准不动产物权交易领域，我国法上并无相应的制度设计，而这显然不利于有效地维护准不动产交易领域的诚信和安全。尤其是考虑到，在现代市场经济条件下，对于准不动产这些价值高昂的财产，交易主体往往对市场交易诚信和安全有着更高期待和需求；再加上，实践中有许多准不动产交易都是通过分期付款买卖、融资租赁或租购等继续性合同的形式进行交易的。在此情况下，将预告登记制度引入准不动产交易领域无疑是非常契合实践需要的，同时也能更好地发挥准不动产权利登记制度在保护交易安全方面的作用。

3. 建造中航空器抵押权登记程序阙如

依据《物权法》第 180 条的规定，正在建造的船舶、航空器也可以被用来抵押，正是为了满足这种新型抵押的需要，国家海事局于 2009 年发布了《建造中船舶抵押权登记暂行办法》，并于 2015 年发布的新的《船舶登记工作规程》中重新对其作出了规定。但自物权法颁布至今，国家民用航空总局始终未就建造中民用航空器抵押权的登记出台任何规范性法律文件，非常不利于《物权法》第 180 条的贯彻和实施。

4. 部分登记程序法缺乏法律责任制度保障

行政机关所出台的部门立法往往只规定行政主体的权力，而不规定行政主体怠于行使权力或行使权力有瑕疵时所应当承担的责任乃是我国部门立法之通病。这种通病在我国的相关登记程序法也有所表现，例如，《渔业船舶登记办法》《民用航空器权利登记条例》和《拖拉机登记规定》就没有对登记机关和登记申请人违反登记程序法的法律责任作出必要的规定，而这显然是不利于保障相关立法的有效实施和民事权利保护的，应予修正。

此外，从实际发展需要的角度看，增加准不动产融资租赁登记等新型登记，对于保障准不动产融投资安全，促进我国交通运输行业的健康发展也是非常必要的。

四、小结

总之，在《物权法》出台之后，完善相关准不动产登记程序法，克服其因立法时间较早和因部门立法和行政立法所造成的各种缺漏和弊端，应是保障准不动产物权变动制度得以有效实施，加强对相关民事权利的保护的必要举措。具体说来，这种完善措施至少应包括以下几个方面：其一是应将船舶、航空器和机动车登记程序立法的效力层级至少统一至行政法规的层次，并在登记的基本程序、法律属性和基本概念使用上，尽量保持必要的统一。其二是在船舶、航空器和机动车物权登记上，应尽量贯彻自愿登记和共同申请登记的原则，并通过相关制度的完善来保障登记簿查询权的实现和消除部分不合理的登记收费。其三是应删除相关登记程序法中明显逾越立法权限的实体法规则，补充规定船舶、航空器和机动车更正登记、异议登记和预告登记制度，明确建造中航空器抵押权的登记程序。

参考文献

一、中文著作、论文

1. 蔡斌："中国民用航空器留置权法律体系构建比较分析"，载《北京航空航天大学学报（社科版）》2013 年第 2 期。
2. 常鹏翱：《登记程序的建构与效应》，中国人民大学出版社 2005 年版。
3. 常鹏翱："也论不动产登记错误的法律救济"，载《法律科学》2006 年第 5 期。
4. 常鹏翱："异议登记的制度建构——法律移植的微观分析"，载《中国法学》2006 年第 6 期。
5. 陈桂明、李仕春："诉讼契约论"，载《清华法学评论》1999 年第 2 期。
6. 陈苇：《外国继承法比较与中国民法典继承编制定研究》，北京大学出版社 2013 年版。
7. 陈永强："特殊动产多重买卖解释要素体系之再构成——以法释［2012］8 号第 10 条为中心"，载《法学》2016 年第 1 期。
8. 程啸："论不动产登记簿公信力与动产善意取得的区分"，载《中外法学》2010 年第 4 期。
9. 程啸："论动产多重买卖中标的物所有权归属的确定标准"，载《清华法学》2012 年第 6 期。
10. 程啸："因法律文书导致的物权变动"，载《法学》2013 年第 1 期。
11. 程啸：《中国抵押权制度的理论与实践》，法律出版社 2002 年版。
12. 崔建远："机动车物权的变动辨析"，载《环球法律评论》2014 年第

2 期。
13. 崔建远:《我国物权立法难点问题研究》,清华大学出版社 2005 年版。
14. 崔建远:《物权:规范与学说——以中国物权法的解释论为中心》(上册),清华大学出版社 2011 年版。
15. 崔建远:《物权法》(第 2 版),中国人民大学出版社 2011 年版。
16. 崔建远:“再论动产物权变动的生效要件”,载《法学家》2010 年第 5 期。
17. 崔建远:《中国房地产法研究》,中国法制出版社 1995 年版。
18. 戴涛:“行政登记侵权之诉研究”,载《行政法学研究》2001 年第 4 期。
19. 戴永盛:“论特殊动产的物权变动与对抗”(上),载《东方法学》2014 年第 5 期。
20. 戴永盛:“论特殊动产的物权变动与对抗”(下),载《东方法学》2014 年第 6 期。
21. 董杜骄、顾琳华主编:《航空法教程》,对外经济贸易大学出版社 2007 年版。
22. 董学立:“物权变动中的善意、恶意”,载《中国法学》2004 年第 2 期。
23. 方世荣:《行政法与行政诉讼法学》,中国政法大学出版社 2002 年版。
24. 房绍坤:“导致物权变动之法院判决类型”,载《法学研究》2015 年第 1 期。
25. 房绍坤:“遗赠能够引起物权变动吗?”,载《当代法学》2012 年第 6 期。
26. 冯文生:《最高人民法院关于适用〈合同法〉若干问题的解释(二):原理精解·案例与适用》,中国法制出版社 2010 年版。
27. 傅廷中:《海商法论》,法律出版社 2007 年版。
28. 郭明瑞、房绍坤、关涛:《继承法研究》,中国人民大学出版社 2003 年版。
29. 郭明瑞:《民法》,高等教育出版社 2007 年版。
30. 郭玉军、陆寰:“美国民用航空器留置权问题研究”,载《华东政法大学学报》2010 年第 6 期。

31. 郭志京:《也论中国物权法上的登记对抗主义》，载《比较法研究》2014 年第 3 期。
32. 韩立新、王秀芬编译:《各国（地区）海商法汇编（中英文对照）》，大连海事大学出版社 2003 年版。
33. 韩强:“我国船舶物权变动的公示方法与善意取得”，载《法学》2008 年第 11 期。
34. 胡康生:《中华人民共和国物权法释义》，法律出版社 2007 年版。
35. 江平:《中华人民共和国物权法精解》，中国政法大学出版社 2007 年版。
36. 姜光中:“谈建造中的船舶所有权——对一宗建造中船舶所有权争议案件的剖析”，载《中国海事》2013 年第 9 期。
37. 姜明安:《行政法与行政诉讼法》（第 2 版），北京大学出版社、高等教育出版社 2005 年版。
38. 姜明安:《行政法与行政诉讼法》，北京大学出版社、高等教育出版社 2006 年版。
39. 李海:《船舶物权之研究》，法律出版社 2002 年版。
40. 李惠宗:《宪法要义》，元照出版公司 2002 年版。
41. 李建良:“基本权利理论体系之构成及其思考层次”，载李建良:《宪法理论与实践》（一），学林文化实业有限公司 1999 年版。
42. 李明发:“论不动产登记错误的法律救济”，载《法律科学》2005 年第 6 期。
43. 李永军、肖思婷:“我国《物权法》登记对抗与登记生效模式并存思考”，载《北方法学》2010 年第 3 期。
44. 李志文:“《物权法》实施对船舶物权立法的影响”，载《现代法学》2008 年第 5 期。
45. 李志文:《船舶所有权法律制度研究》，法律出版社 2008 年版。
46. 梁慧星、陈华彬:《物权法》（第 4 版），法律出版社 2007 年版。
47. 梁慧星:《读条文　学民法》，人民法院出版社 2014 年版。
48. 梁慧星:《中国民法典草案建议稿附理由：继承编》，法律出版社 2013 年版。

49. 梁慧星:《中国物权法草案建议稿：条文、理由、说明与参考立法例》，社会科学文献出版社 2000 年版。
50. 梁慧星:《中国物权法研究》（上、下），法律出版社 1998 年版。
51. 刘保玉:“论多重买卖的法律规制——《买卖合同司法解释》第 9、10 条”，载《法学论坛》2013 年第 6 期。
52. 刘本荣:“中国船舶登记对抗主义的实际运行与匡正”，载《中国海商法年刊》第 20 卷。
53. 刘春茂:《中国民法学·财产继承》，中国人民公安大学出版社 1990 年版。
54. 刘伟军:“船舶建造合同法律性质之实证研究”，载《政法论坛》2015 年第 3 期。
55. 刘文:《继承法比较研究》，中国人民公安大学出版社 2004 年版。
56. 刘耀东:“论基于继承与遗赠发生的不动产物权变动——以《物权法》第 29 条为中心”，载《现代法学》2015 年第 1 期。
57. 刘智慧:《中国物权法释解与应用》，人民法院出版社 2007 年版。
58. 龙俊:“动产抵押对抗规则研究”，载《法学家》2016 年第 3 期。
59. 龙俊:“中国物权法上的登记对抗主义”；载《法学研究》2012 年第 5 期。
60. 陆伟东:《船舶建造工艺》，上海交通大学出版社 1991 年版。
61. 罗豪才:《行政法学》，北京大学出版社 2000 年版。
62. 马俊驹、余延满:《民法原论》，法律出版社 2007 年版。
63. 彭亮、周燕雁:“论建造中船舶所有权归属及转移”，载《中国海商法年刊》2008 年第 1 期。
64. 皮宗泰、王彦:“准行政行为研究”，载《行政法学研究》2004 年第 1 期。
65. 秦伟:《继承法》，上海人民出版社 2001 年版。
66. 邱锦添:《海商法新论》，元照出版公司 2008 年版。
67. 屈茂辉:《物权法·总则》，中国法制出版社 2005 年版。
68. 全国人大常委会法制工作委员会民法室:《中华人民共和国物权法条文说明、立法理由及相关规定》，北京大学出版社 2007 年版。

69. 申惠文："物权登记错误救济论"，武汉大学2009年民商法博士学位论文。

70. 申卫星："从《物权法》看物权登记制度"，载《国家检察官学院学报》2007年第3期。

71. 司玉琢、胡正良：《〈中华人民共和国海商法〉修改意见稿条文、参考立法例、说明》，大连海事大学出版社2003年版。

72. 司玉琢：《海商法专论》（第2版），中国人民大学出版社2009年版。

73. 苏永钦："物权行为的独立性及相关问题"，载苏永钦：《私法自治的经济理性》，中国人民法学出版社2004年版。

74. 宿培："航空器留置权的性质和适用要件"，载《长江大学学报（社科版）》2013年第7期。

75. 孙鹏：《物权公示论——以物权变动为中心》，法律出版社2004年版。

76. 孙宪忠："不动产登记基本范畴解析"，载《法学家》2014年第6期。

77. 孙宪忠：《德国当代物权法》，法律出版社1997年版。

78. 孙宪忠：《论物权法》（修订版），法律出版社2008年版。

79. 孙宪忠：《争议与思考——物权立法笔记》，中国人民大学出版社2007年版。

80. 孙宪忠：《制定科学的民法典——中德民法典利法研讨会文集》，法律出版社2003年版。

81. 孙宪忠：《中国物权法总论》（第2版），法律出版社2009年版。

82. 田士永：《物权行为理论研究——以中国法和德国法中所有权变动的比较为中心》，中国政法大学出版社2002年版。

83. 汪志刚：《动产交付与所有权转让制度研究》，法律出版社2012年版。

84. 汪志刚："动产善意取得的法理基础"，载《法学研究》2009年第3期。

85. 汪志刚："意思主义与形式主义对立的法理和历史根源"，载《法学研究》2010年第5期。

86. 汪志刚："准不动产物权变动与对抗"，载《中外法学》2011年第5期。

87. 王崇敏："我国不动产登记机关赔偿责任问题探讨"，载《河南省政法管理干部学院学报》2007年第5期。

88. 王洪亮："不动产物权登记立法研究"，载《法律科学》2000年第

2 期。
89. 王丽萍：《婚姻家庭继承法学》，北京大学出版社 2004 年版。
90. 王利民、郭明龙："逻辑转换与制度创新——中国不动产登记瑕疵救济模式的体制性调整"，载《政法论丛》2006 年第 5 期。
91. 王利明："特殊动产物权变动的公示方法"，载《法学研究》2013 年第 4 期。
92. 王利明："特殊动产一物数卖的物权变动规则——兼评《买卖合同司法解释》第 10 条"，载《法学论坛》2013 年第 6 期。
93. 王利明：《物权法论》，中国政法人学出版社 1998 年版。
94. 王利明：《物权法研究》，中国人民大学出版社 2013 年版。
95. 王利明：《中国民法典学者建议稿及立法理由（人格权编、婚姻家庭编、继承编）》，法律出版社 2005 年版。
96. 王卫国：《民法》，中国政法大学出版社 2007 年版。
97. 王轶：《物权变动论》，中国人民大学出版社 2001 年版。
98. 王泽鉴：《民法物权——通则・所有权》，中国政法大学出版社 2001 年版。
99. 王泽鉴：《民法学说与判例研究》（第 1 册），中国政法大学出版社 2005 年版。
100. 王泽鉴：《民法学说与判例研究》（第 8 册），中国政法大学出版社 2005 年版。
101. 魏振瀛：《民法》，高等教育出版社、北京大学出版社 2007 年版。
102. 奚晓明：《关于买卖合同司法解释理解与适用》，人民法院出版社 2012 年版。
103. 肖厚国：《物权变动研究》，法律出版社 2002 年版。
104. 肖建国："执行标的实体权属的判断标准——以案外人异议的审查为中心的研究"，载《政法论坛》2010 年第 3 期。
105. 谢怀栻等：《合同法原理》，法律出版社 2000 版。
106. 谢在全：《民法物权论》（修订第 5 版・上册），中国政法大学出版社 2011 年版。
107. 许宗力："基本权的功能与司法审查"，载许宗力：《宪法与法治国行政》，元照出版公司 1999 年版。

108. 阎尔宝："不动产物权登记、行政许可与国家赔偿责任"，载《行政法学研究》1999 年第 2 期。

109. 杨代雄："准不动产的物权变动要件——《物权法》第 24 条及相关条款的解释和完善"，载《法律科学》2010 年第 1 期。

110. 杨建顺：《日本行政法通论》，中国法制出版社 1998 年版。

111. 杨立新、杨震："《中华人民共和国继承法》修正草案建议稿"，载《河南财经政法大学学报》2012 年第 5 期。

112. 杨立新、朱呈义：《继承法专论》，高等教育出版社 2006 年版。

113. 杨生："行政登记——一种受排斥的行政行为"，载《法制行政》2002 年第 1 期。

114. 叶必丰：《行政行为的效力研究》，中国人民大学出版社 2002 年版。

115. 叶必丰主编：《行政法学》(修订版)，武汉大学出版社 2003 年版。

116. 叶金强："登记物与非登记物之区分的法律意义"，载《现代法学》2010 年第 7 期。

117. 叶金强："动产他物权的善意取得探析"，载《现代法学》2004 年第 2 期。

118. 叶金强："物权法第 106 条解释论之基础"，载《法学研究》2010 年第 6 期。

119. 尹田：《物权法理论评析与思考》（第 2 版），中国人民大学出版社 2008 年版。

120. 应松年：《行政法新论》，中国方正出版社 2004 年版。

121. 张丽英、刑海宝：《海商法教程》，首都经济贸易大学出版社 2002 年版。

122. 张澎："机动车物权变动中的登记对抗问题"，载《人民司法》2010 年第 19 期。

123. 张庆华、徐丽红："动产抵押权善意取得的条件与效力"，载《河南科技大学学报（社科版）》2005 年第 4 期。

124. 张翔："基本权的受益权功能与国家的给付义务"，载《中国法学》2006 年第 1 期。

125. 周江洪："特殊动产多重买卖之法理——《买卖合同司法解释》第 10 条评析"，载《苏州人学学报》2013 年第 4 期。
126. 周佑勇主编：《行政法原论》（修订版），中国方正出版社 2002 年版。
127. 朱广新："不动产适用善意取得的制度的限度"，载《法学研究》2009 年第 4 期。
128. 朱庆育：《民法总论》，北京大学出版社 2013 年版
129. 朱岩、高圣平、陈鑫：《中国物权法评注》，北京大学出版社 2007 年版。
130. 庄加园："试论遗赠的物债两分效力"，载《法学家》2015 年第 5 期。
131. 最高人民法院物权法研究小组：《中华人民共和国物权法条文理解与适用》，人民法院出版社 2007 年版。

二、译著、译文

1. ［德］鲍尔、施蒂尔纳：《德国物权法》（上），张双根译，法律出版社 2004 年版。
2. ［德］鲍尔、施蒂尔纳：《德国物权法》（下），申卫星、王洪亮译，法律出版社 2006 年版。
3. ［德］克里斯蒂安·冯·巴尔、［英］埃里克·克莱夫：《欧洲私法的原则、定义与示范规则：欧洲示范民法典草案（全译本）》（第 8 卷），朱文龙等译，法律出版社 2014 年版。
4. ［法］弗朗索瓦·泰累、菲利普·森勒尔：《法国财产法》（上），罗结珍译，中国法制出版社 2010 年版。
5. ［德］M. 沃尔夫：《物权法》，吴越等译，法律出版社 2004 年版。
6. ［德］Ulrich Drobnig："物权变动"，于海涌译，载梁慧星主编：《民商法论丛》（第 22 卷），法律出版社 2002 年版。
7. ［德］德特雷夫·约斯特：《区分原则与同样原则的体系比较分析》，王晓馨译，载孙宪忠主编：《制定科学的民法典——中德民法典立法研讨会文集》，法律出版社 2003 年版。
8. ［德］冯·巴尔、德罗布尼希：《欧洲合同法与侵权法及财产法的互动》，吴越译，法律出版社 2007 年版。

9. ［德］哈特穆特·毛雷尔:《行政法总论》，高家伟译，法律出版社 2000 年版。

10. ［德］卡尔·拉伦茨:《德国民法通论》（下册），王晓晔等译，法律出版社 2003 年版。

11. ［荷］迪德里克斯·范思赫:《国际航空法》（第 9 版），黄韬等译，上海交通大学出版社 2014 年版。

12. ［日］北川善太郎:《日本民法体系》，李毅多等译，科学出版社 1995 年版。

13. ［日］加贺山茂:“日本物权法中的对抗问题”，于敏译，载《外国法译评》2000 年第 2 期。

14. ［日］近江幸治:《民法讲义Ⅱ：物权法》，王茵译，渠涛审校，北京大学出版社 2006 年版。

15. ［日］铃木禄弥:《物权的变动与对抗》，渠涛译，社科文献出版社 1999 年版。

16. ［日］我妻荣:《民法讲义Ⅱ：新订物权法》，有泉亨补订，罗丽译，中国法制出版社 2008 年版。

17. ［日］中村真澄、箱井崇史:《日本海商法》，张秀娟、李刚、朴鑫译，法律出版社 2015 年版。

三、外文著作、论文

1. Christonpher Hill, *Maritime Law*, 3rd Edition, London LLP, 2003.

2. Diederiks-Verschoor, *An Introduction to Air Law*, 6th edition, Springer, 1997.

3. Dieter Krimphove, *Das europäische Saxhenrecht—Eine rechtsvergleichende Analyse nach der Komparativer Institutionenökonomik*, EUL VERLAG, 1. Aufl, Lohmar- Köln, 2006.

4. Heinz Rey, *Die Grundlagen des Sachenrechts and das Eigentum*, 3. Aufl. , Staempfli, 2007.

5. L. P. W. van Veiet, *Transfer of movables in German, French, English and Dutch Law*, Ars Aequi Libri, 2000.

6. Marcus Lutter, “Die Grenzen des sogenannten Gutglaubensschutzes im Grund-

buch”，AcP，164（1964）.

7. Müller，AcP 137（1933）.

8. Richard Coles and Edward Watt，*Ship Registration*：*Law and Practice*，Informa Maritime & Transport，2009.

9. Schwab，Prütting，*Sachenrecht*，28. Aufl.，Verlag C. H. Beck，1999.

10. Westermann，*Sachenrecht*，7. Aufl.，Verlag C. F. Müller，1998.

四、司法案例

1. “白某某诉赵某某买卖合同纠纷案”，浙江省杭州市萧山区人民法院民事判决书［2012］杭萧商初字第1575号。

2. “北京众义达汇鑫汽车销售服务有限公司与北京华盛典当有限公司借款合同纠纷上诉案”，北京市第二中级人民法院民事判决书［2010］二中民终字第702号。

3. “曹某某诉傅某某民间借贷纠纷案”，浙江省磐安县人民法院民事判决书［2011］金磐民初字第1101号。

4. “陈朝举诉宋彭鹏、张悦、王春明、杨家亮、商丘市万佳二手车交易服务有限公司财产损害赔偿纠纷案”，河南省睢阳区人民法院民事判决书［2012］商睢区民初字第889号。

5. “陈娇盈诉远顺达船务有限公司船舶碰撞损害责任纠纷案”，广州海事法院民事判决书［2009］广海法初字第316号，广东省高级人民法院［2010］粤高法民四终字第2号。

6. “陈某某诉董某某等民间借贷纠纷案”，湖南省长沙市芙蓉区人民法院民事判决书［2012］芙民初字第1451号。

7. “慈溪市某某有限公司诉韩某某典当纠纷案”，浙江省慈溪市人民法院民事判决书［2013］甬慈范商初字第444号。

8. “邓艳萍诉雷承永民间借贷纠纷案”，湖南省邵阳市新宁县人民法院民事判决书［2011］宁民一初字第175号。

9. “东莞市某某典当行诉黄某某典当纠纷案”，广东省东莞市第二人民法院民事判决书［2011］东二法民一初字第6490号。

10. “东莞市某某典当行诉陆某某典当纠纷案”，广东省东莞市第二人民法院民事判决书［2011］东二法民一初字第6491号。

11. “高贵生诉林州市城郊乡杨水洼村村民委员会、石伏荣、高庆英土地承包经营权纠纷案”，河南省林州市人民法院民事判决书［2012］林民二初字第99号。
12. “关运中诉杨乃广等民间借贷纠纷案”，广西壮族自治区桂平市人民法院民事判决书［2012］浔民初字第2486号。
13. “广东熙融典当有限责任公司与梁瑞卿典当合同纠纷上诉案”，广东省广州市中级人民法院民事判决书［2010］穗中法民二终字第1071号。
14. “广东新中国船厂有限公司诉广州市穗航实业有限公司船舶建造合同费用纠纷案 ”，广州海事法院民事判决书［2005］广海法初字第108号。
15. “河南晨风律师事务所诉河南金堂房地产开发有限公司物权保护纠纷案”，渑池县人民法院民事判决书［2013］渑民二初字第80号。
16. “胡某某诉岑某某等执行异议之诉纠纷案”，浙江省慈溪市人民法院民事判决书［2013］甬慈执异初字第4号。
17. “华泰财产保险有限公司北京分公司诉周雪涛等保险人代位求偿权纠纷案”，北京市大兴区人民法院民事判决书［2013］大民初字第11769号。
18. “黄燕林与苏健坤返还原物纠纷上诉案”，广东省广州市中级人民法院民事判决书［2013］穗中法民一终字第163号。
19. “嘉某有限公司诉广东江门某某有限公司船舶权属纠纷案”，广州海事法院民事判决书［2012］广海法初字第272号。
20. “江苏东方重士有限公司诉被告南京两江海运股份有限公司船舶建造合同纠纷案”，天津海事法院民事判决书［2012］津海法商初字第784号。
21. “江苏开元国际集团有限公司与江苏京润航务工程有限公司船舶权属纠纷申请再审案”，最高人民法院民事裁定书［2012］民申字第1527号。
22. “李光军诉傅晓荣民间借贷纠纷案”，浙江省义乌市人民法院民事判决书［2009］金义商初字第7271号。
23. “李某与练某等财产权属纠纷上诉案”，广东省深圳市中级人民法院民事裁定书［2009］深中法民一终字第527号。

24. “李元强诉苗继军返还原物纠纷案”，河南省济源市人民法院民事判决书［2012］济民一初字第2476号。
25. “李宗可与张国山土地承包经营权纠纷上诉案”，河南省平顶山市中级人民法院民事判决书［2011］平民二终字第56号。
26. “连云港延东运输有限公司与李梦文船舶权属纠纷申请案”，最高人民法院民事裁定书［2013］民申字第1946号。
27. “连云港延东运输有限公司与李梦文船舶权属纠纷申请案”，最高人民法院民事裁定书［2013］民申字第1946号。
28. “刘海红诉丁积会买卖合同纠纷再审案”，河南省濮阳县人民法院民事判决书［2012］濮民再初字第03号。
29. “刘玉芳与刘铁岗土地承包经营权纠纷案”，河南省上蔡县人民法院民事判决书［2013］上民一初字第1330号。
30. “龙某某与龙某某排除妨害纠纷上诉案”，重庆市第三中级人民法院民事判决书［2012］渝三中法民终字第00797号。
31. “马尼托瓦克（中国）租赁有限公司与中信银行股份有限公司大连分行等第三人撤销之诉纠纷上诉案”，辽宁省高级人民法院民事判决书［2014］辽民三终字第212号。
32. “马尼托瓦克（中国）租赁有限公司与中信银行股份有限公司大连分行等第三人撤销之诉纠纷再审案”，最高人民法院民事裁定书［2015］民申字第1247号。
33. “马伟强与深圳市亘富典当有限公司财产损害赔偿纠纷上诉案”，广东省深圳市中级人民法院民事判决书［2011］深中法民一终字第2119号。
34. “莫某超诉深圳市某旧机动车交易中心有限公司等财产损害纠纷案”，广东省深圳市南山区人民法院民事判决书［2008］深南法民一初字第794号。
35. “潘成德诉陈善香等船舶权属纠纷案”，上海海事法院民事判决书［2010］沪海法商初字第1104号。
36. “潘明与王蕾蕾买卖合同纠纷上诉案”，广东省广州市中级人民法院民事判决书［2010］穗中法民二终字第379号。
37. “融资租赁公司诉生物科技有限公司所有权确认纠纷案”，江苏省南京市建邺区人民法院民事判决书［2013］建南商初字第 5 号和第 6 号。

38. “上海聚某进出口有限公司诉叶某春等所有权确认纠纷案”，上海市虹口区人民法院民事判决书［2010］虹民一（民）初字第 1048 号。

39. “深圳市某普科技有限公司诉深圳市某光光电有限公司等买卖合同纠纷案”，广东省深圳市宝安区人民法院民事判决书［2011］深宝法民二初字第 539 号。

40. “孙丹与向冬英等地役权纠纷上诉案”，湖南省湘西土家族苗族自治州中级人民法院民事裁判书［2012］州民一终字第 265 号。

41. “谭某诉周某某民间借贷纠纷案”，江苏省连云港市新浦区人民法院民事判决书［2013］新民初字第 2851 号。

42. “汪某某申请认定王某某财产无主案”，上海市虹口区人民法院民事判决书［2012］虹民一（民）特字第 15 号。

43. “汪林纲诉沈阳市苏家屯区姚千街道办事处前陡峪村村民委员会承包地征收补偿费用分配纠纷案”，辽宁省沈阳市苏家屯区人民法院民事判决书［2013］苏民四初字第 00037 号。

44. “王佩合与王福来、汤阴县宜沟镇黄下扣村民委员会土地承包经营权互换合同纠纷案”，河南省高级人民法院民事裁定书［2012］豫法立二民申字第 00705 号。

45. “王苏芳诉裘美祥买卖合同纠纷案”，浙江省嵊州市人民法院民事判决书［2011］绍嵊商初字第 91 号。

46. “王秀娟等诉宁波市祥宁汽车贸易有限责任公司买卖合同纠纷案”，浙江省宁波市江北区人民法院民事判决书［2013］甬北商初字第 628 号。

47. “王远进与向冬英等地役权纠纷上诉案”，湖南省湘西土家族苗族自治州中级人民法院民事裁判书［2012］州民一终字第 264 号。

48. “无锡市协丰焊管有限公司与王建平民间借贷合同纠纷上诉案”，江苏省无锡市中级人民法院民事判决书［2013］锡民终字第 1150 号。

49. “莘县银隆担保有限公司与刘清梅、张新担保合同纠纷案”，河南省范县人民法院民事判决书［2010］范民初字第 00274 号。

50. “徐某某诉郑甲等郑乙民间借贷纠纷案”，浙江省瑞安市人民法院民事判决书［2012］温某某初字第 1802 号。

51. “宣某某诉张某某所有权确认纠纷案”，上海市浦东新区人民法院民事判决书［2012］浦民一（民）初字第 29418 号。
52. “杨国华诉唐若海返还原物纠纷案”，湖南省邵阳市双清区法院民事判决书［2011］双法民初字第 329 号。
53. “杨某某诉刘某买卖合同纠纷案”，湖南省长沙县人民法院民事判决书［2013］长县民初字第 1319 号。
54. “增城市新塘镇信威服装洗漂厂等与郭立军财产所有权确认纠纷上诉案”，广东省广州市中级人民法院民事判决书［2010］穗中法民一终字第 6078 号。
55. “张静诉郑虎返还原物纠纷案”，江苏省淮安市清河区人民法院民事判决书［2012］河民初字第 1866 号。
56. “郑甲诉乐清市某某电器有限公司等民间借贷纠纷案”，浙江省乐某市人民法院民事判决书［2013］温乐柳商初字第 580 号。
57. “郑秋霞诉黄新友买卖合同纠纷案”，浙江省温岭市人民法院民事判决书［2009］台温商初字第 1978 号。
58. “郑州万通旧机动车交易服务有限公司与侯彦河、张文斌、河南新金桥旅游汽车服务有限公司、王治强财产赔偿损失纠纷案”，河南省安阳市中级人民法院民事判决书［2011］安民三终字第 22 号。
59. “中国农业银行股份有限公司乐清市支行等诉东方造船集团有限公司等船舶抵押合同纠纷案”，宁波海事法院民事判决书［2012］甬海法温商初字第 30 号、第 108 号、第 124 号、第 125 号、第 126 号、第 127 号和第 130 号。
60. “中国银行海南省分行等诉上海浦东轮船公司等船舶建造、买卖、修理、拆解合同一案”，海南省高级人民法院民事判决书［2001］琼经终字第 28 号。
61. “中信银行股份有限公司武汉分行与连云港市连城汽车贸易有限公司等金融借款合同纠纷上诉案”，湖北省高级人民法院民事裁判书［2013］鄂民二终字第 00086 号。
62. “周某某诉程某某所有权纠纷案”，上海市浦东新区人民法院民事判决书［2013］浦民一（民）初字第 1539 号。

63. “周连法诉防城港市港鑫海运有限公司等船舶所有权确权纠纷案”，北海海事法院［2006］海事初字第 024 号。
64. “周某某诉高某某民间借贷纠纷案”，浙江省杭州市萧山区人民法院民事判决书［2011］杭萧商初字第 2194 号。
65. “朱永军与陈辉、马磊、郑州新佳汽车销售有限公司占有物返还纠纷案”，河南省长葛市人民法院民事判决书［2013］长民初字第 00166 号。